数字时代信息资源管理丛书

主编◎刘越男

本成果受到中国人民大学信息资源管理学院创新团队建设资助

保护与弘扬

贝叶手稿的整体性保护

董丹华 著

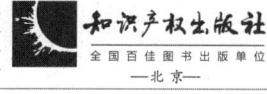

知识产权出版社

全国百佳图书出版单位

—北京—

图书在版编目（CIP）数据

保护与弘扬：贝叶手稿的整体性保护 / 董丹华著.
北京：知识产权出版社, 2025.8. --（数字时代信息资源管理丛书 / 刘越男主编）. -- ISBN 978-7-5245-0098-8

Ⅰ. G253.6

中国国家版本馆 CIP 数据核字第 20257Q8A34 号

内容提要

贝叶手稿具有特殊的写本材料和装帧技艺，同时也是传承贝叶文化、赓续丝路辉煌的重要载体。本书基于实地调研中获得的信息和实验数据，在宏观层面上，从时间和空间两个维度开展贝叶手稿的传承性保护和传播性保护研究；在微观层面上，通过原生性保护和再生性保护研究解决核心保护问题和长久保存问题。通过四个保护模块研究了贝叶手稿的产生、保存保管和传播利用，构建了全流程的整体性保护。本书开创了文献保护技术、非物质文化遗产保护、文献传播学等多学科交叉研究的先河，丰富了文献遗产保护研究的成果。

责任编辑：王玉茂　　　　　　　　责任校对：王　岩
封面设计：杨杨工作室·张冀　　　　责任印制：刘译文

数字时代信息资源管理丛书

保护与弘扬——贝叶手稿的整体性保护

董丹华　著

出版发行：	知识产权出版社有限责任公司	网　　址：	http://www.ipph.cn
社　　址：	北京市海淀区气象路 50 号院	邮　　编：	100081
责编电话：	010-82000860 转 8541	责编邮箱：	wangyumao@cnipr.com
发行电话：	010-82000860 转 8101/8102	发行传真：	010-82000893/82005070/82000270
印　　刷：	三河市国英印务有限公司	经　　销：	新华书店、各大网上书店及相关专业书店
开　　本：	787mm×1092mm　1/16	印　　张：	12.5
版　　次：	2025 年 8 月第 1 版	印　　次：	2025 年 8 月第 1 次印刷
字　　数：	217 千字	定　　价：	80.00 元
ISBN 978-7-5245-0098-8			

出版权专有　侵权必究
如有印装质量问题，本社负责调换。

丛书编委会

主　编　刘越男

编　委　（按姓氏笔画排序）
　　　　　王英玮　卢小宾　冯惠玲　安小米
　　　　　张　斌　张美芳　周晓英　索传军
　　　　　贾君枝　梁继红

前　言

贝叶手稿是以棕榈树叶为记录载体的一种文献，记载着不同民族的社会历史、天文历法、法律法规、文学艺术、宗教哲学等诸多内容，是文化传承和民族信仰的重要载体，主要分布于中国以及印度、斯里兰卡、泰国等南亚和东南亚国家，欧美国家的博物馆也有少量收藏。作为珍贵的文献遗产，贝叶手稿具有极高的科学、历史、宗教、艺术和社会研究价值。受时间、自身特性及保管方式等因素影响，手稿材质产生糟朽，写印材料褪色脱落、霉变、粘连、分丝起翘，遭受虫害污染等普遍病害，严重危及文献的保存状态，亟须开展保护。

20世纪80年代以来，欧美、日本等在南亚和东南亚地区积极开展了包括贝叶手稿在内的大量文献遗产保护合作项目，主要侧重整理、编目、缩微（或数字化），也开展了一些干预性的保护修复工作，由此积累的学术成果为我国贝叶手稿保护的深入研究和实践应用奠定了基础。一直以来，国内研究大多围绕手稿的文本信息，尚未开展卓有成效的系统的贝叶手稿保护研究。随着国家文化事业建设和文献保护事业的发展，贝叶手稿保护在理论和实践研究中开拓了新的局面，也遇到了新的挑战。其一，严格的保管制度使得手稿密不示人，不但难以开展利用工作，也使得保管机构无法掌握本体现状，难以采取有效的保护措施；其二，载体类型的特殊性使得以纸质载体为研究对象所形成的保护技术难以发挥效应；其三，在文化遗产保护领域，整体性保护理念得到保护界专家的认可并已经应用于某些保护环节，但是尚未形成针对贝叶手稿完整的保护体系和明确的保护模块，也没有在完善整体性保护体系的基础上建立不同保护模块之间的逻辑关系。

文化整体论、贝叶文化与其孕育环境的天然联系、文献全流程保护理念是开展整体性保护的理论基础，实地调研我国现存贝叶手稿保存现状是开展整体性保护的前提。著者选择在中国民族图书馆、西双版纳傣族自治州（以下简称"西双版纳州")档案馆和布达拉宫开展实地调研,以了解贝叶手稿破损情况、老化特征、保管条件、装帧形式。通过对云南和北京的贝叶手稿抽样调查进行无破损实验,了解文献的基本性能和保存现状,发现不同地区在贝叶本体保管条件改善、缩微复制、数字化保存、影印出版、利用服务等方面采取了不同的措施,取得了不同成效。

基于调研结果和贝叶手稿长期保存目标,著者在研究中建立了贝叶手稿的整体性保护体系,包含非物质文化遗产视角下贝叶手稿制作装帧技艺的传承性保护、本体的原生性保护、再生性保护和传播性保护四个模块。这四个模块涵盖了贝叶手稿保护全流程中的主要工作,互为补充、支撑,相互配合、交叉。四大模块既包括物质文化遗产的保护,也涵盖非物质文化遗产的保护,是整体性保护思想的体现,这是本书的研究重点;此外,针对调研结果在每个模块内提出具有针对性、可实施性的保护路径是本书的研究难点。

根据贝叶手稿整体性保护研究的重点和难点,本书内容分为四个部分。

第一部分涉及非物质文化遗产视角下贝叶手稿制作装帧技艺的传承性保护。这部分解决了贝叶手稿所蕴含非物质文化遗产在传承保护中的困难和问题。著者调研发现,贝叶手稿制作装帧技艺在历史演变过程中,其制作工序、制作材料、装帧形式、技艺传承方式和传承人都有不同程度的演变。针对传承影响因素的分析,可以制定以下保护措施:一是增加财政投入,扩大种植,为每株贝叶棕建立档案,施行常态监控以保障贝叶手稿制作原材料的供给;二是扩大传承主体,将传承人扩展到传承人群,并对其进行文化赋能,提高能力建设;三是建立数字化活态保护模式,即根据完整传承的技艺元素建立技艺传承活态库、根据濒危状态的技艺元素建立非物质文化遗产濒危信息库、根据失真/失全和已经消失的技艺元素建立遗失信息库。这一保护模块是针对贝叶手稿制作装帧技艺的传承保护,可以有效延续贝叶文化的神韵。

第二部分涉及贝叶手稿本体的原生性保护。这部分可以解决贝叶手稿本体在长期保存过程中老化损毁的问题。通过了解贝叶制成材料物理属性、保存特性及老化特性等,建立贝叶手稿本体信息库,并制定分级保护策略,开展分级保护研究,具体措施包括加强贝叶手稿本体保护的基础性研究、开展治理性保护的实践探索、以抢救项目带动整体性保护。这一保护模块能够有效延长手稿寿命,留存本体之形。

第三部分涉及贝叶手稿的再生性保护。这部分从物质寿命的有限性出发，可以有效解决贝叶手稿"藏"与"用"的矛盾。在原生性保护的前提下，将手稿信息转移到其他载体，留存信息。对比国内外贝叶手稿再生性保护情况，缩微和数字化均受到不同国家和地区、机构的认可，并已经取得了一定的保护成果，为贝叶手稿信息的长久留存提供了可行性方案。当下应扩大缩微技术应用范围，保障手稿之"藏"；利用数字化技术助力文献之"用"；引入数模转换技术实现缩微和数字化之间的功能切换和互补。在持续推进民间收藏和公共保管机构贝叶手稿信息迁移工作的前提下，构建贝叶手稿藏用并重的信息化共享利用平台，助力文化传播和研究。这一保护模块是针对贝叶手稿信息保护，进行载体形态的转变。

第四部分涉及贝叶手稿的传播性保护。这部分是以贝叶手稿的开发利用为前提，在贝叶文化传播利用过程中研究传播对保护的反哺机制和反哺路径。保护的最终目的是利用人类文化成果，这一模块以前三个模块的研究为基础，在作为其他三个保护模块研究目的的同时，反过来加强其他保护模块的研究效果。传播能够优化受众在认知层面关于贝叶手稿保护的知识结构，并进一步在心理层面和态度层面使受众产生保护贝叶手稿的情感，最后作用于语言和行为系统，使受众产生保护手稿的言行，从而实现传播行为对保护工作的反哺机制。引入传播学 5W 模式❶可以制定贝叶手稿传播策略：依托政府促进传播主体的通力合作，扩大传播范围、细分受众层次，提供优质传播内容，促进传播方式的科技化和生态化，以反馈促进传播效果提升。从时间维度和空间维度相结合的视角完善整体性保护体系。区别于传承性保护的历时性特征，传播性保护具有共时性和空间分布性特征，能够转移并扩大贝叶手稿保护的文化空间和自然空间。这是在文献遗产保护研究领域首次引入传播学理念，结合传承性保护研究。

基于上述认识，考虑到内容编排的逻辑性、连贯性，本书分为七章，分别是绪论、贝叶手稿整体性保护相关概念、贝叶手稿保护现状、传神——非物质文化遗产视角下贝叶手稿制作装帧技艺的传承保护、存形——贝叶手稿本体原生性保护、移形——贝叶手稿再生性保护研究、移位——贝叶手稿传播性保护研究。

在世界文化遗产保护大背景下，本书将整体性保护理念运用到贝叶手稿保护研究中，具有创新性。第一，首次梳理了贝叶手稿的概念和属性，明确了概念的内涵和外延，避免了不同学界的争议。第二，在保护本体不受到损害的前提下开

---

❶ 5W 模式是指传播过程的五个要素：传播者、传播内容、传播渠道、受众和传播效果。

展了一系列无破损检测分析，进行贝叶手稿物质属性的科学认知和病害诊断，填补了国内研究的空白。第三，目前国内对于贝叶手稿保护的研究较少，关于其整体性保护的研究还是空白，通过构建包含保护理念和具体保护措施的整体性保护体系，能够为不同类型的文献遗产保护提供借鉴。需要注意的是，在调研过程中，由于贝叶手稿特殊的宗教地位和文物属性，保管机构对调研工作的深入程度有不同要求，一些地区或机构还无法涉及，因此在未来研究中，还需从保管地域和样本数量方面进一步扩展调研样本，特别是在本体保护研究模块，基于棕榈叶载体的特殊性，对其治理性保护的研究还需进一步深入。与此同时，对国内外文献遗产，特别是贝叶手稿保护研究的发展很快，加之编者学术水平有限，书中难免有不妥之处，敬请读者批评指正。

目 录

第1章 绪 论 / 001

1.1 贝叶手稿的由来 / 001

    1.1.1 贝叶手稿的学术价值和社会地位 / 003

    1.1.2 贝叶手稿保管状态 / 005

1.2 贝叶手稿的保护意义 / 009

    1.2.1 理论意义 / 009

    1.2.2 实践意义 / 012

1.3 贝叶手稿的研究方法 / 012

    1.3.1 实验研究 / 013

    1.3.2 文献研究 / 013

    1.3.3 调查研究 / 013

    1.3.4 实地研究 / 013

1.4 贝叶手稿保护的重点和难点 / 014

1.5 创新与局限 / 015

第2章 贝叶手稿整体性保护相关概念 / 017

2.1 贝叶手稿概念界定和特征 / 017

    2.1.1 贝叶手稿的概念 / 017

    2.1.2 贝叶手稿的多重属性 / 021

2.2 整体性保护的理论基础和内容 / 022

    2.2.1 整体性保护的理论析出 / 023

2.2.2 整体性保护的内涵和外延 / 025

2.3 贝叶手稿和纸质文献保护的对比分析 / 028

第3章 贝叶手稿保护现状 / 031

3.1 国内外研究现状 / 031

3.1.1 文献检索 / 031

3.1.2 国内研究现状 / 032

3.1.3 国外研究现状 / 041

3.2 我国贝叶手稿保护现状调研 / 051

3.2.1 贝叶手稿制作装帧技艺 / 054

3.2.2 贝叶手稿载体性能和本体现状 / 065

3.2.3 面向长期保存与利用的再生性保护现状 / 087

3.2.4 基于本体保护的贝叶手稿的开发利用 / 089

第4章 传神——非物质文化遗产视角下贝叶手稿制作装帧技艺的传承保护 / 092

4.1 贝叶手稿制作装帧技艺的保护传承 / 092

4.1.1 技艺传承和民族融合 / 093

4.1.2 贝叶手稿制作工序的传承与发展 / 094

4.1.3 贝叶手稿制作材料的传承与演变 / 097

4.1.4 贝叶手稿装帧形式的演变 / 100

4.1.5 贝叶手稿制作技艺传承方式和传承人的发展变革 / 102

4.1.6 贝叶手稿制作技艺传承情况的解构分析 / 104

4.2 影响传承性保护的主要因素 / 105

4.2.1 自然因素 / 106

4.2.2 社会因素 / 108

4.3 社会发展与贝叶手稿制作装帧技艺传承的关系 / 111

4.3.1 基于贝叶功能与价值的装帧形制的演变 / 111

4.3.2 基于宗教信仰的工艺的自觉传承 / 112

4.3.3 社会文化大发展促进全民开展非物质文化遗产保护 / 113

第 5 章　存形——贝叶手稿本体原生性保护 / 120

5.1　贝叶手稿耐久性影响因素分析 / 120
 5.1.1　贝叶材料性能与长期保存 / 120
 5.1.2　不同保管状态对贝叶手稿寿命的影响 / 123

5.2　贝叶手稿本体保护措施 / 130
 5.2.1　在本体信息库基础上进行分级保护策略 / 130
 5.2.2　加强本体保护的基础性研究 / 138
 5.2.3　开展治理性保护的实践探索 / 139
 5.2.4　以抢救项目带动整体性保护 / 141

第 6 章　移形——贝叶手稿再生性保护研究 / 143

6.1　国内外贝叶手稿再生性保护对比 / 143

6.2　贝叶手稿再生性保护措施 / 146
 6.2.1　持续推进民间收藏和公共保管机构贝叶手稿的信息迁移工作 / 146
 6.2.2　藏用并重——构建贝叶手稿信息化平台 / 151

第 7 章　移位——贝叶手稿传播性保护研究 / 154

7.1　贝叶手稿传播性保护的提出背景 / 155

7.2　传播对保护工作的反哺机制 / 158

7.3　贝叶手稿传播性保护模式研究 / 159
 7.3.1　"5W"传播模式的引入 / 159
 7.3.2　基于"5W"传播模式的传播策略 / 160

参考文献 / 172

后　　记 / 187

第1章 绪 论

1.1 贝叶手稿的由来

"贝多,出摩伽陀国,长六七丈,经冬不凋。此树有三种:一者多罗婆力叉贝多,二者多梨婆力叉贝多,三者部婆力叉多罗梨。并书其叶,部阇一色,取其皮书之……西域经书,用此三种皮叶,若能保护,亦得五六百年。"❶ 唐代《酉阳杂俎》中对贝叶有此记载。高僧玄奘在《大唐西域记》卷十一"恭建那补罗国"中有书:"城北不远,有多罗树林,周三十余里,其叶长广,其色光润,诸国书写,莫不采用。"❷

贝叶,一种棕榈科木本植物的叶片,又称贝多、贝多罗,是梵语的音译。在中国造纸术传入印度之前,贝叶和中国古代的甲骨、竹简、简帛一样,是古印度重要的书写载体,世界各国也有称谓:贝叶经、贝叶写本、贝叶档案、贝叶手稿、棕榈叶手稿等,虽称谓众多,但指代一致。目前没有明确的史料记载古印度从何时起以贝叶为载体记录文字。佛学界认为贝叶记事肇始于佛陀涅槃后。由于在佛教传播的过程中出现了佛法争议和派别冲突,于是僧众举行经典结集,❸ 有弟子将

---

❶ 段成式. 酉阳杂俎 [M]. 张仲裁,译注. 北京:中华书局,1981:177.
❷ 玄奘. 大唐西域记 [M]. 呼和浩特:远方出版社,2005:203.
❸ 所谓结集,是指众多僧人集合在一起,由某位僧人凭记忆咏诵佛法教义,如果其他僧人认可,就一起合诵。

其宣讲的教法记录在贝叶上，是为最早的贝叶文献。❶也有资料认为早在我国春秋战国时期，古印度就用铁笔在贝叶上刻写佛经。❷可见学术界公认的贝叶手稿出现时间是较早的。古印度贝叶手稿记载内容多为佛教活动和教义、皇族世谱、官方文书、法典、科学知识、文学创作。❸对贝叶的管理也在《大唐西域记》中有记录："至于记言书事，各有司存，史诰总称，谓尼罗蔽荼❹，唐言青藏，善恶具举，灾祥备著。"❺说明古印度用贝叶作为书写载体形成的文献史料，不仅内容丰富，还有专门人员进行分类管理。

随着佛教的传播，以贝叶为载体的记录形式逐渐传入我国。传播路线之一为新疆线。公元前后，佛教通过陆上丝绸之路从古印度传入我国中原地区。❻至今在我国新疆和其他不同地区的佛寺中还珍藏有梵文贝叶经。史籍记载最初传入我国的贝叶手稿是东汉明帝时期的梵文佛教经典，于是我国将所有贝叶手稿简称为"贝叶经"。在《白马寺记》中有关于明帝在位时"白马送经"的记载，并在佛教史上传为美谈："东逾涨海，扬帆颁贝叶之书；西泪流沙，刻石记金刚之座。"❼此后，中国僧人开始了西行取经的活动，玄奘西游取回大量贝叶手稿。魏晋南北朝和唐宋名士谈佛论禅，咏诵贝叶，蔚为风尚，肇开中国文坛尊崇贝叶之风，也从侧面印证了贝叶手稿在我国历史上传播力度之大。公元7世纪，兴起于古印度的大乘佛教传入我国西藏地区，形成藏语系佛教。❽这是贝叶手稿在我国的另一条传播路线。这条传播线共分三个阶段。第一阶段始于公元7世纪松赞干布时期，有少量的贝叶手稿传入我国西藏地区，当地的僧人开始在贝叶上书写翻译佛经；第二阶段是公元9世纪中叶到10世纪中叶，有大量贝叶手稿随着宗教传播进入我国西藏地区，或由印度教徒携带而来，或由佛教徒前往印度取经带回来；第三个阶段是公元11~12世纪，突厥人强势入侵古印度使得大量佛教典籍被毁。为保护佛经典籍，佛教徒携带贝叶手稿逃离至周边各国传教，在佛教东进的过程中，我国西藏

---

❶ 中国佛教协会. 圆融中道 持久和平：2017中加美三国佛教论坛论文集［C］. 北京：宗教文化出版社，2017：148.
❷ 赵海丽，蔡先金. 中国文献载体演变史［M］. 济南：齐鲁书社，2017：210.
❸ 陈子丹. 外国档案事业史［M］. 昆明：云南大学出版社，1999：41-42.
❹ "尼罗蔽荼"是梵语音译，后世译为"青藏"，是古印度史册、官方文书记录的总称。
❺ 玄奘. 大唐西域记［M］. 呼和浩特：远方出版社，2005：34.
❻ 李学竹. 中国梵文贝叶经概况［J］. 中国藏学，2010（10）：53-62.
❼ 四川大学古籍整理研究所. 全宋文［M］. 成都：巴蜀书社，1988：707.
❽ 中国佛教协会. 圆融中道 持久和平：2017中加美三国佛教论坛论文集［C］. 北京：宗教文化出版社，2017：150.

地区成为重点传教区。在贝叶手稿的传播过程中，西藏当地僧人在贝叶上书写翻译佛经，并与当地的人文环境融合而形成了藏传佛教，也被称为大乘佛教。由此，历经三个阶段、几个世纪的传播，西藏地区成为国内收藏梵文贝叶手稿最多的地区。这些文献资料在研究古印度社会、历史和宗教等人文社科领域的过程中发挥了重要作用，也为研究古印度文化与我国西藏地区文化，甚至亚太文化之间的交流融合提供了重要价值。❶

几乎在同一时期，佛教在我国的传播还有一条重要路线，即西南丝绸之路。以传承原始佛教和部派佛教为主的南传上座部佛教，即小乘佛教，通过斯里兰卡、缅甸、暹罗等国，传入我国云南少数民族地区。❷ 这一派系的佛教教义以巴利语流传，因此也被称为"巴利语系佛教"。❸ 用巴利语刻写的贝叶手稿被当地居民，特别是傣族人民接受和传承，形成了当地独具特色的记录形式。已知的云南贝叶手稿包括天文、地理、历法、建筑、水利、医学等自然学科领域，也包括哲学、法律、文学、宗教等人文社科领域的知识汇总，由于曾作为当地官方的记录形式，因此还出现了各项社会活动的文书。❹ 这些丰富的文献资源浓缩了傣族社会的古老文明，并由此衍生了云南贝叶文化，成为我国少数民族传统文化多样性的重要体现，和东南亚泰国、老挝、缅甸等国家的贝叶文化圈共同组成世界人类文化和文明的重要部分。

经不同路线传播到我国的贝叶经受本土文化、异域文化影响的发展，使得我国已出现的贝叶手稿不仅内容丰富，而且有多种记录文字，例如梵文、巴利文、老傣文、藏文、缅甸文、僧伽罗文、于阗文、回鹘文、吐火罗文、维吾尔文等，❺ 在记录形式上，也分为书写和刻写两种类型。

1.1.1 贝叶手稿的学术价值和社会地位

贝叶手稿不仅记载着宗教经文教义，还有不同民族的社会历史、天文历法、法律法规、伦理道德和文学艺术，是文化传承和民族信仰的重要载体，是全世界

---

❶ 杨茂森. 西藏文化艺术珍籍贝叶经［J］. 西藏艺术研究，1994（3）：85－87.
❷ 中国佛教协会. 圆融中道 持久和平：2017中加美三国佛教论坛论文集［C］. 北京：宗教文化出版社，2017：148.
❸ 何本方. 中国古代生活辞典［M］. 沈阳：沈阳出版社，2003：855.
❹ 陈子丹. 民族档案研究与学科建设［M］. 昆明：云南大学出版社，2016：59.
❺ 李学竹. 中国梵文贝叶经概况［J］. 中国藏学，2010（10）：53－62.

古文献中最为珍贵的原始资料之一，因此在学术领域具有极高的研究价值。

对于我国傣族人民来说，贝叶手稿是"贝叶文化"中最古老和核心的部分之一，是傣族文化的重要组成部分。它不仅是象征历史遗存的"活化石"、具有考古功能的文物，还是承载本民族各阶层普及教育的载体，并以家庭和寺庙为传承单位将其记录的民族历史和文化世代相传。自古以来，傣族人民都将贝叶手稿视为民族瑰宝加以保护。傣族村落以当地寺庙作为聚居地人民的信仰寄托，历史上每座佛寺都有专门保管贝叶手稿的库房，傣语称"林坦"。制定严格的管理制度收藏保管贝叶手稿，除了内容为医药、历法、占卜、法律典籍的贝叶手稿可以取出供村寨居民使用，凡涉及宗教内容的贝叶手稿通常不允许个人带出佛寺私藏。❶

流传到西藏各地特别是收藏在寺庙的贝叶经，大多与佛教活动和教义有关，被认为是最接近释迦牟尼原始教义的"佛教元典"，被称为"佛教熊猫"，被僧侣或信徒赋予了神秘的宗教色彩，视为宗教圣物。通常在建塔和塑造佛像时由高僧将成千上万片贝叶装入塔中和佛像内，作为"法宝"供奉礼拜。除此之外，这些贝叶手稿还是学术界进行佛教哲学研究和古代语言文化研究的一手资料，受到来自世界各地的众多梵文研究学者的高度关注。北京大学教授季羡林先生学贯中西，一直致力于贝叶手稿的保护研究工作，并在多个场合为这项研究发声，在和民族教育学者马曜先生的书信中也提到贝叶经研究，书信内容如图 1-1 所示。

季羡林来信

马曜同志：
　　来示及赐寄书籍，均已收到，谢谢！
　　此书系赠西德梵文学者 Prof. Di. ganert 者，他是著名的梵文学者，以其余力，从事纳西文字之研究，收获颇丰，在国际上广有名声。
　　蒙李惠铨同志慨赠此书，另写一函，致谢，今附上，请转交。
　　你如需要北方面的什么书籍，请随时赐知。
　　北大南亚所拟派人来昆明了解云南梵文或巴利文贝叶经的情况，西藏方面的贝叶经，经过长期努力，我们都已有显微胶卷，闻云南方面贝叶经（可能小乘的多）极为丰富，这也是我们国家宝贵财富，不能等闲视之。你在云南学界领袖群伦，情况了解必多，务望能加以指导和协助，具体情况，以后再谈。
　　即请
　　教安
　　　　　　　　　　　　　　　　　　　　季羡林
　　　　　　　　　　　　　　　　　　　　1988.9.9

图 1-1　季羡林先生书信❷

---

❶ 巷秀措. 贝叶经的来源及其对藏族文化的影响 [J]. 产业与科技论坛, 2014, 13 (7): 167-168.
❷ 云南民族学院. 马曜先生从事创作学术活动五十周年纪念文集 [M]. 昆明: 云南教育出版社, 1996: 427.

1.1.2 贝叶手稿保管状态

棕榈叶叶片质地柔韧，经过处理制成书写材料后预期寿命为 200~300 年，保存良好可达千年之久，但是 2000 多年来，在印度、尼泊尔、缅甸等国家和中国新疆、西藏等地，用梵文、藏文、巴利文等记录的各种贝叶手稿由于气候原因和保管问题，历尽自然侵蚀后仅有少部分留存于世。作为贝叶手稿起源地的古印度，受宗教冲突和气候的影响，古老的贝叶损毁严重，目前发现较多的是印度金奈的东方研究所和手稿图书馆，有大约 5 万份贝叶手稿，涵盖了哲学、天文学、占星术、医学、建筑学等几乎所有领域。在阿富汗巴米扬的山洞中发现了保存历史长达 2000 年的贝叶手稿，被认为是最古老的贝叶之一。❶ 尼泊尔也曾发现梵文写本"Shaivism"，可以追溯到公元 9 世纪，目前保存在剑桥大学图书馆中。❷

中国现存年代久远的贝叶手稿大多传于盛唐时期，由于冲突、战乱、气候等原因，保存至今的原叶极为稀少，仅在西藏萨迦寺和布达拉宫、陕西大雁塔、四川峨眉山、福建南普陀寺、浙江普陀寺文物馆、国家博物馆等处存有少量珍品。在图书文献研究机构和科研院校，例如中国国家图书馆、中国民族图书馆、中国社科院民研所、中央民族大学、南开大学、复旦大学也保存有不同年代和地区的贝叶手稿。❸ 中国佛教协会、北京法源寺、青海省博物馆等处也保存有少量年代较早的贝叶手稿。❹ 中国第二历史档案馆作为国家级档案馆，珍藏了历世班禅、王公、噶伦、土司的奏书、呈文等来往公文，其中一些以贝叶为载体，为藏学研究提供了大量史料。❺

史籍记载了我国部分贝叶手稿的流转情况。在《大唐慈恩寺三藏法师传》中明确记载了玄奘从印度取经回国，大部分藏于大雁塔，如今只剩少量贝叶手稿，少部分藏于洛阳白马寺中，目前已荡然无存。❻ 莫高窟藏经洞流传出的各个时期的

---

❶ JARUSAWAT P, COX A, BATES J. Community participation in the management of palm leaf manuscripts as Lanna cultural material in Thailand [J]. Journal of Documentation, 2018, 74 (5): 951–965.
❷ SINGH B, AHUJA N J. Mining the treasure of palm leaf manuscripts through information retrieval techniques [J]. Digital Library Perspectives, 2019, 35 (3/4): 146–156.
❸ 《文化萨迦》一书中列举了一些贝叶经的保存场所，后在调研中进行了补充，但无法一一列举。
❹ 陈子丹. 民族档案学专题研究 [M]. 昆明：云南大学出版社，2013：222.
❺ 梁俊艳. 清末民初亚东关税务司研究 [M]. 北京：中国藏学出版社，2017：15.
❻ 《文化萨迦》编委会. 文化萨迦 [M]. 上海：上海人民出版社，2016：61.

贝叶经大多在英国伦敦国家图书馆、巴黎国家图书馆等处秘不示人，唯有几片残叶在德国公开展示。❶ 西藏自治区是贝叶手稿流入的重点地区，据统计，有近6万叶、1000多函的贝叶手稿，经初步研究大部分是公元8~14世纪，有梵文和藏文两种写本，当地寺庙、博物馆等均有保存。❷ 由于气候独特，常年低温干燥，加之贝叶手稿在佛教中的独特地位而形成的严格管理制度，因此西藏地区贝叶手稿能够很好地保存下来。将贝叶手稿作为本民族传统记录形式的云南西双版纳州，据说有84000部，❸ 仅西双版纳州的古籍研究机构就藏有贝叶手稿3000余种，还有大量文献由当地佛寺和民间保存，有学者调研了30多个傣族村寨的寺庙和当地民间保存的贝叶手稿，认为总数难以估计。❹ 云南地区不同级别的档案馆中也保存了大量贝叶手稿，具体信息如表1-1所示，虽然馆内贝叶手稿数目可观，但大多数是新中国成立前后形成，明清前的文献较少留存于世，目前进入库房的贝叶手稿也没有保管状态和本体现状的调研和统计，在馆内日常工作中也没有开展系统的保护研究。❺

表1-1　云南地区部分档案馆贝叶手稿馆藏情况

档案馆	馆藏数量/册❻	记录方式❼
西双版纳州档案馆	276	刻写
勐海县档案馆	266	刻写
景洪市档案馆	25	刻写
勐腊县档案馆	776	刻写

与国内机构对贝叶手稿保管情况的研究不同，东南亚和南亚一些国家和机构对馆藏贝叶手稿进行了不同程度的保护研究。

印度国家档案馆是中央级综合性档案馆，负责接收和保管印度历史档案及中央政府各机关的档案，为保护馆藏贝叶手稿，馆内成立了主要研究热带地区的档

---

❶ 《文化萨迦》编委会. 文化萨迦 [M]. 上海：上海人民出版社，2016：62.
❷ 王晓易. 6万叶"佛教元典"为何能保千年不朽？走近神秘的西藏贝叶经 [EB/OL]. (2012-11-30) [2022-08-15]. https://www.163.com/news/article/8HJ1O6L800014JB5.html.
❸ 张泽洪. 贝叶经与西南丝绸之路：三条丝绸之路比较研究学术讨论会论文集 [C]. 北京：民族出版社，2001：125-138.
❹ 中国民族图书馆. 中国少数民族文字古籍版本研究 [M]. 北京：民族出版社，2018：66-67.
❺ 著者调研过程中，对云南档案馆保存贝叶手稿的年代和保护情况进行咨询统计，获得初步信息。
❻ 黄梅. 云南傣族贝叶档案保护研究 [D]. 昆明：云南大学，2010：27.
❼ 著者于2021年5月赴云南调研，获得相关信息。

案保护及贝叶手稿保护修复问题的实验室。❶

尼泊尔国家档案馆于1967年由文化、旅游和民航部设立，位于辛格杜巴尔，收藏保管国家的重要文书档案和特色档案。馆内收藏了阿育吠陀时期的大量贝叶手稿，除了宗教教义，还有中尼两国往来文书。尼泊尔与德国汉堡大学合作开展的"尼泊尔—德国写本保护项目"是国际上具有较大影响力的贝叶手稿保护项目。❷ 图1-2是一份馆藏贝叶手稿的图片。

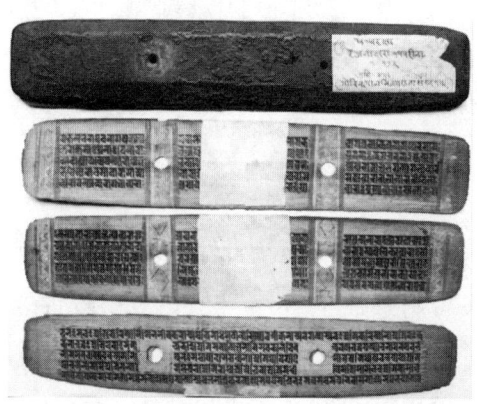

图1-2 尼泊尔国家档案馆贝叶手稿❸

尼泊尔加德满都的阿萨档案馆由于保存大量的贝叶手稿而具有极高的历史地位（见图1-3）。1987年该馆由私人收藏档案馆转变为公共档案馆，其中400卷带着黏土印章密封的贝叶手稿面世。当地专家认定这批卷曲密封的文献是在公元330~879年由印度平原传入尼泊尔，内容包括印度教教义、密宗教义、法术、占星术、医学、天文等。载体材料有贝叶棕和糖棕。文献保护专家对这些叶片开展了系统的保护研究，发现贝叶棕载体性能更优良，原因是记录幅面更长更宽，表面光滑柔软且颜色更浅便于文字识读，而糖棕叶片较短、窄、厚，表面更粗糙且脆化严重，物理损坏明显。这批贝叶手稿的保管状况并不好，约38%的叶片有鼠啮痕迹，12卷叶片被档案害虫损坏，大部分叶片表面有霉菌。另外，还发现流转过程中46%的叶片被用玻璃纤维胶做了加固修复。除了污渍和磨损导致字迹缺失，色素没有明显褪色。这些贝叶手稿中的载体最长者可达到127cm，最短的完整叶片

---

❶ 中国大百科全书总编辑委员会. 中国大百科全书：图书馆学·情报学·档案学 [M]. 北京：中国大百科全书出版，2002：531.
❷ 徐亮. 尼泊尔国家档案馆的国际合作研究 [J]. 中国档案，2018（8）：72-73.
❸ KIM J. Painted palm-leaf manuscripts and the art of the book in Medieval South Asia [J]. Archives of Asian Art, 2015, 65（2）：57-86.

只有 25.7cm。书写材料是芦苇秆做的笔和碳素墨水,大部分贝叶都是单面记录。❶

图 1-3　尼泊尔阿萨档案馆❷

成立于 1952 年的泰国国家档案馆负责保护政府部门的历史档案资料,馆藏达 180 万件,最早的档案资料形成于 1820 年。馆藏中较古老的档案以棕榈叶为载体,❸ 使用铁皮柜装档案,馆内非常注重保存和防护措施。虽然泰国常年高温多雨,但是库房常年控制温度在 24 ℃以下,相对湿度 65%以内。档案进入库房之前由于保管措施不到位,出现了较多字迹褪色、虫蛀、破损等现象,入馆后随着脱酸、灭虫杀菌和加固修复等系统性保护工作的开展,一些修复后的贝叶手稿实现了"修旧如旧"的状态。❹

总体看来,贝叶手稿记录内容的丰富性使得文献的保管机构分散,保管状况不一。其中保存在世界各地档案馆、图书馆等公共保管机构和佛寺内的文献流转情况有序可控,处于严格的保管措施之中,而流散在民间的贝叶手稿被重视程度不够,或管理保护水平有限,在多年尘封后存在不同程度的损毁现象。

就我国来看,各地珍藏的贝叶手稿,特别是明清前的文献数量有限,不仅具有尊崇的宗教地位,也在社会、文化、学术领域具有重要的研究价值。但是目前的保管机构并没有开展系统的保护研究工作,为避免文献利用过程中对贝叶手稿的损毁,更

---

❶ 亚洲纸张保护协会成员 Naoko Takagi, Yoriko Chudo, Reiko Maeda 于 2005 年 10 月 14 日的研究报告 *Conservation and Digitisation of Rolled Palm Leaf Manuscrips in Nepal* 中提供了该档案馆馆藏贝叶手稿保护的情况,亚洲纸张保护有限公司负责数据真实性。

❷ GPSMYCITY. Asa Archives, Kathmandu [EB/OL]. [2022-05-30]. https://www.gpsmycity.com/attractions/asa-archives30363.html#:~:text=The%20Asa%20Archives%20are%20located%20in%20Kulumbbhula%2C%20Kathmandu.,manuscripts.%20The%20oldest%20manuscript%20was%20written%20in%201464.

❸ 何致武, 姚文婷, 黄天丽. 浅谈泰国档案事业发展概况(二)[J]. 兰台世界, 2013, 14 (2): 47-48.

❹ 肖永福. 他山之石, 可以攻玉:泰王国档案馆的档案保护工作[J]. 档案学研究, 1996 (4): 57, 65.

倾向于一直处于"藏"的保管状态。这种现状虽然有效减少了贝叶手稿的流失和损坏，但是长期的封存保管不仅不利于掌握当前文献的保存现状以便创造更有利的保存环境和制定针对性的保护措施，也不利于文献资源的知识提取和文化传播，而一些国家和机构已经先于我国开展了系统的保护工作，并取得了显著成效。因此，我国对于现存于世的贝叶手稿，应在科学的保护理念下探索行之有效的保护方案，在尽量延长寿命的同时进行内容的开发与利用，实现保护与利用的有效平衡。

1.2 贝叶手稿的保护意义

1.2.1 理论意义

1.2.1.1 贝叶手稿是重要的文化遗产，需要永久保存

每一个民族都有专属文化基因，通过文化融合以民族文化的形式表达，在源远流长的历史长河中传承演化，或湮灭于历史的尘埃，或传承不息成为珍贵的文化遗产，折射着一个民族的精神特质。对于保护历史文化遗产，习近平总书记在中央政治局第二十三次集体学习时强调："历史文化遗产不仅生动述说着过去，也深刻影响着当下和未来；不仅属于我们，也属于子孙后代。保护好、传承好历史文化遗产是对历史负责、对人民负责。我们要加强考古工作和历史研究，让收藏在博物馆里的文物、陈列在广阔大地上的遗产、书写在古籍里的文字都活起来，丰富全社会历史文化滋养。"❶ 在联合国教科文组织对文化遗产的界定中，就包括手稿在内的物质文化遗产以及传统手工艺在内的非物质文化遗产。由古印度流传至我国的贝叶是不同民族的手稿记录，其中西藏地区贝叶手稿大部分是用了那伽黎（天城体）、圣书体（婆罗门）、乌尔都体、达黎伽体、蓝扎体和芨多体等十几种不同梵文字体记录的贝叶经，❷ 因此西藏地区贝叶手稿是研究古印度语言文字学

---

❶ 邱丽芳. 习近平在中央政治局第二十三次集体学习时强调建设中国特色中国风格中国气派的考古学更好认识源远流长博大精深的中华文明［EB/OL］.（2022-04-10）［2022-08-15］. http://www.xinhuanet.com/politics/leaders/2020-09/29/c_1126557506.htm.

❷ 张宛艳. 我国西藏贝叶经研究领域的回顾与展望：基于 CNK（I1983-2018）数据［J］. 西藏民族大学学报（哲学社会科学版），2020，41（3）：148-152.

和中印文化交流史的第一手史料，不仅是古印度文化和我国各民族传统文化交流的历史见证，也是东南亚文化圈中具有极高学术价值和开发潜力的珍贵文化遗产，它在了解和研究中印文化交流史与印度梵语文化对我国中原、藏地传统文化的影响上有着重要的社会意义和学术意义。在我国云南地区，作为傣族文化代名词的贝叶文化，是民族文化遗产中的重要内容，贝叶手稿是傣族传统文化有效传承的核心载体和传递符号，离开了文化传承的载体和符号，新生一代就没有接受先辈文化的依据。因此，保护贝叶手稿是保护我国传统文化和民族文化多样性的有效手段，是文化遗产保护的前提和基础。

此外，贝叶手稿的载体形式、书写方法、装帧工艺和纸质文献有很大不同。2008年6月，贝叶手稿独树一帜的制作技艺入围我国第二批国家级非物质文化遗产名录的传统手工技艺类别。❶ 独特的梵夹装装帧形式在我国书籍装帧形制漫长的演化过程中，起着承上启下的重要作用。这种无形的文化遗产蕴含着云南傣族传统文化的根源，保留了该民族记录信息的原始状态，体现了傣族独有的思维方式。然而非物质文化遗产往往以手口相传的形式传承，且易受到全球化发展和现代观念的冲击，亟待抢救和保护。我国贝叶手稿的整体性保护研究，从微观上以其本体为保护研究对象进行原生性保护和再生性保护研究，从宏观上对贝叶手稿和其所处环境的关系进行保护研究，都是我国文化遗产保护的重要内容。

1.2.1.2 保护贝叶手稿可以延续世界记忆

《联合国教科文组织发展纲领》提到："记忆对创造力来说是极端重要的，对个人和各民族都极为重要。各民族在他们的遗产中发现了自然和文化的遗产，有形和无形的遗产，这是找到他们自身和灵感源泉的钥匙。"❷ 我国现存的贝叶手稿内容丰富，文字种类多样。就西藏地区所藏的梵文贝叶手稿而言，学者认为其成书时间集中在公元11世纪到13世纪，其内容除了佛教经论还有大量的诗歌、戏剧、故事等梵文古典文学作品。除了大部分的梵文贝叶手稿，也有少量藏文贝叶经，一些贝叶用藏文、梵文字写题跋或夹注，甚至可以发现僧人的笔记。这些原始记录作为实物资料给后人复原了一个凝固的历史区间和鲜活的时光记忆，呈现了文献被学习和研读的印记，见证了当时本地民众的知识结构以及以贝叶为载体的繁荣开放的藏地文明。

---

❶ 钟廷雄，莫福山. 国家级少数民族非物质文化遗产集解 [M]. 北京：中央民族大学出版社，2014：370.
❷ 王文章. 非物质文化遗产概论 [M]. 北京：学苑出版社，2013：53.

随着南传佛教传入我国傣族地区,贝叶手稿的记录形式被当地居民接受使用,不仅记载了南传佛教经典、佛本生经,还记载了传统傣族社会产生、发展及衍变的过程。从天地形成起,到1180年第一代召片领❶在景洪建立"景龙金殿国",再延续到新中国成立前夕的第44代召片领,真实详细地记录了傣族社会各方面的历史状况以及每个历史阶段的重大事件。这些具有原始记录性的贝叶手稿作为不可替代的历史佐证为当前各领域研究提供了丰富的史料依据,它们不但是国家级保护文物,也是傣族地区民众记忆延续的标识。❷ 在天文历法方面,傣族贝叶手稿记录了全年热、雨、冷三季的推算方法,每月分为月上、月下两段时间的计算公式,地球与月亮、太阳的距离,气候变化的规律等,这些天文历法记录对亚热带地区的气候研究提供了丰富的资料。赫赫有名的药书《旦兰约雅当当》记录了上千种傣族药方,通过现代医疗的检验,一部分药方效果良好并被选入《中华药典》。❸

这些流传至今的历史记录是构建一个民族集体记忆的重要因素,保罗·康纳顿认为"历史记忆是社会成员通过文字或其他记载来获得的",❹只有保护好历史记录,才能抵抗记忆的流逝。1998年,联合国教科文组织将印度、斯里兰卡、尼泊尔、老挝、不丹、泰国大约10万片的贝叶纳入《世界记忆名录》的文献遗产项目。❺

1.2.1.3 贝叶手稿保护研究能够完善我国文献保护研究链条

在文献形式演变的不同历史阶段,我国文献载体曾经出现过甲骨、金石、简牍、缣帛、纸张等。随着信息技术的发展,又出现了胶片、磁盘、光盘等新型载体。棕榈叶载体主要出现在南亚地区以及我国西南少数民族地区。长期以来,文献保护界围绕保护的对象、概念、指导思想、研究内容、研究方法等方面展开广泛研究并取得重要进展,形成了包含纸质文献、胶片、照片、磁记录文献、光盘文献、丝织品载体文物等在内的完整的保护理论体系、方法和实验探索,并成功应用于保护实践活动中。而对于棕榈叶载体文献,由于本体获得途径有限、价值较高、可借鉴的保护经验和检测手段不多,因此贝叶材料组成成分、结构、耐久

---

❶ "召片领"为傣语,意为"广大土地之主"。
❷ 焦云宏,王明姣. 贝叶经典籍在傣族社会生活中的作用与价值 [J]. 云南开放大学学报,2016,18 (4):62-66.
❸ 张文. 贝叶经:傣族文化的宝藏 [J]. 科学大观园,2006,22 (4):42-45.
❹ KENNETH E F. To remember and forget: archives, memory, and culture [J]. The American Archivist, 1990, 53 (3): 378-392.
❺ 何新华. 清代朝贡文书研究 [M]. 厦门:中山大学出版社,2016:31.

性、寿命、环境因素对其影响等理论问题都属于空白。本研究能弥补相关研究的不足，完善我国文献保护理论体系，延长文献保护理论和实验研究的链条，促进文献保护学科的可持续发展。

1.2.2 实践意义

第一，通过国内外文献研究，了解目前贝叶手稿保护修复理念和技术，为我国贝叶手稿整体性保护奠定研究基础。对我国贝叶保存现状进行实地调研，开展物理、化学实验研究获得较为全面的实验数据，将定性与定量研究相结合对我国贝叶手稿的保存现状、保管问题、老化和损坏原因等进行分析，有针对性地制定整体性保护方案，使我国贝叶手稿保护工作具有可操作性，最大限度地延长贝叶手稿的本体寿命。在本体保护的前提下，研究再生性保护策略，解决文献"藏"与"用"的矛盾，助力人文研究。

第二，在整体性保护理念下，对我国贝叶手稿的制成材料和装帧工艺进行挖掘，通过非物质文化遗产保护研究视角，对其制作技艺和传承人制定非物质文化遗产的传承保护方案，并通过制定贝叶手稿文化资源的传播模式，更新与完善文化遗产的传播保护工作，支撑我国文化保护工作，有效提高我国遗产保护水平。

第三，著者选择贝叶手稿保护工作进行针对性研究，其成果具有学术研究的普遍意义，不仅对不同载体文献的保护工作具有适用性，还可以为其他类型的文献遗产保护研究提供学术参考。

1.3 贝叶手稿的研究方法

贝叶手稿整体性保护研究涉及保护修复技术、历史研究、遗产保护、材料学、文献学、宗教文化等，依据研究内容特点，采用以下方法开展研究：实验研究、文献研究、调查研究、实地研究。

1.3.1 实验研究

实验研究属于实证性的研究方法。通过运用显微镜、X射线荧光光谱分析仪、红外光谱仪、酸度计等实验设备对贝叶手稿的载体材料、字迹材料、装具等进行无损检测，收集实验数据进行分析，以获得贝叶手稿制成和保存过程中关于本体的各项测量数据和病害信息，为有效开展保护修复工作奠定基础。

1.3.2 文献研究

文献研究是通过对文献进行分析研究，从中引证对研究对象的看法或找出其真相的一种方法，此处的文献是指有关研究现象信息的任何书面材料。❶ 通过对国内外相关文献进行研读、综述、评价，分析国内外贝叶手稿在保存现状、装帧工艺、保护修复、文化传承、数字化等方面的研究现状，对研究势态进行评价，为我国贝叶手稿在制作、保管、利用等工作过程中的整体性保护研究提供参考借鉴。

1.3.3 调查研究

调查研究是一种采用填写问卷或访谈调查等方法，通过对被调查者的观点、态度和行为等方面系统地收集信息并进行分析，认识社会现象及其规律的社会科学研究方式。❷ 在对云南西双版纳州档案馆贝叶手稿的保存现状研究中，著者通过现场访谈，针对贝叶手稿的征集情况、本体现状、管理现状、保管环境、配套设施、管理模式、规章制度等情况进行调查，为发现保护工作的影响因素奠定基础。

1.3.4 实地研究

实地研究也称田野研究，是指不带有理论假设而直接深入社会生活中，采用观察、访问等方法收集基本信息和原始资料，经过研究者的理解和抽象概况得出

---

❶ 彭克宏. 社会科学大词典 [M]. 北京：中国国际广播出版社，1989：369.
❷ 林聚任. 社会科学研究方法 [M]. 济南：山东人民出版社，2017：64.

基本结论。在研究过程中对云南西双版纳州档案馆和中国民族图书馆实地研究，分析现存贝叶手稿的保护现状和病害情况，有针对性地提出保护对策；梳理贝叶手稿制作技艺传承保护现状，完善整体性保护体系。

1.4 贝叶手稿保护的重点和难点

对贝叶手稿进行整体性保护研究涉及文献的制作、记录、保管、修复、开发利用、传播传承等全生命周期，适用于我国具有民族特色的珍贵文献的保护实践工作。著者的研究框架如图1-4所示。

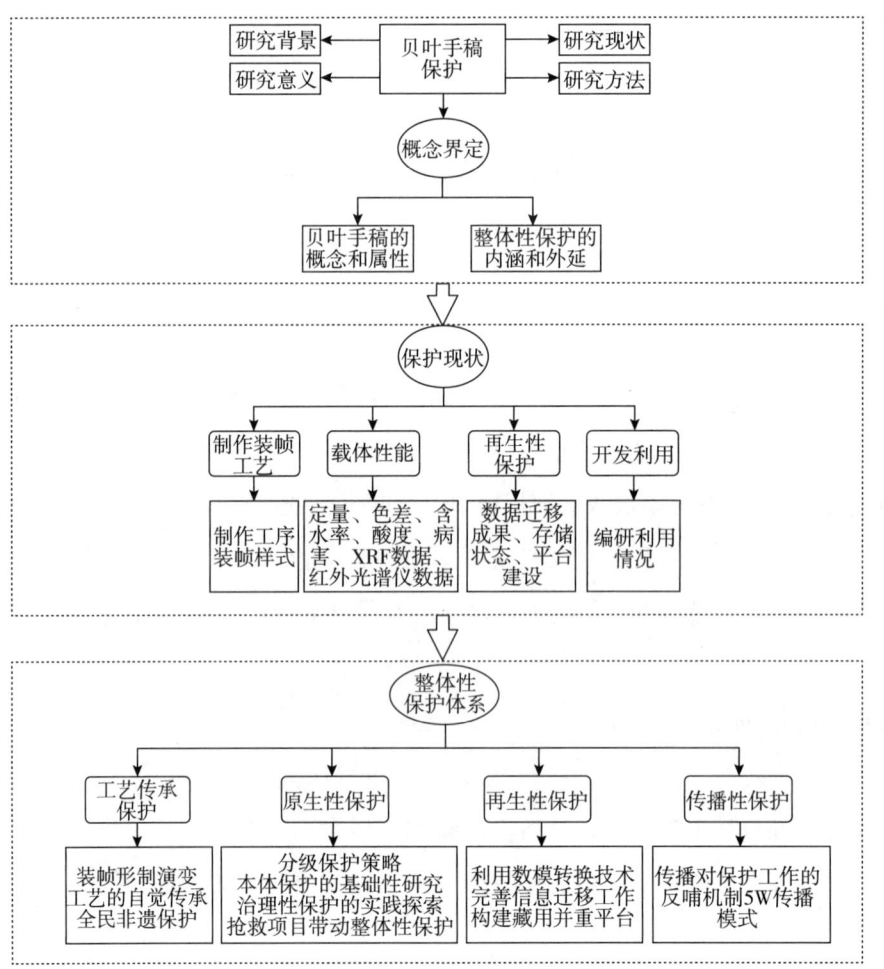

图1-4 研究框架

著者的研究重点是整体性保护体系的构建和阐释，通过对整体性保护体系所包含的四个模块，以及各个保护模块的具体内容和逻辑关系进行研究。整体性保护理念作为一种研究理论，需要通过确定具体的保护内容、保护策略，才能在实践层面指导文化遗产保护，因此著者将研究重点设定为整体性保护体系的构建，这是理论指导实践、实践验证理论进而推动社会发展和进步的过程。在每一个保护模块中，都需要根据调研数据和国内外文献研究提出具有针对性的保护策略，这也是研究的难点，体现了本研究成果对实际工作的贡献程度。

1.5 创新与局限

第一，著者首次梳理了贝叶手稿的概念和属性，明确了概念的内涵和外延。当前，国内外关于贝叶手稿的研究，多以"贝叶经"或"棕榈叶手稿"指代研究对象，存在概念不清甚至引起歧义的情况。著者聚焦研究对象的主要特征，在已有概念上融会贯通，阐释易引起歧义的内容，明确研究对象，避免了不同学界的争议。

第二，国内研究以描述性和政策性研究为主，出于对文献文物属性和宗教地位的考量，对其本体开展的实验研究较少。著者选择了云南西双版纳州档案馆和中国民族图书馆保存的贝叶手稿进行抽样调查，在当地政策允许范围内，和保护本体不受损害的前提下，对其保存现状进行了系统的抽样调查，开展了一系列无破损实验，进行物质属性认知和病害诊断，填补了国内研究的空白，在加速国内研究进展的前提下加强了研究深度，并为不同领域的进一步研究提供了参考信息，拓宽了研究思路。

第三，著者首次构建了贝叶手稿整体性保护框架，包含保护理念、保护模块和具体的保护措施。目前国内对于贝叶手稿保护的研究较少，关于其整体性保护的研究还是空白。著者将整体性保护理念运用到文献遗产保护研究中，在微观层面研究文献的原生性保护和再生性保护，同时为了实现贝叶手稿的活态保护和动态传承，在宏观层面引入非物质文化遗产保护和传播学视角，将制作装帧技艺保护和传承人保护纳入整体性保护模块中，和贝叶手稿的传播性保护构成了跨越时间维度和空间维度的保护模式，这些模块共同构成了整体性保护体系的内容。整体性保护模式的构建开创了文献保护技术、非物质文化遗产保护、文献传播学等多学科交叉研究的先河，丰富了文献保护研究的成果。

著者的研究还存在以下不足和有待继续拓展之处。

第一，由于贝叶手稿属性复杂，在宗教环境中具有崇高的地位，因此研究过程中能接触的文献实物有限，实验研究的样本在地域和数量上具有一定的局限性。

第二，关于保护修复核心问题研究深度不够。相比于纸质文献保护技术的研究，由于贝叶手稿载体、字迹材料和以往实验研究对象的差别较大，可参考的研究较少，且考虑到文献遗产的珍贵程度，基于确保文献安全和最小干预的原则，著者只能进行无破损实验，对保护技术的适用性、材料的可用性、方法的安全性等方面还需要进行更深入的研究。

第三，著者初步构建了贝叶手稿整体性保护模式，该模式在应用方面的研究还有继续拓展和深入的空间，在应用效果方面还缺乏实证研究。

第 2 章 贝叶手稿整体性保护相关概念

2.1 贝叶手稿概念界定和特征

2.1.1 贝叶手稿的概念

2.1.1.1 "贝叶手稿"的提出

以贝多罗叶片为记录载体的文本,在我国一般统称为贝叶经,在国外英文多称作"Palm Leaf Manuscripts"(PLMs),通常译为"棕榈叶手稿"或"棕榈叶写本"。这些称谓都有一定的历史原因和合理性。

由于最初由古印度传入我国的贝叶手稿多是佛教经文教义,且一直以来贝叶经都被佛教徒视为宗教法宝,具有崇高的地位,因此社会上按照约定俗成的习惯沿用了"贝叶经"的称谓。著名学者季羡林先生曾经对这一认知进行了澄清,在一次访谈中,季羡林先生谈及贝叶手稿,提出:"贝叶经不是藏学,什么经都可以写……贝叶经不一定都是佛教经典,因为当时的贝叶就是纸……不能一听贝叶经,就以为是佛经,不一定。"[1] 作为东南亚和南亚贝叶文化的核心载体,其内容十分

---

[1] 秦维宪. 先声:国内外名家谈改革(上)[M]. 北京:生活·读书·新知三联书店,2014:325.

丰富，不仅有佛教元典，还涉及佛教哲学、伦理学、逻辑学、语言学等，也包括医学、天文学等自然科学。保存在我国西藏地区的贝叶手稿共1000多函，近6万片，一般双面书写，这12万片贝叶手稿上记载的内容涵盖天文、地理、医学、哲学、宗教、文学、艺术等传统藏族文化的22类学科，被藏族人民视为传统文化的"百科全书"。云南傣族地区贝叶手稿更是包罗万象，由于贝叶手稿在当地南传佛教中的地位，记载佛教经文的贝叶被称为"坦"，记载其他内容的贝叶统称为"簿"。在现存傣族贝叶手稿中，"簿"占了很大比例，有大量的史书、政府文牍等。《双江土司十八代世系》《同治元年至光绪二十三年史事》《镇压悠乐山起义布告》等都是研究当地不同时期历史文化、社会现状的重要档案资源。最早的傣文法规《芒莱法典》是研究傣族法律史和初期农奴制社会关系的重要史料。在傣族贝叶手稿中还有大量关于水利灌溉和用水分配的档案，如《景洪的水利分配》《景洪地界水沟清册》《景洪田亩数及水利分配》《从贺勐到景澜水利分配及保管手册》等公文，是研究傣族农村水利和土地政策的档案资料。❶ 此外，贝叶手稿中还有大量的文学作品、药理医学等，这些文献资源在内容上已经远远超出了宗教典籍的范畴，资源类型既有图书，又有档案。如果在学术研究中继续沿用"贝叶经"的称谓，容易出现研究对象界定不清的情况，引起不同研究学界的误解。

"Palm Leaf Manuscripts"这一英文表述则是综合了以下两个特征：一方面强调载体材质，另一方面突出了其记录形式无论是刻写还是书写，都和手写有关。"Palm Leaf"（棕榈叶）是一个通用称谓，在使用棕榈叶作为记录材料的不同地区，人们也使用当地术语，例如在斯里兰卡棕榈叶被称为"Ola"，在泰国被称为"Larn"，在缅甸被称为"Lontar"，在印度的不同地区被称为"Tala"、"Sritala"或"Karalika"。❷ "Manuscript"起源于中世纪拉丁语"manūscrīptus"，其中"Manu"来源于拉丁语"manus"（手），有"手的""手工的、用手操作的"之意。❸ "script"是在英文发音过程中，根据辅音交替规律由"scrib"演变而来，意为"to write"。词根"scrib"来源于原始印欧语根"sker"，意为"切，砍"，表明最早的

---

❶ 蒋宝德，李鑫生. 中国地域文化（下）[M]. 济南：山东美术出版社，1997：2532.
❷ SAH A. Palm leaf manuscripts of the world：material，technology and conservation [J]. Studies in Conservation，2002，47：1，15-24.
❸ 在 Word Roots Dictionary 中查找词根词缀的起源和释义，对 Manu 有以上解释，查寻网址如下：https：//www.quword.com/root/search? wd = Manu.

记录方式是在载体上进行刻写。❶从语言表述层面来看，Manuscripts 即为用手书写或刻写创造的文本。Manuscripts 在中西方语境中也存在一定的差异。西方常常将 Manuscript 与 Archives 并列使用，属于相对立的关系而非包含关系，如《英国与肯尼亚和东非有关的档案和手稿指南》中有如下记录："Volume 1：Official Records，Volume 2：Non - Official Archives and Manuscripts."，❷华盛顿州立大学图书馆的手稿、档案与特藏部名为"Manuscripts，Archives，and Special Collections"。❸英国著名档案学家迈克尔·库克对此解释为"Manuscripts"是有研究价值的个人文献，应属于私人档案，"Archives"是具有"处理公共事务"成分的公共档案。❹但是"Archives"引入我国后，一直作为一个属概念，是指全部档案，既包括公共档案，也包括私人档案。鉴于我国贝叶手稿记录的内容还有大量的图书和政府公文，"Palm Leaf Manuscripts"这一命名是值得商榷的。那么在西方命名基础上的翻译问题，无论是"棕榈叶手稿"还是"棕榈叶写本"，在中文语境下多有失偏颇。

首先，在中国档案学语境下，尽管手稿属于个人档案，但名人手稿也可以进入公共档案机构或博物馆保管，我国《档案学词典》中对"手稿"有这样的解释："由作者亲笔书写或用打字机打印的原稿，一般由作者个人保存。著名人物则可作为其个人档案的一部分加以珍藏，在社会上往往成为收藏家的收藏对象。"❺那么"棕榈叶手稿"的称谓就无法将贝叶手稿中大量史书、政府文牍等文献囊括在内。其次，如果沿用"棕榈叶写本"的称谓，概念的外延仍然不全面。《中华文化辞典》中记录："写本"也称为"抄本"，是抄写而成的书本。唐代以前的图书多称"写本"，唐代以后的多称"抄本"，宋代以后雕版印刷盛行，但仍有一部分书籍靠传抄流通，于是写本、刻本二者并行，成为古籍版本的两大流别。❻可见，写本指的是古籍中的一种，"棕榈叶写本"无法包括由棕榈叶为载体记录的大量的档案材料。

为了避免称谓界定上的分歧和误解，也为了突出本书研究的对象是以棕榈叶

---

❶ 在 Word Roots Dictionary 中查找词根词缀的起源和释义，对 script 有以上解释，查寻网址如下：https：//www.quword.com/root/search？wd=scriptus.
❷ 黄世喆，颜晗. 中西方不同语境下手稿与档案的区别与联系［J］. 档案管理，2021（4）：38-41，46.
❸ 王成志. 北美藏中国抗日战争历史档案文献提要［M］. 上海：复旦大学出版，2017：280.
❹ 《档案学通讯》杂志社. 档案学经典著作·第6卷［M］. 沈阳：辽宁大学出版社，2017：164-165.
❺ 吴宝康，冯子直. 档案学词典［M］. 上海：上海辞书出版社，1994：117.
❻ 冯天瑜. 中华文化辞典［M/OL］. 武汉：武汉大学出版社，2001［2022-05-20］. http：//gfgga35353fcf0afc4f08spvb90w55qowv66wf.fhaz.libproxy.ruc.edu.cn/RBook/Detail？entryId=R2006070100002258.

为载体的记录材料，研究的目的是延长材料寿命、保护文化遗产，以期对图书档案界、史学界、遗产和文物保护界等各学界都有一定的借鉴参考意义，因此本研究引入了"贝叶手稿"的概念界定研究对象。文献是"记录有知识的一切载体"❶。《信息与文献 图书馆和档案馆的文献保存要求》（GB/T 27703—2011）中的"文献"囊括了档案、图书，指"以文字、符号、图形、图像、声频、视频等技术手段记录或固化在一定载体材料上的知识与信息"❷。可见文献的本质是知识与信息，并因记录方式和载体材料而有所区别。"贝叶手稿"明确了研究对象的本质，确定了载体材料的类型，并将古今中外不同类型的文献材料囊括其中。因此著者也会沿用"贝叶手稿"或其简称"贝叶"来指代本书的研究对象。对于国外针对贝叶手稿开展的研究通常用"棕榈叶手稿"指代研究对象，著者也认同不同语种和不同语境下这一约定俗成的称谓。

2.1.1.2 "贝叶手稿"概念的内涵和外延

"贝叶手稿"的概念包括其内涵和外延两个方面。概念的内涵是概念所反映的对象的特征和本质，通过定义的方式表述，外延是定义表述的一个事物或一类事物的总和。要确定"贝叶手稿"的概念，就要先明确其定义，通过定义表述来确定其外延。

确定一个定义项，通常采用"属概念+种差"的方法。属概念指的是反映事物中作为属的那类事物的概念，即划定定义项的从属范围，确定定义项的分类。种差是被定义项与其属概念之下的其他种概念在内涵上的区别，即为同属于该属概念的事物所独有的，可以与其他事物相区分的特点。按照这样的方法，著者将贝叶手稿定义为："以文字、符号、图形等技术手段刻写或书写在棕榈叶载体材料上的知识与信息。"根据这一概念的内涵，可以确定概念的外延包括不同历史时期的组织和个人在各领域活动中直接形成的具有保存价值的以棕榈叶为载体的知识和信息，这些活动包括经济、政治、文化、社会、生态文明、军事、外事、科技、宗教等各种类型，记录文字包括梵文、巴利文、老傣文、藏文等不同国家或民族的语言文字，保存地点包括博物馆、图书馆、纪念馆、档案馆、寺庙以及个人收藏等。

---

❶ 陈誉，林申清，李明杰. "管理学·图书馆学·文献学与文献保护·文献学·文献"条目［EB/OL］.（2022－01－20）［2022－09－04］. https：//www.zgbk.com/ecph/words? SiteID = 1&ID = 92099&Type = bkzyb&SubID = 46028.

❷ 中华人民共和国国家质量监督检验检疫总局，中国国家标准化管理委员会. GB/T 27703—2011 信息与文献 图书馆和档案馆的文献保存要求［S］. 北京：中国标准出版社，2011.

2.1.2 贝叶手稿的多重属性

贝叶手稿具有档案、古籍、手稿、文物、艺术品等多重属性，其属性交叉关系如图2-1所示。

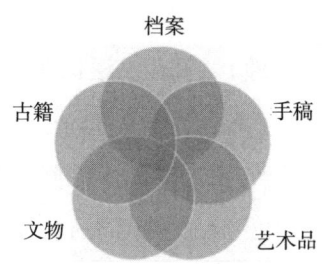

图2-1 贝叶手稿属性的交叉关系

一部分贝叶手稿具有档案属性。黄梅在《云南傣族贝叶档案保护研究》中对傣族贝叶档案的定义进行了阐述。❶ 陈兆祦、黄坤坊编著的《简明档案学词典》将棕榈叶记录的文件称为"棕榈叶文件"、"棕榈叶档案"或"贝叶档案"。❷ 档案的定义从最初的发生型定义发展到抽象型定义，其表述内容在不断改进。2020年6月，《中华人民共和国档案法》将档案的定义修订为"指过去和现在的机关、团体、企业事业单位和其他组织以及个人从事经济、政治、文化、社会、生态文明、军事、外事、科技等方面活动直接形成的对国家和社会具有保存价值的各种文字、图表、声像等不同形式的历史记录。"❸ 在贝叶手稿中，形成主体是过去和现在的机关、团体、组织及个人，形成领域是政治、经济、文化、社会、宗教等方面的活动，且具有保存价值和原始记录性的历史记录，都符合档案的定义，因此这类文献具有档案的属性。

一部分贝叶手稿具有古籍属性。《古籍定级标准》中将古籍特指为书写或印刷于1912年以前且具有中国古典装帧形式的书籍。古籍在类型上不仅包括古书，还包含其他类型古代文献，如甲骨、金石、简牍、帛书、敦煌卷子等。❹ 那么以棕榈

---

❶ 黄梅. 云南傣族贝叶档案保护研究 [D]. 昆明：云南大学，2010：50.
❷ 陈兆祦，黄坤坊. 简明档案学词典 [M]. 北京：中国档案出版社，1993：203.
❸ 中华人民共和国档案法 [EB/OL]. (2021-11-18) [2021-11-22]. http://www.npc.gov.cn/npc/c30834/202006/14a5f4f6452a420a97ccf2d3217f6292.shtml.
❹ 彭敏. 古籍概述 [M]. 芜湖：安徽师范大学出版社，2018：1.

叶为载体刻写或书写记录的贝叶，不但成书历史久远，还具有梵夹装的古典装帧形式，因此也属于古籍的范畴。

贝叶手稿具有手稿属性。对于手稿的界定，一般强调借助工具由人工书写完成。德国汉堡大学将我国战国时期的竹简、木简称为"Warring States Manuscripts"，将秦代竹简称为"Qin Bamboo Manuscripts"。❶ 可见，贝叶和简牍虽然载体不同，但都具有手稿的属性。

一部分贝叶手稿具有文物属性。《现代汉语词典（第 7 版）》中将"文物"定义为"历代遗留下来的在文化发展史上有价值的东西，如建筑、碑刻、工具、武器、生活器皿和各种艺术品等"。❷ 文物和档案之间具有无法割断的天然联系，受不同社会分工和管理职能的要求，形成了不同的管理规则。例如敦煌遗书被文物部门定为国家一级文物，档案部门则称之为"敦煌文书"。文物是人类智慧和文明的凝结物，是不可再生的宝贵资源，具有独特性、稀缺性等特点，贝叶手稿也具有同样的特征。我国有源远流长的收集贝叶手稿的历史，很多古代流传下来的贝叶手稿被定级为国家一级或特级文物。河南省镇平县菩提寺收藏的《楞严经》是唐代由印度南部传入我国的梵文贝叶经，共 226 片，是我国现存年代最早的贝叶经之一。由于其良好的保存状态，因此被定为国家一级保护文物。❸

此外，贝叶手稿不仅涵盖了宗教、数学、天文、医学等不同的主题和古老的知识，其中一些文献还有精美的插图，其对天然材料出神入化的运用、制作过程的奇思妙想、装帧工艺的美学表达，更使得文献本身具有工艺品的属性和价值，并在工艺鉴赏领域具有无限的潜能，符合"艺术作品"的属性。

2.2 整体性保护的理论基础和内容

贝叶手稿本体属于世界范围内的物质文化遗产，其制作装帧工艺是我国珍贵的非物质文化遗产，具有丰富的文化内涵、崇高的宗教地位、珍贵的文物价值，

---

❶ FRIEDRICH M. Qin bamboo manuscripts in the possession of the Yuelu Academy [J]. Manuscript Cultures，2008（1）：29.
❷ 中国社会科学院语言研究所词典编辑室. 现代汉语词典［M］. 7 版. 北京：商务印书馆，2016：1373.
❸ 周懿. "梵夹装"装帧形制考［D］. 北京：中国社会科学院研究生院，2015：11.

因此对贝叶手稿进行整体性保护是文化遗产保护的必由之路。

2.2.1 整体性保护的理论析出

2.2.1.1 文化整体论

文化整体论认为文化是一个有机整体，包括物质文化和非物质文化。贝叶手稿的文化遗产属性意味着其保护工作不但涉及物质文化遗产保护，还应包括非物质文化遗产保护。物质文化遗产体现了社会生产力发展水平和劳动者的生产技能水平，是人类在某一个历史阶段利用和改造自然的程度，载体形式包括人类创造的工具、建筑等实物。❶ 非物质文化遗产是人类在实践过程中所创造的精神财富，是调适于自然环境和社会环境所创造或利用的抽象事项，其内容大体上可分为三方面："第一，调适于自然环境所产生的哲学、自然科学、宗教、艺术等；第二，调适于社会环境所产生的语言、文字、风俗、道德、法律等；第三，调适于物质文化所产生的，如制造和使用工具的技艺等。"❷ 英国人类学家拉德克利夫·布朗认为文化是一个整合系统，❸ 不能将文化分解为不同的部分进行研究，因为物质文化与非物质文化是不能分割的一个整体。物质文化中的各种实体会逐渐消亡，但其蕴含的意义、知识、观念、技术等只有在非物质文化层面上才能获得并传承延续下去。在研究物质文化实体的过程中，除了对其造型、结构、外观、用途等方面的物质文化进行研究，还要对其代表的观念、生产方式、使用方法、制作技艺、社会地位等进行研究。离开了物质文化，非物质文化就失去了存在和传承的载体，趋于虚幻和想象，只有借助于一定的物质文化载体才能被认知。因此，在对贝叶手稿进行保护研究时，不能仅仅关注棕榈叶载体和字迹的保存、文献信息的保护，而应同时对贝叶手稿的制作装帧技艺，以及叶片尺寸、记录行数、装饰色彩等外观样式呈现的文化内涵、宗教意义、价值作用进行研究，才能体现贝叶手稿独特的文献价值和社会地位。因此，文化整体论决定了应该对贝叶手稿蕴含的物质文化遗产和非物质文化遗产进行整体性保护。

2.2.1.2 文化遗产无法脱离周围环境

文化的产生和发展不是偶然和孤立的。一种文化遗产从被创造出来到传承演

---

❶ 覃光广, 冯利, 陈朴. 文化学词典 [Z]. 北京：中央民族学院出版社, 1988：504-505.
❷ 覃光广, 冯利, 陈朴. 文化学词典 [Z]. 北京：中央民族学院出版社, 1988：498-499.
❸ 拉德克利夫·布朗. 社会人类学方法 [M]. 夏建中, 译. 北京：华夏出版社, 2002：37.

化都离不开漫长时空下自然环境和社会环境各种因素的作用，因此对文化遗产的保护必须立足于其存在的整体情境。无论是文物、建筑、遗址等物质文化遗产，还是传统礼仪、口头文学、医药技艺等非物质文化遗产，它们所蕴含的文化基因、精神特质、美学元素等都不能脱离创造遗产的人文环境和自然环境，因此不能将文化遗产从其产生和传承的环境中分离出来再实施保护。在保护工作中除了要关注文化遗产每一个历史阶段的发展势态，保护遗产价值观及其产生的背景和环境，还要整合和协调在保护传承过程中各方面的关系及其利益诉求，尊重文化遗产共享者的价值观和文化认同等心理因素。

基于此，整体性保护在国际文化遗产保护工作中被提出，且内涵不断丰富。最初，为保护历史遗迹、遗址等物质文化遗产，1964年，第二届历史古迹建筑师及技师国际会议提出了《国际古迹保护与修复宪章》（又称《威尼斯宪章》）❶："历史古迹的概念不仅包括单个建筑物，而且包括能从中找出一种独特的文明、一种有意义的发展或一个历史事件见证的城市或乡村环境。"❷《关于在国家一级保护文化和自然遗产的建议》❸和《国际古迹保护与修复宪章》也明确规定了将文化和自然遗产与周边自然环境和文化环境保护包含在内的整体性保护要求，这是国际层面开始公认对物质文化遗产进行整体性保护的重要参照与依据，是文化遗产整体性价值认知的重要开始。联合国教科文组织于2004年10月在日本奈良召开针对物质和非物质文化遗产保护的国际会议并拟定了《关于整体保护物质与非物质文化遗产宣言》，探讨了将整体性保护用于文化遗产保护的可行性。❹ 2011年，我国颁布了《中华人民共和国非物质文化遗产法》，提出保护非物质文化遗产，应当注重其真实性、整体性和传承性，明确规定将整体性保护作为我国非物质文化遗产保护的基本原则之一。❺ 至此，整体性保护作为一项基本原则和方法论指导着我国的文化遗产保护工作。

---

❶ 国家文物局法制处. 国际古迹保护与修复宪章：国际保护文化遗产法律文件选编 [C]. 北京：紫禁城出版社，1993：164-165.
❷ 林秀琴. 整体性保护：价值、理念、实践及挑战：关于文化遗产保护创新的若干思考 [J]. 福建论坛（人文社会科学版），2020，343：36-47.
❸ 国家文物局法制处. 关于在国家一级保护文化和自然遗产的建议：国际保护文化遗产法律文件选编 [C]. 北京：紫禁城出版社，1993：90.
❹ 张成渝，谢凝高. "真实性和完整性"原则与世界遗产保护 [J]. 北京大学学报，2003（2）：62-63.
❺ 中国知识产权报社. 中华人民共和国非物质文化遗产法 [EB/OL]. （2021-11-26）[2011-02-28]. http://www.iprchn.com/cipnews/news_content.aspx? newsId=23232.

2.2.1.3 全程保护

联合国教科文组织对文化遗产的"全程保护"工作进行了界定:"包括对遗产的确认、立档、研究、保存、保护、传播、弘扬、通过正规和非正规教育传承和振兴"。❶ 可见遗产保护工作不仅包括文化遗产本体保护,还包括文化遗产的传承和传播。针对文献遗产保护,相关学者以文件生命周期理论为基础,提出文献遗产保护是一种综合性、整体性、全面性的活动,应伴随着文件的产生利用到永久保存或销毁这一完整生命周期而开展的一切保护管理活动。❷ 在文献保护领域的长期发展过程中,这一思想指导着理论和实践工作的各个方面,并形成了人们一直遵循的保护原则——以防为主,防治结合,把保护工作渗透到文献的征集、归档、保管、修复、利用等所有工作环节,在每一个环节中都尽量延长文献寿命。

将以上理论成果引入贝叶手稿制作、保管、利用、修复、传承传播整个过程中,可以确定保护工作应包括贝叶手稿的非物质文化遗产传承保护、本体的原生性保护、再生性保护、传播性保护,这些保护模块构成了整体性保护的内容并互相配合发挥总体效应。

2.2.2 整体性保护的内涵和外延

整体性保护作为文化遗产保护的原则,是指要保护文化遗产所拥有的全部内容和形式,也包括传承人和生态环境。❸ 贝叶手稿的整体性保护包括微观层面和宏观层面两方面。

微观层面的保护聚焦于文献遗产本体,针对文献载体和写印材料、装帧形制、内容信息。为延长文献寿命首先要进行贝叶手稿的原生性保护,开展预防性和治理性研究工作。通过对保存环境的改善和控制,减轻或阻止环境因素对贝叶手稿制成材料自然属性的破坏,例如建立合理有效的库房环境,调节温度和湿度,防止紫外线、灰尘、有害生物对贝叶手稿本体和装帧样式的损害,这体现了"以防为主"的保护思想。在此基础上,对破损文献修复治理,提高贝叶手稿制成材料对环境因素破坏作用的抵抗力,通过改变材料的物理和化学性质延长其耐用性和

---

❶ 张尔君. 涪城印象:非物质文化遗产卷 [M]. 上海:文汇出版社,2017:208.
❷ 张美芳,张松道. 文献遗产保护技术管理理论与实践 [M]. 吉林:吉林文史出版社,2009:81.
❸ 王文章. 非物质文化遗产概论 [M]. 北京:文化艺术出版社,2006:326.

持久性，这是"防治结合"保护思想的体现。原生性保护能够有效延长文献物理实体的寿命，保存贝叶手稿的装帧样式，实现"存形"的目的。为永久留存贝叶手稿内容信息，还要利用信息迁移技术进行贝叶手稿的再生性保护。通过影印出版、缩微拍摄和数码扫描等方法改变文本信息的载体，不但可以进行知识提取扩大贝叶文化传播，还能在减少原件使用频率的基础上进一步延长文献寿命。❶ 这是对贝叶手稿"移形"的保护手段。这两个保护模块的依据是物质文化遗产具有物质易损性和内容可复制性的特点。❷

仅仅从微观层面进行贝叶手稿本体保护，会割裂文化遗产和其赖以生存的自然环境、人文环境之间的关系，使得文化遗产固化在文物馆、博物馆、档案馆内，难以实现活态传承和动态传播，文化成果无法被全体人类共同享有，最终也将湮灭在历史的长河中，因此应从宏观层面进一步研究整体性保护的内容。

从宏观层面看，除了对本体的保护，还应将非物质文化遗产的传承保护纳入整体性保护中，即对贝叶手稿制作装帧技艺、技艺传承人及其所处的自然环境、生态环境、人文环境和相关的制度、习俗等内容进行传承性保护。这体现了整体性保护理念的环境观，是对原生性保护和再生性保护的延伸和拓展，可视为传承贝叶文化神韵之举。与传承性保护相呼应的则是传播性保护。传承性保护侧重时间性和历时性，以掌握精髓为目的，是时间维度上的保护，而传播性保护侧重空间性和共时性，以信息流通为旨要，是空间维度上的保护。传播是了解的基础，了解是喜爱的前提，喜爱是保护的动力，可见贝叶手稿传播可以在文化宣传的同时助推保护工作。贝叶手稿难得一见，我国大部分地区民众难有了解渠道，应充分利用广播电视、互联网等新媒体加强文化宣传工作，展示保护成果，培养公众的保护意识，营造全社会共同关注贝叶手稿的良好氛围。另外，我国有不少私人藏家和寺庙保存了大量的贝叶手稿，但是缺乏保护知识，通过专题研讨、讲座培训等形式传播保护知识，能够有效促进民间收藏的保护工作。

贝叶手稿微观和宏观层面的保护模块构成了整体性保护的主要内容，四个模块之间具有紧密的逻辑关系，互相支撑，缺一不可。从传承性保护到贝叶手稿的原生性和再生性保护，再到传播性保护，包含了文献遗产产生、保管保护、利用

---

❶ 张志清. 国家图书馆古籍保护的历史、现状和任务 [C]//杨牧之. 古籍整理与出版专家论古籍整理与出版. 南京：凤凰出版社，2008：271.

❷ 周余姣，田晨，武文杰，等. 古籍传承性保护的理论探索 [J]. 图书馆杂志，2020，39（12）：14-19，42.

的所有流程。其中,传承性保护是实现贝叶手稿活态传承和保护的条件,贝叶手稿制作装帧形制对本体耐久性产生不同的影响,对其工序、使用材料、制作工具等进行研究可以和贝叶本体的耐久性产生映射关系,在传承性保护和原生性保护之间建立关联。原生性保护对文献本体进行保存和修复,是再生性保护的前提和基础,如果本体损毁,再生性保护就成了无源之水、无本之木,因此原生性保护是贝叶手稿保护的核心部分。而再生性保护能够减少流通行为对原件造成的影响,有效巩固本体的原生性保护成果,实现文献信息内容的长期或永久保存。同时,传承性保护和原生性保护的研究内容可以为再生性保护提供素材,无论是数据库还是信息化平台的建设,都需要利用这两个保护模块的研究成果。传播性保护作为最后一个保护模块,是以前三个模块的研究为基础获取传播的内容,可以说,传播性保护提供了信息传输的通道和策略,其他模块的保护成果则提供了信息内容。四个保护模块之间的逻辑关系如图2-2所示。

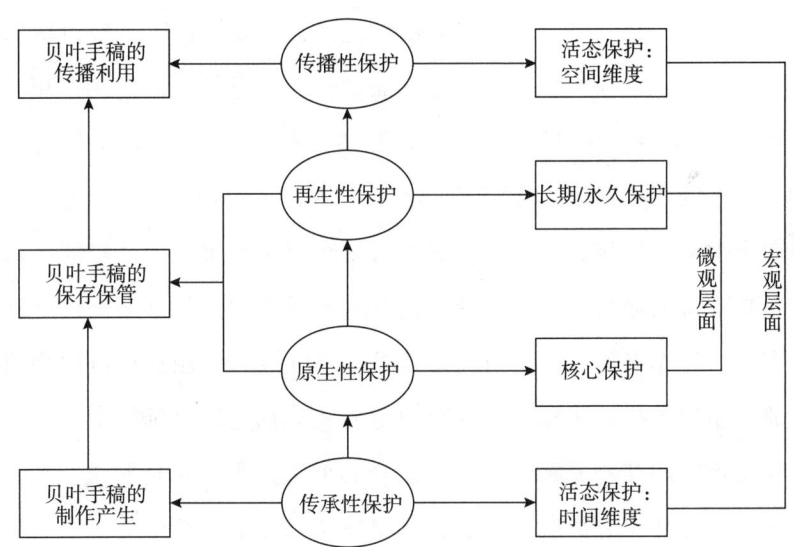

图 2-2　整体性保护模式中四个模块的逻辑关系

在贝叶手稿的全生命周期中,传承性保护模块对应贝叶手稿的制作产生流程,原生性保护模块和再生性保护模块对应贝叶手稿的保存保管过程,传播性保护模块对应贝叶手稿的传播利用过程。四个保护模块自下而上涵盖了文献保护的全流程,又由于传播对保护的反哺作用形成了保护工作的溯源回流,强化了保护研究效果,形成了一个完整的闭环管理。四个保护模块从微观到宏观,共同构成了贝叶手稿的整体性保护模式,不仅实现了全面保护,还建立了清晰的逻辑关系。

2.3 贝叶手稿和纸质文献保护的对比分析

中国数千年文献发展史上载体材料几经变革。以植物纤维为主要原料的文献主要包括：纸张、贝叶、桦树皮等，其中纸质载体一直占据重要地位。国内外学者对纸质文献保护进行了全面而深入的研究，涵盖了保护思想、文献本体和信息的保护、保管环境及组织管理等内容。❶ 贝叶手稿保护可以借鉴纸质文献保护研究成果，但是要明确两者的异同。

关于纸张的定义，可以参考由当代学者主编的百科全书或辞典等工具书。上海辞书出版社出版的《小辞海》将"纸"定义为："用于书写、印刷、绘画、包装、生活等方面的片状纤维制品。为中国古代四大发明之一。一般以植物纤维的水悬浮液在网上过滤、交织、压榨、烘干而成。为满足某些质量和使用要求，常加入适量的胶料、填料、染料和化学助剂等。"❷ 潘吉星在《中国造纸史》中结合国内外研究学者的观点，为"纸"下了定义："指植物纤维原料经机械、化学作用制成纯度较大的分散纤维，与水配成浆液，使浆液流经多孔模具帘滤去水，纤维在帘的表面形成湿的薄层，干燥后形成具有一定强度的由纤维素靠氢键缔合而交结成的片状物，用作书写、印刷和包装等用途的材料。"❸ 由此可以明确两种文献载体的区别：虽然传统纸张和贝叶叶片的主要成分都是植物纤维素，但是传统纸张具有造纸工序，即植物原料先离解再聚合的加工过程，包括制浆、抄纸、挣平干燥等。而贝叶叶片没有离解、分散、添加外来成分重新聚合等工序的处理，从自然中取材后经过简单的蒸煮和压平工序，纤维未经外力作用重新排列，保留了原始叶片的状态。传统纸张的物理成分和性能可以在造纸工序中调整，纸张种类多样，而贝叶载体的成分性能既定，难以人为干预。从载体外观形态来看，传统纸张比贝叶叶片的表面更平整、质地更纤薄柔韧、色泽更光滑洁白，从幅面大小来看，纸张可以裁剪、拼接，人为调整大小，但贝叶载体的长宽由叶片的天然属

---

❶ 周耀林，张晓娟，肖秋会. 档案学研究进展［M］. 武汉：武汉大学出版社，2018：173.
❷ 巢峰. 小辞海［M］. 上海：上海辞书出版社，2014：973.
❸ 潘吉星. 中国造纸史［M］. 上海：上海人民出版社，2009：3.

性决定。以上性能特征的区别决定了两者的使用领域。传统纸张用途更广泛，可以记录信息、包装物品等。贝叶载体只能用来记录信息。

纵观整个贝叶手稿记录历史来看贝叶经的记录形式和写、刻色料成分，主要有两种方式：书写和刻写。著者曾经发现用丝网印刷的类似于海报的内容，但数量非常少，❶ 使用单叶作为记录载体是传统常态，只有特殊的记录信息才会出现将叶片缝合以得到更大的载体面积。我国西藏地区贝叶手稿多以竹笔书写，墨汁是主要的色料成分，一些较珍贵的文献材料以金粉或银粉书写。❷ 印度贝叶手稿被发现有写、刻两种记录方式，除了常用的灯烟或煤炭粉混合植物油制作的黑色色素，在文献研究中还发现插图中有黄色、红色、蓝色、绿色、白色，当地专家认为贝叶手稿写、刻色料的使用选择是严格的，主要原因是棕榈叶并不像纸张一样对各种颜色都能有很好的吸收和显色能力。❸ 我国云南地区贝叶手稿以铁笔刻写，使用的黑色色素多用锅底灰混合植物油调和制作。纸张既可以使用柔软的毛笔，也可以用坚硬的钢笔、圆珠笔等多种类型的笔书写，除了用于书写，由于纸张良好的性能，适合各种颜色的颜料或染料，因此更适合作画，而贝叶叶片用于涂色的色料成分和种类有限，并不适合作画。除了丝网印刷，纸张适合其他多种类型的印刷方式。在和字迹的结合方式方面，纸张和字迹有三种结合方式：结膜、吸收、粘附。贝叶和字迹的结合分两种：刻写记录时，由于载体表面被笔尖破坏，涂色过程中色料成分渗透到叶片的纤维组织中，待干燥后色料中的植物油和叶片形成结膜，因此结合方式为"吸收+结膜"，耐久性强。书写记录时，叶片表面吸收渗透色料的能力较弱，由于制墨过程中添加了动物胶等黏合剂，墨汁书写干燥后在叶片表面结膜，属于"结膜"的结合方式，耐久性要弱于刻写方式。可以发现，无论是纸质文献还是贝叶手稿，记录方式的耐久性都很强。我国绍兴新昌兴善寺存有一部距今 2500 年历史的贝叶手稿，❹ 纸质文献寿命也有"纸寿千年"之说。

在文献本体保护研究方面，纸质文献已经有了成熟可靠的方法和经验，经过实验验证后，各种保护技术和材料均投入使用并取得了良好的保护效果，在长期的保护研究中，形成了国际标准、国家标准和行业标准。贝叶手稿保护技术缺乏

---

❶ SAH A. Palm leaf manuscripts of the world: material, technology and conservation [J]. Studies in Conservation, 2002, 47 (sup1): 15–24.
❷ 著者所在的调研团队于 2020 年 9 月赴西藏布达拉宫进行贝叶手稿调研，获取了以上信息。
❸ AGRAWAL, PRAKASH O. Conservation of manuscripts and paintings of South-East Asia [M]. London: Butterworth-Heinemann, 1984: 50.
❹ 绍兴市地方志编纂委员会办公室. 绍兴年鉴 [M]. 宁波：宁波出版社，2018：400.

成熟的经验,实验研究较少,并没有制定保护相关的标准。

传统纸质文献和贝叶手稿保护研究的异同如表2-1所示。

表2-1 两种文献保护研究异同

	文献保护研究的异同	纸质文献	贝叶手稿
相同	主要成分	植物纤维	
	受环境影响的程度	自然因素影响文献的耐久性	
	文献寿命	良好的保存环境下两种文献寿命可达到千年之久	
	病害类型	酸化、破损、害虫、霉菌、字迹褪色缺失等	
	保护理念和原则	预防为主、防治结合;修旧如旧,保持原貌;可逆性;最小干预	
	字迹色素病害类型	褪色、污渍等影响其识别	
	字迹色素的稳定性	炭黑、颜料、染料三种类型色素的稳定性依次降低	
差异	加工工艺	植物原料先离解再聚合的加工过程	叶片没有离解、分散、未加入外来成分
	加工中添加的其他成分	草本、竹类、废料类等共252种,胶料类38种❶	未加入其他成分
	纤维种类	各种麻类、楮(构)、桑、藤、结香、青檀等韧皮纤维;稻、麦、竹类等茎秆纤维❷	棕榈叶的韧皮纤维
	外观	表面更平整、质地更纤薄柔韧、色泽更光滑洁白,可以有多种尺寸和外观	保留了叶片的外观形态,载体大小受叶片尺寸的限制
	字迹色素	适合多种类型的色素	色素成分有限
	载体质量	不同原料的纤维长宽度不同,所造出的纸质量也各异	质量受到叶片天然属性的影响,难以控制
	修复方法	有丰富的经验并形成各种工作标准	缺乏丰富的经验,也没有形成固定标准
	载体和字迹的结合方式	结膜、吸收、粘附	吸收+结膜、结膜

---

❶❷ 潘吉星.中国造纸史[M].上海:上海人民出版社,2009:12.

第 3 章
贝叶手稿保护现状

我国历史悠久，幅员辽阔，在不同地区和机构保存了各种类型、内容丰富的贝叶手稿，保存环境和现状也很复杂。一直以来，保管机构和研究部门都致力于贝叶文化遗产的保护研究工作，并取得了一系列成果，但从调研情况来看，缺乏对贝叶手稿保护现状的定量研究以及在此基础上的整体性保护，为完善这一内容，著者通过实地调研和实验研究，获得了一定数量的分析数据和调研信息，为贝叶手稿整体性保护中各模块保护现状的分析以及相应保护对策的提出奠定基础。

3.1 国内外研究现状

3.1.1 文献检索

由于著者的研究对象在不同领域具有多种称谓，因此将检索主题词确定为贝叶经，同时进行概念扩展，包括贝叶手稿、贝叶档案、棕榈叶手稿、贝叶书、贝叶写本，因此中文检索确定检索主题为：（贝叶手稿 OR 贝叶档案 OR 贝叶经 OR 棕榈叶手稿 OR 贝叶书 OR 贝叶写本）AND（保护 OR 修复），英文检索确定检索主题为：（Palm Leaf Documents OR Palm Leaf Manuscripts OR Palm Leaf Archives）AND（Conservation OR Restoration OR Protection）。

对于国内文献的查找，选择涵盖期刊论文、学位论文、会议论文、报纸、图书资料等在内的中文数据库，具体信息如表 3-1 所示。

表 3-1 中文数据库选择信息

类型	内容
期刊论文	中国知网（中国期刊全文数据库）、万方数据资源系统（数字化期刊全文库）
学位论文	中国知网（中国博士学位论文数据库、中国优秀硕士学位论文数据库）、万方数据资源系统（中国学位论文全文数据库）
会议论文	万方数据资源系统（会议论文数据库）、中国知网（中国重要会议论文全文数据库）
报纸	中国知网（中国重要报纸全文数据库）
图书	超星（超星书世界）、中国知网图书数据库、国家图书馆
专利	泛研全球科研项目数据库

在国外数据库选择方面，期刊检索选择 ProQuest Research Library、ProjectMUSE 人文社科期刊数据库、Web of science、Google scholar、Ebsco - Academic Search Complete。图书检索途径为 OCLC FirstSearch—WorldCat、外文发现、Emerald 电子系列丛书（人文社会科学），硕博论文检索 OCLC FirstSearch—WorldCat Dissertations、ProQuest Dissertations and Theses Global。在以上数据库中进行主题组配检索。

3.1.2 国内研究现状

3.1.2.1 检索结果分析

采用以上检索策略，截至 2021 年 8 月 26 日，利用 NoteExpress 参考文献管理软件对国内数据库检索结果进行统计，去除不相关及重复文献，共检索到 223 个结果，按照文献类型统计结果如表 3-2 所示。

表 3-2 国内数据库检索结果统计表

文献类型	检索数量/篇	占比/%
专利	1	0.45
学位论文	10	4.48
图书	13	5.83
报纸	24	10.76
会议论文	24	10.76
期刊论文	151	67.71

可以发现，对于贝叶手稿保护的研究成果有多种文献类型，以期刊论文居多，

其他类型的文献研究较少。将检出文献以年度划分，得出分布结果如图 3-1 所示。

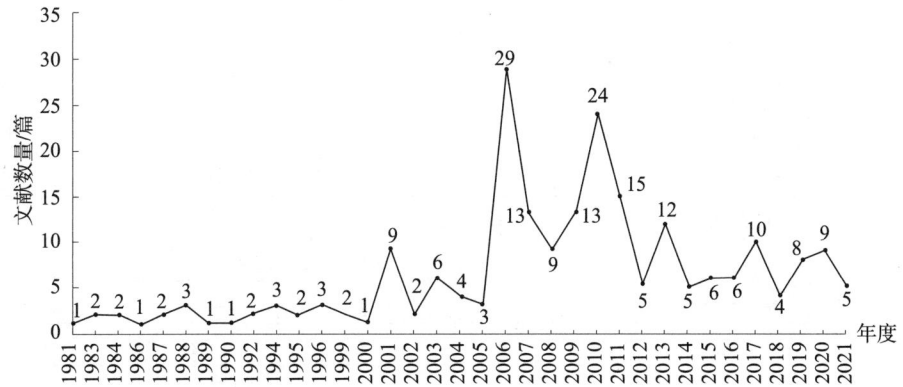

图 3-1　贝叶保护研究相关文献发表情况年度统计

注：个别年份文献数量为 0 篇，图中未列出。

根据文献检索结果的年度统计情况，目前可公开检索的文献最早发表于 20 世纪 80 年代初，直到 2000 年的近 20 年间共有 26 篇文献资料，这是贝叶手稿保护研究的早期起步阶段，发表量处于平稳且较低的水平，个别年度没有相关文献。进入 2000 年以后，关于贝叶手稿的研究有了长足的发展，特别是 2006~2011 年，相关研究集中发表，在 2006 年达到顶峰，数量为 29 篇，这一阶段学界对贝叶手稿的重要地位有了广泛认知，研究成果在数量上有了新的发展，这一时间节点和云南西双版纳州正式出版发行《中国贝叶经全集》前 20 卷的时间相吻合，可见西双版纳州为抢救整理贝叶手稿所进行的初步工作有了成效，不但在傣族地区产生了广泛的影响，还掀起了贝叶手稿研究的热潮，至此我国对"树叶上的文化"——傣族贝叶手稿大规模抢救已硕果初现。2012 年该领域热度有一定下降，但之后随着我国文化遗产保护工作的推进，对贝叶手稿的研究呈现稳定发展的趋势。

将检索出的 151 篇期刊论文所刊载期刊进行统计，结果见表 3-3。

表 3-3　检索结果发表期刊统计

期刊	数量/篇	期刊	数量/篇
青年与社会	1	华人时刊（上旬刊）	2
陕西档案	1	北京大学学报（哲学社会科学版）	1
重庆旅游	1	创造	1
贵州民族研究	1	出版参考（业内资讯版）	1
西藏艺术研究	1	出版人（图书馆与阅读）	1
西藏民族大学学报（哲学社会科学版）	2	佳木斯职业学院学报	1

续表

期刊	数量/篇	期刊	数量/篇
今日民航	1	今日民族	6
西南民族大学学报（人文社科版）	1	人物	1
装饰	1	人与自然	1
艺海	1	产业与科技论坛	1
致富天地	1	五台山研究	1
美术大观	1	云南民族学院学报	1
绿色科技	1	云南开放大学学报	1
经济问题探索	1	云南大学学报（自然科学版）	1
纸和造纸	1	云南图书馆	1
科学大观园	1	书法研究	1
福建艺术	1	中文自修	1
社会观察	1	中学历史教学参考	1
知识窗	1	中央民族大学学报（哲学社会科学版）	1
百科知识	1	中央民族大学学报（人文社会科学版）	1
现代交际	1	中国西藏（中文版）	1
环球人文地理	1	中国藏学（英文版）	1
玉溪师范学院学报	1	中国科技投资	1
湖南档案	1	中国社会科学报	1
浙江档案	1	中国民族民间医药	1
江苏师范大学学报（哲学社会科学版）	1	中国市场	1
民间文化论坛	1	中国图书馆学报	1
民族艺术研究	1	中国国家博物馆馆刊	1
民族翻译	1	中国出版	1
民族文学研究	1	中国典籍与文化	1
植物杂志	1	中国传媒科技	1
森林与人类	1	中华文史论丛	1
档案与建设	1	中华文化画报	1
普洱	1	东南亚之窗	1
晚霞	1	世界宗教研究	1
新西部（上旬刊）	1	走向世界	2
文艺生活·下旬刊	1	西藏研究	2
文献	1	现代出版	2
文物保护与考古科学	1	德宏师范高等专科学校学报	2
文史知识	1	大学图书馆学报	2
文史杂志	1	出版广角	2
文博	1	云南社会科学	2

续表

期刊	数量/篇	期刊	数量/篇
文化交流	1	中国西部	2
收藏	1	兰台世界	3
山东图书馆学刊	1	中国民族医药杂志	3
少年电脑世界	1	版纳	4
大舞台	1	档案学通讯	4
大自然	1	云南档案	5
图书馆理论与实践	1	中国藏学	5
图书馆杂志	1	中国宗教	5
图书馆学研究	1	法音	6
名作欣赏	1	思想战线	6

我国云南、西藏等地的少数民族当地期刊、大学学报、宗教类期刊、医药类期刊均有发表，共计60篇。以文物保护为研究视角的文献很少，只有2个文博类期刊发表了2篇论文。从2010年至今，检索到图书、情报与档案研究视角的期刊文献，共在14个图书情报档案类期刊上发表了24篇相关文献，占所有检出期刊数量的约16%，研究总体占比不高，但就其研究内容来看，多是关于贝叶保护的核心问题，例如载体耐久性、本体保护与修复、数字化抢救等研究内容，说明基于图书情报档案学和文化遗产保护研究视野的文献资料呈现稳定的发展势态。还有65个期刊各发表了1篇论文，均归为一类可不作分析。

对检出文献资料的作者进行可视化分析，可以得到词频云图，如图3-2所示。

图3-2 文献作者词频云图

在词频云图中字体越大，说明此作者在该领域成果越多。根据检索结果也可以发现一致的结论，贝叶手稿研究发文数量位居前列的分别是周娅、秦家华、陈子丹、李学竹、张美芳、岩香宰、黄梅，发文数分别是9篇、4篇、4篇、4篇、3篇、3篇、3篇。其余学者论文量为1~2篇。大部分学者对贝叶手稿的研究多从其内容、文化传承出发，通过文献价值提升公众保护意识。张美芳、黄梅的研究专注于贝叶手稿本体保护及数字化抢救，并形成了具有一定数量研究者的规模化效应。从著者所在机构的统计情况来看，云南大学的论文量居首，为26篇，集中在云南大学贝叶文化研究中心、公共管理学院情报与档案学系以及后来成立的历史与档案学院、人文学院等。研究主题包括贝叶文化、贝叶手稿的分类和利用、贝叶手稿保护和耐久性研究等，可以看出云南大学不同机构和学院都开展了关于贝叶手稿的研究，且具有不同的研究主题，但只有内容研究方面形成了一定规模，其他主题有零星研究成果。排名第二的中国人民大学信息资源管理学院共有6篇论文，研究主题均为贝叶手稿本体保护和数字化抢救，且根据论文作者关系来看，是由张美芳教授主导下组成的硕博生研究团队，说明该学院对贝叶手稿的研究已经形成以保护技术为研究主题的研究团队。云南民族大学论文量为3篇，主题均为贝叶手稿制作技艺研究。其他机构论文量没有形成规模，不做具体分析。

3.1.2.2　研究内容分析

研读检索文献，文献主题共分为贝叶经保护修复研究、档案管理研究、数字化研究、制作装帧研究等方面。各主题文献统计结果如表3-4所示。

表3-4　文献研究主题和内容分类

研究主题	具体研究内容	文献数量/篇		占比/%
本体保护修复	保护修复工作的介绍	11	18	8.07
	本体保护与修复研究	7		
档案管理	档案征集、分类、特点研究	2		0.90
古籍保护	古籍整理保护的问题和建议	3		1.35
合作会议	贝叶手稿和藏学研究	1		0.45
流传与出版	贝叶出版工作介绍和意义	4		1.79
描述介绍	贝叶手稿的介绍和描述	86		38.57
内容研究	贝叶手稿文本信息的研究	29		13.00
收藏信息	收藏现状	2		0.90

续表

研究主题	具体研究内容	文献数量/篇		占比/%
数字化	贝叶手稿图像研究	2	10	4.48
	贝叶手稿编目、元数据研究	5		
	贝叶手稿数据库建设	3		
文化传承	贝叶文化的意义、传承、保护	34		15.25
研究综述	西藏贝叶手稿研究综述	1	3	1.35
	贝叶手稿保护修复、数字化研究综述	2		
载体保护	贝叶棕种植和保护	1		0.45
制作装帧	制作装帧及其传承保护研究	19		8.52
专利	夹板包装专利	1		0.45
作用价值	傣族医药和贝叶文化挖掘	2	10	4.48
	贝叶手稿发掘利用研究	3		
	贝叶手稿审美运用研究	1		
	贝叶手稿对社会、文化的影响研究	4		

根据表3-4统计，可以发现国内文献研究主题集中在贝叶手稿的描述介绍，共86篇，占检出文献的38.57%；其次是贝叶文化传承和内容研究，包括贝叶文化的意义、传承、保护，以及文本信息的研究，分别占比15.25%、13.00%；关于贝叶手稿本体保护与修复的研究共18篇，占比8.07%；贝叶手稿制作装帧技艺及其传承保护的研究共19篇，占比8.52%；关于贝叶手稿数字化的研究共10篇，占比4.48%；有2篇文献是关于保护修复、数字化研究综述。说明国内学术界对于贝叶手稿的研究多以内容研究为主。因其属性的复杂多样性和载体特殊性，档案学界对其研究介入较晚，成果不多，有关档案征集、分类、特点研究的文献只有2篇。随着时间流逝，贝叶手稿本体耐久性受到各种考验，自2010年黄梅发表了《云南傣族贝叶档案保护研究》的学位论文后，收藏界、学界和民众的保护意识逐渐上升，对其保护修复技术和数字化等再生性保护的研究逐渐增多，并有形成一定规模研究团队的趋势。

（1）本体保护修复核心问题的研究

对我国西藏贝叶手稿的抢救收集整理工作可以追溯到1929～1938年，印度比丘罗睺罗曾先后4次进入我国西藏地区收集并翻译梵文贝叶手稿，文献数量达到400余卷，但直到1980年后其研究成果才引起国内学者的关注。从1987年开始，在中国藏学研究中心与西藏拉萨文化厅长达两年的通力合作下，保存在拉萨当地的贝叶手稿共计3.3万片被全部制成缩微胶卷，这为贝叶手稿的抢救性保护工作奠定了基础。❶ 2007年，我国开展了西藏自治区贝叶手稿的收集、整理、编目等工作，并制定了贝叶手稿保护工作章程。第一，确定文献所有权归当前持有者；第二，属地保管，即由原收藏单位或个人保管，而非集中保管；第三，不移动贝叶，保护人员上门开展登录、影印、编目等工作；第四，影印后收藏保管，在研究中不直接使用原件以保护本体安全。❷ 以此为基础于2013年12月成立了西藏自治区社会科学院贝叶经研究所，进行全方位的贝叶经写本学术研究。❸ 云南西双版纳州少数民族研究所从2002年开始抽调大量人力，对云南贝叶手稿进行收集、整理工作，共收集到贝叶手稿150多部，州档案馆结合已有存档整理并翻译出版了《中国贝叶经全集》100卷，针对这项征集工作，王柳等探讨了贝叶手稿遗产征集的必要性、现状与存在问题，并提出了相应的征集建议。❹

随着保护意识的提升，国内很多机构和地区都进行了贝叶手稿保护研究工作。早在1983年冯乐耘的《关于西藏档案保护情况的考察报告》中从温度、湿度、气候、取材和意识四个方面总结了西藏贝叶手稿保护经验。❺ 廉喜等对九华山贝叶手稿的保管情况和管理体制进行了研究。❻ 2006年，陕西省文物保护工作者开始对陕西大雁塔慈恩寺珍藏的贝叶经进行真空密封保护尝试。按每个叶片的大小形状提供一个真空密封有机玻璃罩，有效解决了环境潮湿、氧化、生物危害等问题，最大限度地保护文物的原貌，既满足观赏性要求，又能降低对博物馆、文物库房等大环境的依赖性，实现文物长久保存的理想。这种保存方法简便易行，投入较少，效果良好，可以在有机质类文物保存领域推广研究。❼ 黄梅基于云南贝叶档案的调研进行了系列研究，建立了贝叶档案的分级保护模型并提出了抢救性保护和预防性保护的各项对策，❽ 同时研究了贝叶档案制作过程、保管方法和耐久性的关系，根据调研中发现的问题提出了宏观保护策略和微观保护策略。❾ 以上文献都是保护策略的描述性研究，没有对本体开展实验研究。马燕如、卫国研究了西藏博物馆现存贝叶手稿上覆盖的白色粉末，通过霉菌培养实验和红外光谱仪对比分析确定

---

❶ 杨茂森. 西藏文化艺术珍籍贝叶经 [J]. 西藏艺术研究, 1999 (4): 85 – 87.
❷ 马兴鹏, 单增维色. 林芝地区开展"贝叶经"普查保护工作 [N]. 西藏日报, 2007 – 01 – 25 (006).
❸ 西藏社会科学院贝叶经研究所简介 [J]. 西藏研究, 2015 (1): 2, 121.
❹ 王柳, 吴雨遥. 云南西双版纳民间贝叶档案文献遗产征集研究 [J]. 兰台世界, 2017, 23: 16 – 18.
❺ 冯乐耘. 关于西藏档案保护情况的考察报告 [J]. 档案学通讯, 1983 (1): 41 – 45.
❻ 廉喜, 汪孔德. 九华山佛教档案保管概述 [J]. 云南档案, 2011 (8): 57 – 58.
❼ 唐龙. 真空技术在有机质文物保护领域的应用 [J]. 文博, 2014 (4): 72 – 73, 78.
❽ 黄梅. 云南傣族贝叶档案保护研究 [D]. 昆明: 云南大学, 2010: 60 – 67.
❾ 黄梅. 云南傣族贝叶档案的抢救与保护研究 [J]. 云南档案, 2010 (4): 51 – 53.

该物质是二水合硅酸铝，即高岭土，原因是避免叶片在存储中粘连。❶ 黄晓霞等认为贸然修复贝叶手稿存在风险，为避免破坏性修复进行了风险分析和定级评价，并针对各流程存在的风险提出应对策略，为一线部门的保护修复工作提供了借鉴。❷

在研究综述方面，张美芳等梳理了国外贝叶手稿本体保护和数字化抢救两方面的研究进展，发现研究主题聚焦在材料工艺、病害治理、修复、管理等方面；数字化研究主要针对图像扫描和数字化后的处理、文本提取、平台构建。其研究特点为：研究开始时间早、范围广，引入了非物质文化遗产传承保护视角，开展了不同类型的实验研究，运用数字技术开展人文研究。❸ 吕晓芳等介绍了印度、欧美等国的保护实践和科研情况，总结整理了虫霉防治、分揭清洁、增韧软化、字迹加固、局部修补、整体加固等保护修复方法，为国内相关工作提供了参考。❹

（2）装帧技艺传承保护研究

王娴对贝叶手稿制作技艺传承人开展了访谈并在实地考察基础上提出贝叶手稿的传承保护应以传承人为主体，当地政府支持，企业参与，结合旅游业发展。❺ 刘峥研究了傣族贝叶手稿制作技艺，认为制作环节复杂且难以获取利润，导致传承人才缺乏。❻ 黄琴认为非物质文化遗产"建档"是活态的非物质文化遗产资源得以固化保存的有效方式，在对该技艺建档工作现状调查的基础上有针对性地提出四项对策，引发了档案工作者对非物质文化遗产"建档"工作的关注与思考。❼

（3）数字化研究

随着信息技术的发展，贝叶手稿的再生性保护研究增多。在贝叶手稿的电子图像二值化研究方面，钟卿等提出一种图像增强与 Sauvola 算法相结合的方法解决

---

❶ 马燕如，卫国. 西藏贝叶经中"白色粉状物"的初步分析研究 [J]. 文物保护与考古科学，2010，22 (4)：86–89.
❷ 黄晓霞，张美芳. 古籍贝叶经手工修复的风险评估和应对策略 [J]. 大学图书馆学报，2020，38 (4)：106–111，126.
❸ 张美芳，李冰，王亚亚，等. 国外古籍贝叶经本体保护与数字化抢救研究进展 [J]. 大学图书馆学报，2020，38 (5)：91–96.
❹ 吕晓芳，张美芳. 贝叶经保护与修复研究综述 [J]. 中国国家博物馆馆刊，2020 (8)：147–160.
❺ 王娴. 西双版纳傣文贝叶经的制作及其传承与保护 [C]//第二届中国文化遗产保护研究生论坛论文集，2015：378–384.
❻ 刘峥. 傣族贝叶经的制作工艺及其传承与保护 [J]. 现代交际，2013 (8)：72.
❼ 黄琴. 贝叶经制作技艺建档现状与对策 [J]. 兰台世界，2017，21：51–54.

图像背景不均匀和低对比度的问题。❶ 彭革研究了贝叶手稿图像分割技术，对图像预处理的前提下利用不同算法解决"行分割"和"字符分割"问题。❷

在数据库建设方面，殷建民等探讨了传统傣文计算机排版软件系统的研制和应用，旨在推动东南亚和南亚地区贝叶文化圈的形成和贝叶文化的国际性研究，❸ 随后，该研究团队在中文信息学会上对 DublinCore 和 XML 的电子编目技术、基于 ISO/ICE 10646 的新老傣文信息处理技术、傣文全文检索技术、西双版纳傣文"贝叶经"资源库建设关键技术进行了较为全面的介绍。❹ 蔡梦玲对"英国国家图书馆"、"英国国家博物馆"和"剑桥大学图书馆"在线数据库中贝叶手稿的著录项目进行分析与比较，将其主要著录项目分为统一描述项和可选择描述项，为我国今后开展贝叶手稿的著录工作提供了参考。❺ 在另一篇文献中对数据库的资源选择、信息采集、数据加工和提供检索等内容进行研究，提出我国建设贝叶手稿数据库应具备三维立体呈现和提供全文多语种检索。❻ 张艳欣等从制度建设、标准体系建设、资源建设、共享利用四个方面对我国贝叶手稿数据库提出了建议。❼ 罗平尝试了用全球信息资源描述与检索标准（RDA）对傣文贝叶手稿进行编目，提出了少数民族档案编目的新方式。❽ 锅艳玲基于本体研究理论和方法构建了贝叶手稿元数据核心元素集。❾ 宋欣等针对贝叶手稿兼具手稿和档案的资源特征，借鉴了国际通用元数据规范，设计了面向贝叶手稿数字化建设和信息资源利用的元数据框架。❿

3.1.2.3 国内研究现状述评

（1）研究主题以文化传承为主，保护研究较少

纵观国内学者的研究，多集中在贝叶手稿的描述介绍、装帧工艺、内容研究、

---

❶ 钟卿，余鹏飞，李海燕，等. 傣文贝叶经的图像增强与二值化方法研究［J］. 云南大学学报（自然科学版），2017，39（5）：747-752.

❷ 彭革. 贝叶经图像分割技术研究［D］. 昆明：云南大学，2017：9.

❸ 殷建民，刀福祥，岩温胆，等. 传统傣文与"贝叶经"的计算机排版［J］. 中国传媒科技，2003（3）：51-52.

❹ 殷建民，刀福祥，张轴材. 西双版纳傣文"贝叶经"资源库技术研究［C］//中国中文信息学会. 中文信息处理前沿进展：中国中文信息学会二十五周年学术会议论文集，2006：4.

❺ 蔡梦玲. 英国主要馆藏数据库中贝叶经的著录项目研究［J］. 山东图书馆学刊，2020（6）：75-83.

❻ 蔡梦玲. 基于贝叶经信息资源的特色数据库建设［J］. 图书馆杂志，2021，40（2）：111-116.

❼ 张艳欣，房士浩. 贝叶经数据库建设探析［J］. 图书馆学研究，2021（12）：38-43.

❽ 罗平. 资源描述与检索（RDA）与傣文贝叶经编目研究［J］. 佳木斯职业学院学报，2016（8）：486，488.

❾ 锅艳玲. 基于本体的贝叶经元数据元素集设计研究［J］. 档案与建设，2021（5）：4-8，33.

❿ 宋欣，鲁国轩. 贝叶档案数字化建设中的元数据研究［J］. 浙江档案，2021（3）：27-30.

文化传承、价值意义等方面,针对本体保护核心问题以及数字化的研究,无论是比例还是数量都不高,可见国内贝叶手稿保护意识不强。

(2)本体保护研究进展缓慢,研究方法有待丰富

对贝叶手稿保护的学术研究,最早出现在2010年,且以描述性研究为主,多从政策、策略入手,2020年之后才出现实验研究,进展缓慢,考虑到大量贝叶手稿的保存现状堪忧,病虫害、霉菌、干脆老化等因素严重影响其耐久性,针对本体保护的研究还需要进一步加强。另外,由于研究缺乏新技术、新视角的引入,数字人文研究的兴起为保护工作者提供了新的思路,3D、虚拟仿真技术的发展为贝叶手稿的共享利用提供了更多可能,因此在再生性保护中应开展新的应用研究。

3.1.3 国外研究现状

3.1.3.1 检索结果分析

截至2021年9月,在外文数据库中查询国外相关论文、书籍、新闻等,共检索到65篇期刊论文、2篇会议论文、2篇新闻报道、1种图书。对文献的研究主题进行分类,数据如图3-3所示。

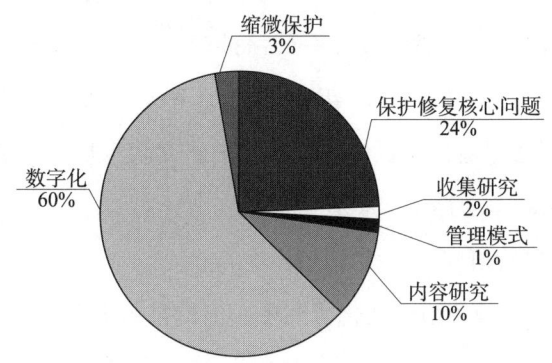

图3-3 国外期刊论文研究主题分类

与国内期刊论文的研究主题比例不同,国外论文中共有15篇是关于本体保护修复核心问题研究,42篇关于数字化研究,2篇关于缩微保护。这三类共59篇,均是贝叶手稿原生性保护和再生性保护研究,占比87%。只有少量文献研究贝叶手稿收集、管理和文本信息。可见国外学者将研究视野更多的放在文献保护,保护意识较强,保护成果更丰富。

对检索后的论文按年度进行统计,如图3-4所示,发现年度文献量存在波动。

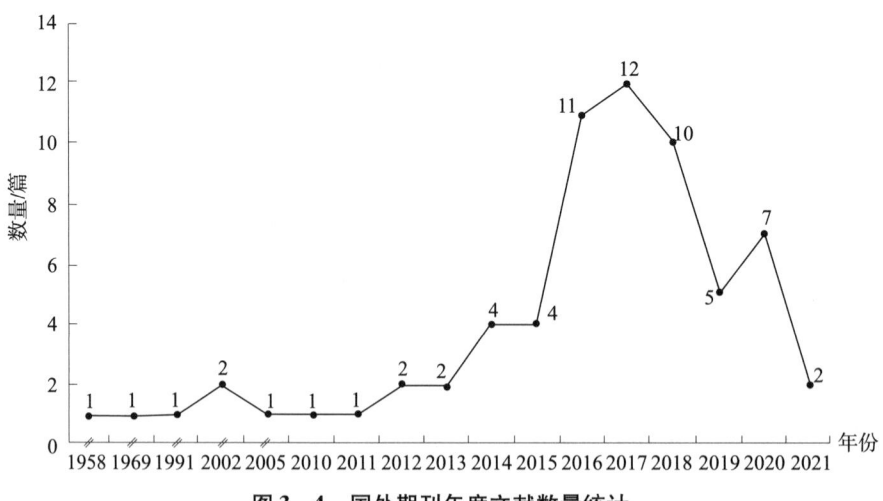

图 3-4　国外期刊年度文献数量统计

注：图中未列出无数值年份。

可公开检索的贝叶手稿保护文献最早发表于 1958 年，截至 2013 年，其中有 9 年的年文献数量为 1~2 篇。2014 年之后，文献数量开始增长，不但每年都有文献，且 2016~2018 年呈现大幅增长，均在 10 篇以上并出现峰值，到 2019 年开始又出现一定的下降波动。与国内检索结果相比，文献总量少，但是保护研究论文占比多，根据图 3-3 所示，共有 59 篇，远高于国内。最早的文献是 1958 年公开发表的关于哥本哈根皇家图书馆贝叶手稿保护流程的研究，早于国内最早的关于西藏贝叶手稿保护情况的文献近 25 年，❶ 早于云南贝叶手稿本体保护的文献近 52 年。❷ 可见国外学者很早就出现保护意识，保护研究起步早、成果多。

3.1.3.2　研究内容分析

(1) 贝叶手稿保管研究

印度伯汉普尔大学南奥迪萨文化研究中心的档案馆中有大约 5000 份贝叶手稿，由于缺乏必要的资金和技术人员，只能由抄写员将手稿誊抄在笔记本上，再寻找资源进行手稿数字化。❸ 1950 年，丹麦成立丹麦东方手稿和印刷书籍研究中心，对

---

❶ 1983 年，冯乐耘在《关于西藏档案保护情况的考察报告》中对西藏贝叶手稿保护进行了研究。

❷ 国内可检索到的对于贝叶手稿本体保护研究最早的研究性论文可以参考 2010 年黄梅发表的《云南傣族贝叶档案保护研究》《傣族贝叶档案耐久性研究》。

❸ 5000 palm leaf manuscripts in dire need of conservation [N/OL]. Times of India, (2016-05-11) [2021-10-05]. http：//gfcfbc3eed2f0dc474e03h5fofnb50cfov69x6.fzzh.libproxy.ruc.edu.cn/global/article/GALE%7cA454736312/ce946e40a20e286605788780ab8700e8?u=cnruc.

原来保存在哥本哈根不同机构的贝叶手稿进行集中保管。❶ 2019 年，斯里兰卡斯里贾亚瓦德纳普拉（Sri Jayewardenepura）大学图书馆成立贝叶手稿保护修复中心并作为全国性的知识服务机构集中保管捐赠入馆的贝叶手稿。❷ 泰国清迈大学学者 Jarusawat 等针对泰国兰纳地区收藏的用兰纳文字所书写的贝叶手稿制定了社区原住民参与的可持续保护方案，以期对土著知识领域进行保护研究。❸ Dr. Kay Thi Htwe 对缅甸国家图书馆的国家古代手稿保管和保护中心进行了缅甸石皆省敏金镇区的贝叶手稿收集情况调研，探讨了传统保护和现代数字环境下贝叶手稿的保护措施。❹

（2）贝叶手稿本体保护修复核心问题研究

①载体

Deepakshi Sharma 和 Manager Singh 等利用偏振光显微镜观察印度不同贝叶载体的显微结构以区分叶片所属的棕榈种类，研究还发现铁笔记录降低了棕榈叶的纤维质量。❺ Anupam Sah 提出大部分国家和地区的贝叶载体形状是长方形，但仍然有一些是动物、花环、匕首等形状。❻ 大部分装帧是用绳子在钻孔处捆绑固定，但也有特殊的形式。Catherine Raymond 在北伊利诺伊大学的缅甸艺术收藏馆中发现了一份贝叶珍本，由正反面刻写的 55 片叶子排列整齐后将边缘缝合，使得这些对开本可以垂直展开形成一个连续文件。❼

G. E. Marrison 对东爪哇、马都拉、巴厘岛、龙目岛等不同地区的贝叶手稿的物

---

❶ OVE K N. Some notes on procedures used in the royal library [J]. Studies in Conservation, 1958, 3 (3): 135 – 140.
❷ Sri Lanka: Appreciation Ceremony for Palm Leaf Manuscript Donors and Opening Ceremony of Preservation and Conservation [N/OL]. TendersInfo News, (2019 – 03 – 13) [2021 – 10 – 05]. http://gfcfba1356eab492549 ecs5fofnb50cfov69x6. fzzh. libproxy. ruc. edu. cn/login. aspx? direct = true&db = edsbig&AN = edsbig. A578225014& lang = zh – cn&site = eds – live.
❸ JARUSAWAT P, COX A, BATES J. Community participation in the management of palm leaf manuscripts as Lanna cultural material in Thailand [J]. Journal of Documentation, 2018, 74 (5): 951 – 965.
❹ HTWE K T. Preservation and conservation of palm leaf manuscripts collected from mingin district, sagaing region [R]//Symposium Program for Digitization and Conservation of Myanmar Old Manuscripts, Myanmar, University of Yangon, 2016: 109 – 120.
❺ SHARMA D, SINGH M, KRIST G, et al. Structural characterisation of 18th century Indian Palm leaf manuscripts of India [J]. International Journal of Conservation Science, 2018, 9 (2): 257 – 264.
❻ ANUPAM S. Palm leaf manuscripts of the world: material, technology and conservation [J]. Studies in Conservation, 2002, 47 (Sup 1): 15 – 24.
❼ RAYMOND C. The seven weeks: a 19th – century burmese palm – leaf manuscript [J]. Journal of Burma Studies, 2012, 14 (1): 255 – 267.

理特征进行了对比研究，认为载体的物理特征和其内容分类有关。❶ 最长的叶片用于记录宗教和重要文学文本，较短但高度相同的叶片则记录技术、历史和其他世俗作品，更短的则记录医学、巫术类，这个特征和整个东南亚和南亚地区的书写惯例一致。另外，这些地区的保管人员有在纸上誊抄贝叶手稿的习俗，这虽然有利于文本更广泛的传播学习，但造成了对贝叶本体物理性能和历史价值的忽略，使得一些原始的贝叶手稿被简单处理。

C. N. K. Alahakoon❷ 认为大多数用于防止棕榈叶变质的现代材料，例如一些合成化学品和杀虫剂，都有一定的毒害性，研究针对斯里兰卡传统的保护技术及其在今天的适用性进行调查，包括棕榈叶的风干、书写准备、书写过程、上油方法、贮藏和保管方法、防虫方法，通过鉴定后无害的传统方法可以继续用在现代保管工作中。

对于叶片老化变脆的研究，O. P. Agrawal 认为叶片韧性下降导致文本折断的原因在于叶片内精油的损失和叶片结构的破坏，解决方法是涂抹香茅油、樟脑油或柠檬草油以增强叶片柔韧性，但柔韧性只是暂时恢复，且精油吸引灰尘使叶片粘连，分开时更易导致表皮层开裂。❸ 印度的保护工作部门更倾向于控制湿度防止叶片干脆，因为潮湿环境下的叶片相对柔软。❹ 贝叶在制作中去除了叶柄脉络，因此水平方向的撕裂更易发生，除非使用刀片，否则不会在载体上出现垂直撕裂，一般会在叶片边缘刷漆以防止水平撕裂，但是太厚的漆会使边缘变硬，反而更易撕裂。斯里兰卡曾发现用很小的火苗将边缘烧焦防止继续撕裂，但这也造成了对本体的物理损害。❺ O. K. Nordstrand 针对脆弱叶片的加固进行研究，提出将浆糊涂满整个叶片的正反面，用真丝纱布粘贴包裹压上蜡纸，用木板夹住，通过热层压工艺固定，为防治害虫可以在浆糊中添加驱虫物质。❻ 但是 Alfred S. Crowley 对这种

---

❶ MARRISON G E. East Javanese palm – leaf manuscripts: materials and palaeography of palm – leaf manuscripts from East Java, Madura, Bali, and Lombok [J]. Indonesia & the Malay World, 2002, 30 (86): 83 – 91.

❷ ALAHAKOON C N K. Revival and re – evaluation of some traditional methods of conservation of palm leaf manuscripts in Sri Lanka [C]. Proceedings of International Conference on Humanities and Social Sciences, 2012 (1): 2015.

❸ AGRAWAL O P. Conservation of manuscripts and paintings of South – East Asia [M]. London: Butterworth – Heinemann, 1984: 50.

❹ SAH A. Talpatra conservation [J]. INTACH – ICCI Newsletter, Lucknow (2002) 3 – 4.

❺ GUNAWARDANA S. Palm Leaf Manuscripts of Sri Lanka [M]. London: Harvard Library Bibliographic Dataset, 1997: 345 – 347.

❻ NORDSTRAND O K. Some notes on procedures used in the royal library [J]. Studies in Conservation. 1958, 3 (3): 135 – 140.

技术做了改进，首先热压工艺的热量对棕榈叶纤维的长期影响未知，因此冷压更安全；其次用丙烯酸乳液胶黏剂代替浆糊以避免真菌和害虫的破坏；最后，考虑到真丝纱布会变干、脆化，可以用曲藏纸（Kozo‑Shi Paper）代替。❶

叶片修复研究方面，Joshi提出可以用丝质绢网、雪纺纱或棉纸修补纵、横向裂缝，辅以丙烯酸橡胶胶黏剂、丙烯酸乳液胶黏剂或淀粉糊黏合。❷ 有细小虫洞的叶片会失去机械强度，需要做加固处理，Agrawal提出将桑皮纸和甲基纤维素混合后填入孔中，即使不完全填满孔洞，足量的桑树皮纤维和甲基纤维素凝胶也可以起到固定作用并保持叶片弹性。❸ 但是这些技术不具备可逆性，使用之前要反复验证并做好风险评估。Naoko Takagi等对尼泊尔加德满都Asa档案馆的卷曲贝叶进行研究，包括叶片的展平实验和清洗、修复等。❹

②字迹研究

手稿有两种写法，由毛笔直接写在叶子表面或用铁笔刻写后涂色。

Deepakshi Sharma和Manager Singh等研究了印度贝叶手稿中使用的主要颜料和黏合剂。❺ 实验使用数字显微镜和SEM‑EDX（能量色散X射线荧光光谱仪）观察了印度奥迪沙地区四份彩绘贝叶（公元18~19世纪）的色素成分。通过无损检测，发现黑色色素是从灯烟或当地的煤炭粉末中提取炭黑结合树胶或黏合剂制成。除了炭黑还有不同颜色的墨水，印度传统观点认为红色来自朱砂，白色来自海螺壳粉，黄色来自姜黄粉，蓝色来自靛蓝，绿色来自磨碎的植物叶子。❻ 曾经在印度东部发现用黑色曼陀罗❼叶子和豆叶汁液❽来提取色素。无论是刻写还是书写，这些色素都可以利用。然而实验发现，奥迪沙贝叶经图案上的色素成分与传统观点有所不同，绿色是靛蓝、雌黄和中国黏土❾的混合物调和而成，白色是中国黏土，黄色来自雌黄。矿物颜料代替植物染料使得色素的耐久性更强，文献信息得以保

---

❶ CROWLEY A S. Repair and conservation of palm‑leaf manuscripts [M]. Copenhagen：Restaurator Press，1969：105‑114.

❷❽ JOSHI B R. Preservation of palm leaf manuscripts [J]. Conservation of Cultural Property in India，1989，122：62‑64.

❸ AGRAWAL O P. Conservation of manuscripts and paintings of South‑East Asia [M]. London：Butterworth‑Heinemann，1984：24‑50.

❹ TAKAGI N，CHUDO Y，MAEDA R. Report on the project of digitization and conservation of rolled palm leaf manuscripts and related activities in Nepal [J]. International Preservation News，2006，38：8‑14.

❺❻ SHARMA D，SINGH M，KRIST G，et al. Pigment analysis of palm leaf manuscripts of India [J]. Current Science，2020，118（2）：285‑295.

❼ 也称为刺苹果。

❾ 又被称作瓷石、高岭土，化学式为：$Al_2O_3 \cdot nSiO_2 \cdot nH_2O$。

存。油墨色素成分研究有助于文献的长期保存：由于雌黄具有光敏性，使得使用该颜料的贝叶不能长期处于光照下保存；用作红色色素的朱砂（HgS）不仅有毒，还会破坏油墨的黏合剂。研究中发现，使用矿物作为插图着色剂的贝叶经叶片表面出现了黑色或棕色斑点、字迹褪色和病虫害，这成为导致叶片脆化和不稳定的主要原因。

③防霉防虫研究

国外有许多传统防虫措施，例如利用厨房阁楼的烟雾驱虫、利用具有防虫性能的硬木制作装具。在泰国，为了防止地下白蚁的袭击，重要的贝叶被保存在水面高跷上的储存库中。❶ 印度人相信用红色或黄色棉布包裹可以驱虫，然而尚未证实其有效性。❷ 已知有效的做法是利用大自然的天然驱虫剂，印度通常在叶片中存放印楝树（又称为苦楝树、尼姆树）的树皮、叶子、种子和木材，它的杀虫特性归因于其含有的苯酚化合物和活性成分印楝素，这一传统在印度已有数千年历史。❸ 斯里兰卡从一种名为"dummela"的树脂化石中蒸馏出黑色树脂油作为驱虫剂；泰国使用木质精油，其中香茅油、柠檬草油、丁香油、檀香油、黑胡椒油、棕榈油、银杏油等多种精油被广泛应用。❹ 大量的天然杀菌剂出现在相关文献中，提供了非侵入性的保护方法，但是其中各种天然药物的浓度比例还需要包括昆虫学家、植物学家、化学家和艺术品保护人员在内的研究人员进行更深入的研究。在合成驱虫剂的使用方面，一些保存贝叶的图书馆使用天然煤油、松节油、樟脑丸驱虫并防止蠕虫、昆虫在叶片上钻孔。❺ 不同剂量的二氯苯可以熏蒸灭虫。❻ 除了昆虫，另一个破坏贝叶的因素是霉菌，霉菌感染贝叶后不仅在其表面留下颜色印记，还会造成物理结构的损坏。Rao等研究在油墨黏合剂中添加杀菌剂的效果，将五氯苯酚、脱氢乙酸、聚氯乙烯添加到10%浓度的甲苯溶液中，实验显示该杀

---

❶ Lertsiri K 在其一份未公开发表的文献 Storage of Manuscripts in Thailand 中提到这种保存方式，INTACHICI OACC 为其真实性负责。

❷ PERUMAL P. Conservation of palm leaf manuscripts [J]. Application of Science and Technology for Conservation of Heritage, 1997：62 – 71.

❸ DUTTA P K. Use of Neem oil in conservation of cultural property in India [J]. New Delhi, 1985, 87：98 – 100.

❹ DEVI L D. Experiment on the application of artemisia oil as insecticide and insect repellent in the museum [J]. Conservation of Cultural Property in India, 1989：108 – 111.

❺ BHATTACHARYA B. Further note on palm leaf manuscripts [J]. Indian Archives, 1947, 1 (4)：325.

❻ JOSHI B R. Preservation of palm leaf manuscripts [J]. Conservation of Cultural Property in India, 1989, 122：62 – 64.

菌剂具有显著的抑菌活性，可以抑制霉菌生长。❶ Dhawan 认为甜菜藤油、樟脑油和桉树油对霉菌有一定的抑制作用，香茅油和柠檬草油对霉菌的抑制作用有限，但是这两种油具有驱虫特性而被广泛使用。❷ 为了防止霉菌感染，印度奥里萨邦利用紫外线杀菌作用，在每年8月进行传统的"晒书"活动。❸ 目前保护部门常用沾有乙醇的棉签清除叶片表面的霉菌。❹没有文献提及除霉药物对叶片本体以及使用者的危害，关于药物毒性对健康的影响需要更深入的研究。

④去污研究

在叶片的清洗去污方面，由于叶片吸水能力有限而被放入常温蒸馏水中用软布包裹的棉球清洗，以防止棉纤维挂在被切割后的叶片边缘。❺ 如果清洗表面有彩色装饰图案的叶片，可以用乙醇，或者用浓度为5%的异丙醇和1%的碳酸氢镁混合溶液擦拭或浸泡。❻ 但是这些措施都没有进一步研究化学物质在叶片上的残留情况以及对手稿的影响，缺乏风险评估和应对策略。

⑤褪色研究

由于书写颜料由色素和黏合剂组成，当黏合剂的性质减弱，色素颗粒脱落时，刻痕较浅位置文字可读性变差，就需要固色来完成手稿的修复。固色通常在油墨中加入醋酸纤维素浓度为5%的丙酮溶液，同时将具有杀虫和抗霉菌功能的树胶或植物汁液加入黏合剂，重新涂墨固色后这些溶液涂满叶片表面，也使得抗生素的特性覆盖整个叶片。❼

⑥脱酸研究

不同于纸质文献，贝叶手稿的脱酸研究较少。Joshi 曾提出用稀释的氨气进行4~5小时的气相脱酸，再将叶片暴露在新鲜空气中10~12小时后封存。❽Talwar提出将酸化的叶片浸泡在浓度为0.15%的氢氧化钙溶液中15分钟，然后用浓度为

---

❶ RAO V P, PADMA B N, GANORKA M C. A study on Indian palm leaf manuscripts [J]. Conservation of Cultural Property in India, 1992 (1): 20-24.

❷ DHAWAN S. Essential oil for prevention of mould growth on palm leaf manuscripts [J]. Conservation Science Division, 1995 (1): 272-282.

❸❼❽ JOSHI B R. Preservation of palm leaf manuscripts [J]. Conservation of Cultural Property in India, 1989, 122: 62-64.

❹ AGRAWAL O P. Conservation of manuscripts and paintings of South-East Asia [M]. London: Butterworth-Heinemann, 1984: 24.

❺ AGRAWAL O P. Conservation of manuscripts and paintings of South-East Asia [M]. London: Butterworth-Heinemann, 1984: 41.

❻ NAIR M V A. New method for relaxing brittle palm leaves [J]. Conservation of Cultural Property in India, 1985, 87: 1-4.

0.15%的碳酸氢钙溶液处理,但是这些实验都缺乏更严谨的实验数据验证脱酸效果。❶

(3) 贝叶手稿再生性保护研究

国外贝叶手稿的保护研究起步较早,目前国外保护机构的工作重点在微缩拍摄和数字化方面,而不是手稿本体的保护,主要原因在于除了被认为具有历史意义的手稿,只要文本内容被记录下来,就不用花费大量资源来保存贝叶实体。

①缩微保护研究

例如尼泊尔-德国棕榈叶手稿缩微保护项目使得手稿使用者可以根据目录索引快速获取手稿内容。❷

②数字化保护研究

国外学者们认为贝叶手稿中丰富的知识仍然隐藏在黑暗中,主要原因在于只有少数学者受过阅读训练以理解文本,而大多数文献可能已经在准确识读之前消失。数字化后的知识挖掘是解决这一问题的有效措施,不同国家和地区都开展了相关项目。

联合国教科文组织在"世界记忆"项目下参与了棕榈叶文献遗产保护和共享的研究,增加了全世界对文献遗产保存重要性的认知。2003年2月,印度文化部成立了国家手稿任务项目以保护分布在印度各地的约1000万份棕榈叶手稿——"为未来保护过去",该项目开发了一个可以通过互联网获得的"Kriti Sampada"手稿数据库,截至2017年,已有28万份贝叶按照印度标准完成数字化。该项目组织了手稿学和古文字学研讨会进行文献信息识别,为22个邦提供相关服务。❸缅甸国家图书馆对馆藏贝叶手稿分批数字化,考虑到设备、技术、预算的影响,遵循以下原则处理手稿:第一,内容驱动,按照内容的重要程度选择;第二,由学者和研究人员按照需求选择;第三,对于脆弱、损坏严重、可读性差的手稿,为避免更多损失暂时不进行扫描。❹ Mallikarjuna K. 等对刻写在33片棕榈叶上的阿育吠

---

❶ TALWAR V V. A note on rehabilitation of a palm leaf manuscript [J]. Conservation of Cultural Property in India, 1979: 48 – 50.

❷ GELLNER D N. A concordance of H. P. Śāstri's catalogue of the durbar library and the microfilms of the Nepal – German manuscript preservation project Reinhold Grünendahl [J]. Journal of the Royal Asiatic Society, 1991, 1 (3): 444 – 445.

❸❹ HTWE K T. Preservation and conservation of palm leaf manuscripts collected from Mingin District, Sagaing Region [R]//Symposium Program for Digitization and Conservation of Myanmar Old Manuscripts, Myanmar, University of Yangon, 2016: 119.

陀医学信息进行研究，认为古老的贝叶手稿经过数字化和信息挖掘后有助于揭示隐藏的阿育吠陀信息，对现代社会有着重要作用。[1]

在手稿被扫描或拍照而成为数字文本后，由于不同叶片的物理特征和条件，电子文本中存在褪色、不同色差对比度、随机噪声、非标准字体和不同书写行距以及字符形态变化等种种问题，这些是图像分析系统的新挑战。为快速获取手稿图像的内容信息，国外机构和学者开展了各项研究。Jerry T. Alexander 和 Suresh S. Kumar 提出了使用 Whale 优化算法对自适应阈值进行优化，通过这种二值化方法降噪以修复手稿图像，对比研究证明了该方法优于当前其他技术。[2] Jerry T. Alexander 等考虑将基于 CE 的 HIDPM 模型优化后用于图像的边缘检测和分割，为改进图像复原技术和手写体文字识别奠定基础。[3] Sakkayaphop Pravesjit 针对基于深度学习的字符识别技术，研究了兰纳地区贝叶古文图像处理中背景和前景图像分割的方法。[4] 为解决文本分行问题，Kesiman 等利用三种不同东南亚文字的贝叶样本图像语料库进行对比研究，测试了四种适用于二值图像的文本线段分割方法和两种直接应用于灰度图像的方法。[5] Preetham M. Krishna 和 A. Sriram 等提出基于聚类的二值化方法比基于阈值的方法具有更高的精度。[6] 除了需要进行适当降噪处理以提高图像质量和文本可读性，针对被污染的贝叶手稿，Lalit Prakash Saxena 提出了一种改进的二值化方法，用于从严重退化的手稿图像中去除使污渍以增强可

---

[1] MALLIKARJUNA K, CHANDRAMOULI B. Enumeration of various Ayurvedic formulations listed in an ancient palm – leaf manuscript of Rayalaseema region in Andhra Pradesh state, India [J]. Journal of Ethnopharmacology, 2020: 251.

[2] ALEXANDER T J, KUMAR S S. A novel binarization technique based on Whale Optimization Algorithm for better restoration of palm leaf manuscript [J/OL]. Journal of Ambient Intelligence and Humanized Computing [2020 – 09 – 22]. http://gfcfb391f4815d8064db7s0qo0qo5cqko96wwq.fzzh.libproxy.ruc.edu.cn/10.1007/s12652 – 020 – 02546 – 2.

[3] ALEXANDER T J, KUMAR S S, MUTHUVEL K. Performance evaluation of pre – processing techniques for historical palm leaf manuscript image restoration [C]. 2020 Fourth International Conference on I – SMAC (IoT in Social, Mobile, Analytics and Cloud) (I – SMAC), 2020 Fourth International Conference, 2020: 429 – 434.

[4] PRAVESJIT S, SENG V. Segmentation of background and foreground for ancient lanna archaic from palm leaf manuscripts using deep learning [C]. 2021 Joint International Conference on Digital Arts, Media and Technology with ECTI Northern Section Conference on Electrical, Electronics, Computer and Telecommunication Engineering, 2021 (3): 220 – 224.

[5] KESIMAN M W A, VALY D, BURIE J, et al. Southeast Asian palm leaf manuscript images – a review of handwritten text line segmentation methods and new challenges [J]. Journal of Electronic Imaging, 2017, 26: 1 – 15.

[6] KRISHNA M P, SRIRAM A, PUHAN N B. Clustering based image binarization in palm leaf manuscripts [C]. 2014 IEEE International Advance Computing Conference (IACC), 2014 (2): 1060 – 1065.

读性。❶ 国际手写识别前沿会议（ICFHR）曾数次举办国际竞赛解决贝叶手稿内容识别的难题。第十五届 ICFHR 于 2016 年在中国深圳举办，主题为巴厘岛棕榈叶手稿图像中手写文本分析竞赛，共 3 项挑战，有 8 个研究小组注册参赛。3 项挑战包括图像二值化比赛、文本关键词抽取、巴厘岛文字的孤立字符识别，最终有 5 个研究小组完成任务并提交结果，但是没有一个团队能够完成第二项挑战。❷ 数字化能将贝叶手稿的文本信息从原来的物理实体中捕捉到数字图像上，但图像无法实现对于单词的搜索，需要对数百万的手稿进行分类并确定主题，这时就需要一个具有语义分析功能的智能搜索引擎，自行创建类别名称。Bhupendra Singh、Neelu Jyoti Ahuja 提出利用聚类技术进行贝叶手稿的自动分类以实现信息检索，术语加权法和层次聚类算法能够有效提高查准率，并利用抽象技术生成摘要以解决可读性问题。❸ 进行知识挖掘的前提是贝叶手稿元数据框架的建立。由于贝叶的特殊性，几乎没有国家直接使用机读编目格式标准（MARC）和都柏林核心集（Dublin Core）作为元数据方案，而是开发自动化系统生成元数据。印度、泰国等大部分国家已经建立了包含"标题""语言""存储位置"等 13 个元素在内的元数据集。Challa N. P. 和 Mehta R. V. K. 针对印度贝叶设计了自动生成元数据模式，除了常用元素，还增加了"原始手稿边界上的总损坏量""手稿主体内部的总损坏量""原始手稿数字图像中的总字数"这三个新元素，通过案例研究证明了自动生成元数据能提高查准率。❹

3.1.3.3　国外文献研究述评

对比国内贝叶手稿保护研究，国外研究有以下特点：第一，起步早。20 世纪初国外就开始专注贝叶手稿的保护修复研究。第二，研究范式全面。国外贝叶手稿保护研究包括描述研究、实验研究等多种研究范式。特别是利用先进的科学仪器和检测方法对本体耐久性进行研究，制定了具有针对性的保护方案，而国内以描述性研究为主，实验研究处于起步阶段，还未形成规模。第三，研究范围全面。

---

❶ SAXENA L P. An effective binarization method for readability improvement of stain–affected (degraded) palm leaf and other types of manuscripts [J]. Current Science, 2014, 107 (3): 489–496.
❷ BURIE J-C, COUSTATY M, HADI S, et al. ICFHR 2016 Competition on the Analysis of Handwritten Text in Images of Balinese Palm Leaf Manuscripts [C]. 15th International Conference on Frontiers in Handwriting Recognition, 2016: 596–601.
❸ SINGH B, AHUJA N J. Mining the treasure of palm leaf manuscripts through information retrieval techniques [J]. Digital Library Perspectives, 2019, 35 (3/4): 146–156.
❹ CHALLA N P, MEHTA R V K. Evaluation of automatic metadata schema for Indian palm leaf manuscripts [J]. International Journal of Innovative Technology and Exploring Engineering, 2019, 8 (5): 77–84.

国外学者对贝叶本体原生性保护中的载体加固、防霉灭菌、防虫、修复、去污等各方面均有研究，在所有检索到的相关论文中本体保护占比24%。对再生性保护研究涉及缩微和数字化两方面，包括二值化技术、纵向和横向的字符分割、字符识别、图像修复和元数据提取等，这些国外研究的热点占所有检出文献的60%，加之对保护人才培养、保护政策改进等方面的研究，说明国外贝叶保护研究已经形成了一定的理论体系和清晰的研究范畴。

我国对于贝叶手稿保护的研究可以借鉴国外先进经验，针对老化现状加大实验研究，提出有针对性的保护修复方案，进一步推进再生性保护的存储利用研究，提高信息挖掘和知识提取能力。另外，贝叶手稿不但有较高的遗产属性和文化价值，其独特的制作装帧技艺、稀缺的原材料和独特的修复技术，蕴含了多元文化基因，是独树一帜的非物质文化遗产，一直以来都是国外研究人员关注的重点，但是贝叶手稿制作装帧技艺在其他东南亚国家已经很少出现，也没有形成切实可行的保护措施。我国制定了非物质文化遗产保护政策将这一技艺保护传承下来，在此基础上，著者将在非物质文化遗产视角下将贝叶手稿制作装帧技艺的传承性保护引入整体性保护研究中，并提出针对性的保护措施，弥补和完善了国内外贝叶手稿整体性保护的研究范畴。另外，传播作为遗产保护工作的重要环节，在国内外文献中都缺乏相关研究，离开传承性保护和传播性保护，贝叶手稿保护工作将无法实现活态性保护。著者将在保护工作的空间层面引入传播性保护，结合传承性保护在历史纵深的延续，共同构成贝叶手稿的整体性保护模式。

3.2 我国贝叶手稿保护现状调研

为研究我国贝叶手稿保护现状，调研团队选择云南西双版纳州档案馆、中国民族图书馆库存的共37份贝叶手稿作为样本进行调研，利用样本的调研数据分析文献保存和保护工作现状。调研分析过程参考了我国档案国家标准《纸质档案抢救与修复规范 第2部分：档案保存状况的调查方法》（GB/T 42468.2—2023），对文献酸度、霉变、虫蛀、老化、污染、撕裂、残缺、字迹可读性、破坏性修复等情况进行调研统计，同时增加了贝叶手稿装帧信息，全面掌握调研单位馆藏的保存现状、病害信息、破损程度等，为有重点、有针对性地开展文献保护和抢救工作奠定基础。

一部分调研样本是29份云南省西双版纳州档案馆的贝叶手稿，多双面刻写，大部分是明清以前的文献资料；❶另一部分是8份中国民族图书馆的贝叶手稿，来自西藏和云南两地，其中西藏地区贝叶直接用笔墨书写，云南地区贝叶仍然为刻写。

大部分贝叶手稿为双面记录，记录者一般会在每页的右下角或下部中间位置以数字作为编号，因此规定每个样本的调研编号由两部分数字组成：第 N 函贝叶 + 下方编号 M，记作 N - M。例如在第一函贝叶中取得编号为 3 的一面贝叶，记作 1-3，之后在这一函中再取得编号为 11 的一面贝叶进行测量，调研编号记为 1-11。当天调研结束后，第二天获取的样本重新开始编号。馆藏文献编号沿用保管单位的记录，完整的编号一般包括全宗号 - 目录号 - 盒号 - 册数，如有文献名称则沿用记录。其中在西双版纳州调研的贝叶手稿大多以征集的方式收藏入馆，以老傣文刻写记录；中国民族图书馆收藏的文献除了从云南、贵州征集的一部分贝叶手稿，其余梵文贝叶手稿由西藏转存。这批转移保存的贝叶共259函，其中251函为梵文贝叶手稿，其余为藏文书写。❷直到20世纪80年代后期，在十世班禅的提议下，这批来自西藏自治区的贝叶手稿大部分被交回西藏博物馆或寺院保存。❸调研的梵文贝叶手稿用东部城体和僧伽罗文等梵文书写记录。

以上调研在2021年4~5月完成。调研样本基本信息如表3-5所示。

表3-5 调研样本基本信息

序号	调研编号	馆藏文献编号	文献名称	字体	记录方式	保存地点	收集方式	收集地区	调研日期
1	1-3	153-1-14-17/6	无	老傣文	刻写	西双版纳州档案馆	征集	云南	2021.5.10
2	1-11								
3	2-22	2-1-255	迪哈尼该	老傣文	刻写	西双版纳州档案馆	征集	云南	2021.5.10
4	2-34								
5	3-11	153-1-7-16	无	老傣文	刻写	西双版纳州档案馆	征集	云南	2021.5.10
6	3-17								

---

❶ 黄梅. 云南傣族贝叶档案保护研究[D]. 昆明：云南大学, 2010：27.
❷ 郑堆. 西藏民主改革60年[M]. 北京：中国藏学出版社, 2019：153.
❸ 郑堆. 西藏民主改革60年[M]. 北京：中国藏学出版社, 2019：162.

续表

序号	调研编号	馆藏文献编号	文献名称	字体	记录方式	保存地点	收集方式	收集地区	调研日期
7	4-1	2-1-247	无	老傣文	刻写	西双版纳州档案馆	征集	云南	2021.5.10
8	4-3	2-1-247	无	老傣文	刻写	西双版纳州档案馆	征集	云南	2021.5.10
9	4-21								
10	5-10								
11	6-32	2-1-277	无	老傣文	刻写	西双版纳州档案馆	征集	云南	2021.5.10
12	6-50								
13	7-1	2-1-251	无	老傣文	刻写	西双版纳州档案馆	征集	云南	2021.5.10
14	7-22								
15	8-2	2-1-238	倭预阿地嘎地麻哈瓦几哈尼该	老傣文	刻写	西双版纳州档案馆	征集	云南	2021.5.10
16	8-18								
17	9-1	2-1-268	无	老傣文	刻写	西双版纳州档案馆	征集	云南	2021.5.10
18	1-47	2-1-187-3/2	巴腊米总	老傣文	刻写	西双版纳州档案馆	征集	云南	2021.5.11
19	1-45								
20	2-99	2-1-188-3/3	巴腊米总	老傣文	刻写	西双版纳州档案馆	征集	云南	2021.5.11
21	2-83								
22	3-1	2-1-191	叭召咧啰	老傣文	刻写	西双版纳州档案馆	征集	云南	2021.5.11
23	3-30								
24	4-10	153-1-71-7/12	无	老傣文	刻写	西双版纳州档案馆	征集	云南	2021.5.11
25	5-18	2-1-16	叭帽囡	老傣文	刻写	西双版纳州档案馆	征集	云南	2021.5.11
26	5-27								
27	6-1	153-1-57-1/5	无	老傣文	刻写	西双版纳州档案馆	征集	云南	2021.5.11
28	7-53	2-1-113	无	老傣文	刻写	西双版纳州档案馆	征集	云南	2021.5.11
29	7-59								
30	1-33	244	无	东部城体	书写	中国民族图书馆	不详	西藏	2021.4.20
31	1-2								
32	2-29	33	量释论庄严疏	东部城体	书写	中国民族图书馆	不详	西藏	2021.4.20
33	2-22								

续表

序号	调研编号	馆藏文献编号	文献名称	字体	记录方式	保存地点	收集方式	收集地区	调研日期
34	3-α	无	青年国王	老傣文	刻写	中国民族图书馆	不详	云南	2021.4.20
35	3-倒数第2面	无	青年国王	老傣文	刻写	中国民族图书馆	不详	云南	2021.4.20
36 37	4-无标识	无	无	僧伽罗文	刻写	中国民族图书馆	不详	云南	2021.4.20

＊注：文献名称为馆藏文献原始记载。

3.2.1 贝叶手稿制作装帧技艺

3.2.1.1 贝叶手稿制作详情

目前，印度已经很少再制作贝叶手稿，我国西藏地区不产贝叶棕，其地理位置和海拔高度也使得运输材料并不便利，因此制作工艺渐渐失传，而是用纸质载体按照贝叶手稿的装帧形制"梵夹装"制作经书。但我国云南西双版纳州保留了贝叶手稿完整的制作过程，至今还有为数不少的寺院或文化机构坚持制作贝叶经，其意义不仅在于制作经文，更在于传承文化和工艺。

著者在西双版纳州调研了贝叶手稿的制作过程，并拍摄了工序和部分工具，制作详情中展示的图片均来自此次调研，由本人拍摄或当地居民提供。制作工序主要如下。

（1）砍叶取材

首先要选取适合作为书写载体的贝叶。一般是在每年秋季到次年夏季之间，也有精确到每年的六七月份雨季来临前，这个季节的贝叶柔韧性最好，便于裁剪和刻写，有经验的师傅带着刀爬上贝叶棕砍下呈扇形的整片贝叶，再砍下叶片部分，丢掉茎部。

顺着叶间缝隙撕开叶片，然后用快刀将虫子咬过的坏叶、败叶和叶脉筋骨部分剔除（见图3-5和图3-6）。

图3-5 砍下尺寸合适的扇叶

图3-6 将扇叶一片片撕开

对精心挑选的长条状的贝叶进行初次裁剪，一般保留70cm长、7cm宽，一沓贝叶摆放整齐对折后用竹篾捆好放入铁锅中备用。

（2）煮洗晾晒

铁锅中倒淘米水，加柠檬、酸角等酸性物质煮贝叶。这是因为叶绿素易溶于有机溶剂但不易溶于水，加热破坏了植物的细胞结构使得叶绿素被释放出来，接触有机酸后发生脱镁反应，色素结构被破坏，使贝叶的绿色叶汁被去除，绿色的叶子慢慢变成灰白色，更适合作为书写载体。同时，酸性物质可以去除贝叶中的淀粉和杂质，叶片中的木素、树胶、无机物、淀粉在蒸煮过程中脱离，而纤维素没有被破坏，煮后的叶片纤维素含量比例更高，能防止虫蛀或变质并增强其载体耐久性。煮好之后用软布清洗每一片叶子去除附着的酸性物质，于通风处悬挂晾晒，在日出之前的清晨卷起备用以防止日晒后卷起造成贝叶开裂（见图3-7和图3-8）。

图3-7 将贝叶放入铁锅中

图3-8 晾晒后卷起的贝叶

（3）修整压平

长宽不一致且不平整的叶片不适合书写，需要进一步修整。首先要用热铁棍穿孔固定，叶片炭化留孔，生成的含碳物质耐久性也较强。之后选择合适长宽的木板，左右两端各插有约 20cm 长的尖头木棍，将厚厚一沓的贝叶插入木棍上，固定好后用快刀把木尺四周的多余贝叶切割掉，并用木棒打磨修饰边缘。

有专门的工具可以将贝叶按压平整——压经夹。用两块同样长宽的木尺紧紧夹住贝叶，两头压紧绑上绳索，放置在阴凉处一段时间后取出。

改进后的压经夹两端安装可以扭紧的螺母，施力更大，压平效果更好（见图 3-9 和图 3-10）。❶

 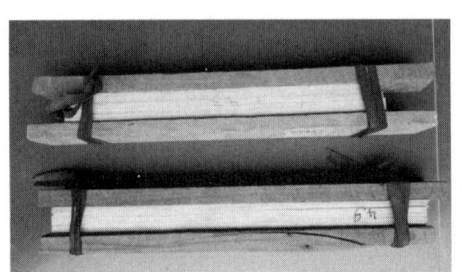

图 3-9　修整贝叶　　　　图 3-10　用压经夹压平贝叶

（4）墨线划痕

为便于书写还会用墨线弹出横格，墨线上的墨汁一般用植物油混合锅底灰，用专门的墨线弓弹出不同的规格。西双版纳州的贝叶手稿一般有 4 线、5 线、6 线和 8 线四种规格（见图 3-11）。

（5）刻写上色

刻写工具是刻写人专门制作的铁笔，每个铁笔都根据刻写人根据喜好和习惯添加的独特之处。一般用比普通毛笔更粗更长的圆木，将顶端磨成锥状，再插入磨好的铁针。刻写过程并不容易，在反复练习后才能控制书写力度，之后才谈得上是否美观，为保持笔尖锋利还要经常在磨笔石上打磨。刻写的同时要在每叶加上编号防止次序混乱。一般按照横版刻写，上下左右各留一定距离的空白，与纸质载体文献"天头地脚"的概念如出一辙（见图 3-12）。

---

❶ 解梦伟，侯小锋. 西双版纳勐罕镇傣族贝叶经制作工艺调查研究 [J]. 名作欣赏，2019（12）：77-78.

图3-11 弹墨线　　图3-12 国家级非物质文化遗产技艺传承人波空论先生刻写贝叶

刻写完成后，用柔软的布蘸取由植物油和锅底灰或灯烟混合成的油墨涂抹在贝叶上，整个贝叶呈现黑色，然后用细碎的锯末揉搓贝叶吸收表面墨汁，再用干净的抹布擦拭，油墨就清晰地留在刻痕里了（见图3-13和图3-14）。

图3-13 刻写后涂抹油墨　　图3-14 用锯末擦拭贝叶上的油墨

（6）装帧保存

刻好的贝叶经过再次晾晒后放入压经夹中，在侧面刷上黑漆、红漆或金粉。不但美观大方，而且可以防止边缘拉丝开裂。

一般会在整函贝叶的最上、最下留有空白页充当封面和封底，封面上写标题。封面和封底外放上用木质薄板做的夹经板（又称为内护经版、内经夹板）保护整函经书，价值较大或者官方的文书甚至用象牙薄片。用捆经绳穿过贝叶和内护经板的孔洞打结捆扎，用包经布包好后夹上外护经板，再以特定的缠绕方法绑上绳带防止贝叶散佚或者相互摩擦造成字迹模糊，捆紧后放入木质或纸质囊匣内（见图3-15）。

3.2.1.2 贝叶手稿装帧样式保存现状

贝叶手稿的制作装帧形制被称为梵夹装。"梵"表达了文献最初传入我国时使用的文字；"夹"传达了装帧的基本样式。随着贝叶手稿的传播，这种装帧形式传入我国各地，成为古代文献的装帧形式之一。目前国内所藏贝叶手稿依然保有如此完整装帧形制的并不多见。

图 3-15 在贝叶侧面装饰

在我国行业标准《明清纸质档案病害分类与图示》（DA/T 61—2017）中，装帧病害被描述为在物理、化学、生物及人为等因素的作用下，档案装帧无法保持原有形制的受损状态，其类型有：装裱损坏、装订损坏、装具损坏等。❶ 参考该标准，可以对贝叶手稿的装帧保存情况和装帧病害进行定性分析和定量分析。

西双版纳州档案馆保存的调研样本没有夹经板和包经布，贝叶直接放置在档案馆统一定制的纸盒中保存并编号。中国民族图书馆保存的老傣文贝叶保存在有红色涂层的夹经板内，梵文贝叶手稿中装帧保存情况较好的则用夹经板和橙黄色包经布包裹，放置在木质藏经匣中，包经布在西藏地区被称为"门杂"，大多用藏药浸泡以起到防虫、防尘的作用。这两个地点保存的贝叶手稿都有一部分用白色棉线穿孔固定，少部分使用红色棉线，棉线都已经有不同程度的污染，有的断开甚至丢失无法起到固定作用。大部分贝叶手稿在制作时在侧面刷漆作为装饰，少量刷漆有保护边缘防止拉丝的效果，但是用量过多反而使得贝叶侧面边缘过硬，柔韧性降低造成拉丝。调研样本的装帧病害都比较严重，存在不同程度的装裱损坏、装订损坏和装具损坏。所有的调研样本在保存过程中都没有重新装帧的痕迹。每一匣贝叶侧面装饰和装订材料的情况如表3-6所示。傣文贝叶手稿侧面多用红漆间隔金漆、银漆或黑漆，有的还会画上图案，更注重装饰效果；梵文贝叶手稿侧面不刷漆或只有简单红漆。

---

❶ 中国第一历史档案馆.明清纸质档案病害分类与图示非书资料：DA/T 61-2017［S］.北京：国家档案局，2017：3.

表3-6 贝叶手稿侧面装饰和装订材料情况

序号	馆藏文献编号	字体	装饰	装订材料
1	153-1-14-17/6	老傣文	红、银漆间隔	白棉线
2	2-1-255	老傣文	两端刷蓝靛、金漆，有装饰图	白棉线
3	153-1-7-16	老傣文	两端刷红、金漆，有装饰图	白棉线、红棉线
4	2-1-247	老傣文	黑漆	白棉线
5	2-1-277	老傣文	红、金漆	红棉线
6	2-1-251	老傣文	黑漆	红棉线
7	2-1-238	老傣文	红、黑漆间隔	白棉线
8	2-1-268	老傣文	无	白棉线
9	2-1-187-3/2	老傣文	红、金漆间隔	白棉线
10	2-1-188-3/3	老傣文	红、金漆间隔	白棉线
11	2-1-191	老傣文	红、金漆间隔	白棉线
12	153-1-71-7/12	老傣文	红、金漆间隔	白棉线
13	2-1-16	老傣文	间隔刷金漆	白棉线
14	153-1-57-1/5	老傣文	红、金漆间隔	红棉线
15	2-1-113	老傣文	紫漆	白棉线
16	244	东部城体	无	无
17	33	东部城体	无	无
18	无	老傣文	红漆	白棉线
19	无	僧伽罗文	侧边红漆	白棉线

贝叶手稿的尺寸除了受限于材料的天然属性，也和当地的历史文化背景相关。调研中发现不同地区的贝叶手稿中段宽度都在5cm左右，这主要是受限于贝叶棕叶片的天然宽度。云南傣族贝叶手稿大部分长度为50cm左右，个别较长的可达到60cm以上，短的则为40cm左右，而梵文贝叶手稿中较长的接近50cm，短的只有20多cm，除了受限于采摘贝叶的大小，还受到书写习惯的影响。西双版纳州聚集的大多是傣族居民，具有同样的文化传统和生活习惯，形成了约定俗成的书写习惯，因此在制作书写材料时长度也比较一致。而梵文贝叶手稿长度差别较大，这是因为不同记录字体意味着贝叶来自不同国家和地区，而各地都保留了当地的书写习惯。古印度被称为"天竺"，该名称最早出现在《大唐西域记》中，和今天所指的印度不同，在历史上是一个地理概念，指喜马拉雅山以南的整个南亚次大陆，

公元前7世纪时已经有十几个小国,释迦牟尼就诞生于其中的迦毗罗卫王国。来自古印度的梵文贝叶手稿在不同国家制作,不但字体不同,且具有不同的书写习惯,采用不同长度的叶片制作贝叶手稿,因此在外观上,特别是贝叶的长度存在较大差异。叶片的宽度受限于植物的天然属性,差别不大。西藏自治区贝叶手稿普查工作也证实了这一点,有数据记录的藏区贝叶手稿最长者能达到62.5cm,短的则仅为11.2cm,相差51.3cm,前者宽5.8cm,后者宽5.3cm,仅相差0.5cm,其余大多数叶片长度在35cm左右,宽为4.7cm左右。❶

调研发现,由于贝叶手稿制作过程中需要人工进行修整压平,难以做到精准切割,且贝叶本身具有一定的伸缩性,因此即便是同一匣的贝叶其宽度和长度也有差别。比较而言,同一匣贝叶宽度差异较长度差异更明显。在宽度测量中,发现中段宽度、左端宽度、右端宽度三者数据差异较大,整体而言,中段宽度的数据大于左右端宽度,推测是由于在使用过程中一般只翻动两端,故对中间部分保护较好,两端磨损较大。尼泊尔阿萨档案馆贝叶载体形状和调研样本的形状都呈现中间宽、两头窄的特征,中间宽度为1.5~5.5cm。❷

书写行数由贝叶宽度和美观性决定,例如3~8行。

调研样本长度、宽度等测量信息如表3-7所示。

表3-7 调研样本尺寸测量汇总

序号	调研编号	馆藏文献编号	字体	长度/cm	中段宽度/cm	左端宽度/cm	右端宽度/cm	单页行数/行
1	1-3	153-1-14-17/6	老傣文	51	7	5.5	4.3	5
2	1-11		老傣文	51	5.5	5	5.7	4
3	2-22	2-1-255	老傣文	47	5.4	4.7	4.8	5
4	2-34		老傣文	47.1	5.8	4.5	5.1	5
5	3-11	153-1-7-16	老傣文	47	5.5	5.2	4.5	5
6	3-17		老傣文	47.2	5.6	5	4.9	5

---

❶ 周懿. 从梵夹装装帧形制演变看唐蕃古道的文化融合 [J]. 西藏民族大学学报(哲学社会科学版), 2016, 37 (1): 13-19, 153.

❷ 亚洲纸张保护协会成员 Naoko Takagi, Yoriko Chudo, Reiko Maeda 于 2005 年 10 月 14 日的研究报告 *Conservation and Digitisation of Rolled Palm Leaf Manuscripts in Nepal* 中提供了以上数据,亚洲纸张保护有限公司负责数据真实性。

续表

序号	调研编号	馆藏文献编号	字体	长度/cm	中段宽度/cm	左端宽度/cm	右端宽度/cm	单页行数/行
7	4-1	2-1-247	老傣文	47	6	5.5	6	3
8	4-3		老傣文	47.1	6.9	5.9	6.7	6
9	4-21		老傣文	47.2	6	5.5	6	6
10	5-10		老傣文	47	6	5.7	6	6
11	6-32	2-1-277	老傣文	52.5	6	5.4	5.1	6
12	6-50		老傣文	52	5.9	5.6	5.5	6
13	7-1	2-1-251	老傣文	47	5.2	6.6	5.8	2
14	7-22		老傣文	48.3	6	5.3	5.3	6
15	8-2	2-1-238	老傣文	48.5	5	4.5	4.5	1
16	8-18		老傣文	48.7	5.2	4.5	4.5	7
17	9-1	2-1-268	老傣文	46.5	5.3	5	5.3	5
18	1-47	2-1-187-3/2	老傣文	58	4.3	3.9	3.8	5
19	1-45		老傣文	58.5	4.4	3.8	3.9	5
20	2-99	2-1-188-3/3	老傣文	58.5	4.2	2.7	2.6	4
21	2-83		老傣文	58.5	3.7	3.7	2.9	4
22	3-1	2-1-191	老傣文	41.8	5	4.5	2.1	3
23	3-30		老傣文	44.3	5	4.5	2.7	被遮盖
24	4-10	153-1-71-7/12	老傣文	49.9	3.4	3.3	3.5	3
25	5-18	2-1-16	老傣文	49.5	6	5.7	6	5
26	5-27		老傣文	49.8	6	5.7	5.4	5
27	6-1	153-1-57-1/5	老傣文	47.5	6.5	6	6.3	2
28	7-53	2-1-113	老傣文	48.7	3.5		3.8	1
29	7-59		老傣文	49	4.1	3.5	4.2	5
30	1-33	244	东部城体	26	3.8	3.5	3.5	4
31	1-2		东部城体	28.5	3.6	4	2.8	4
32	2-29	33	东部城体	61.5	4.6	4	4	7
33	2-22		东部城体	61.5	5.2	4	3.9	7
34	3-α	无	老傣文	48	6.6	5.5	5.5	6
35	3-倒数第2面		老傣文	48.5	5.7	5.5	5.5	6
36	4-无标识	无	僧伽罗文	40.6	6	5.4	5.4	8
37	4-无标识		僧伽罗文	40.6	6	5.4	5.4	7

  贝叶手稿要通过打孔穿绳装帧。由于傣文贝叶的制作尺寸比较统一，因此调研样本均采用左右两端1/3处各打一孔的形式穿绳，而西藏地区的梵文贝叶手稿尺

寸差别较大，一些较小尺寸的贝叶只在中间位置打一个孔来穿绳固定。出于对称美观的考虑，无论是双孔还是单孔都处于竖直方向的中间位置。孔洞的尺寸大小不一，主要是由于制作过程中使用了不同的压经板，上面尖头木棍是纯手工打磨，没有统一尺寸标准。即便是同一匣，前后几张贝叶的穿孔也存在尺寸变化，这是由于在长期使用翻动的过程中因穿绳摩擦而造成了边缘磨损。为保持书写美观一般会在孔周边保留一定空白，根据个人审美不同，留白的尺寸没有固定标准。但在调研中发现，傣文贝叶留白较随意，梵文贝叶留白则呈现规整的四边形。在图3-16中，上方为西双版纳州档案馆的老傣文贝叶手稿，穿孔四周留白没有固定尺寸，下方为中国民族图书馆的梵文贝叶手稿，穿孔四周呈现较规整的正方形留白。图3-17是《妙法莲华经（梵文）》贝叶手稿，由尼泊尔传入我国西藏地区，1960～1988年收藏在民族文化宫内，现已归还西藏自治区保存。全经137片，274面，每片贝叶长约54cm，宽5cm，字迹清晰，书写流畅，形式规整，每片贝叶穿孔的留白都是大小接近的四边形。

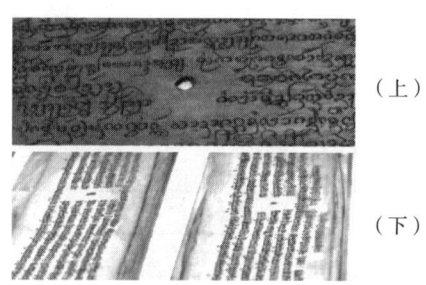

（上）

（下）

图3-16　贝叶穿孔和字迹间距示意

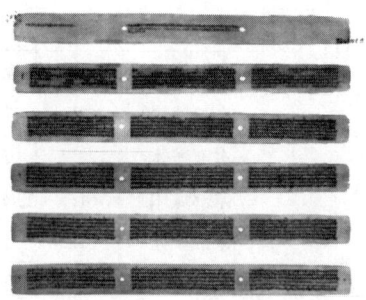

图3-17　《妙法莲华经（梵文）》贝叶手稿❶

不同民族的贝叶手稿在形制上有所不同，反映了不同宗教派别、文化、审美

---

❶ 中国民族图书馆.《妙法莲华经（梵文）》贝叶手稿［EB/OL］.（2016-05-05）［2022-05-02］. http：//www.cpon.cn/cms/a/7079.html.

对记录的行为方式的影响。随着小乘佛教传入我国云南地区，在当地少数民族传承过程中融合了本民族的文化对贝叶手稿进行了创新。在制作装帧贝叶的过程中，融入了民族风味，其刻写方式不突出庄严肃穆，更体现刻写者手工创作时的心意灵动。经西藏地区流转的贝叶手稿在制作过程中，严格遵循藏语系佛教的各项教义和大乘佛教"合乎法度、严谨庄重"的教义，书写格式整齐庄重。

对贝叶手稿的穿孔和留白尺寸进行测量可以获得量化信息。其中傣文贝叶手稿穿孔尺寸如表3-8所示。对比左右孔直径，可以发现只有10个样本的左右穿孔直径一样，占比33.3%，这是因为大部分文献在保护和利用过程中穿孔存在不同程度的磨损。两孔间距集中在17cm左右。在垂直方向上，穿孔距离上下两边的间距较一致，可以视为垂直方向的中心。在水平方向穿孔的留白尺寸大多不相同但接近，有小部分样本的留白尺寸相差较大，推测与刻写人的习惯相关。

表3-8 傣文贝叶手稿穿孔相关数据 单位：cm

序号	馆藏文献编号	左穿孔直径	右穿孔直径	左孔-左文字间距	左孔-右文字间距	右孔-左文字间距	右孔-右文字间距	两孔间距	左孔-上边间距	左孔-下边间距	右孔-上边间距	右孔-下边间距
1	153-1-14-17/6	0.5	0.5	0.5	0.3	1	1	16.5	3.1	2.8	3	3
2		0.5	0.5	0.8	0.5	0.8	1.2	17	2.9	2.6	3	2.8
3	2-1-255	0.4	0.4	0.4	0.5	0.6	0.9	18.3	3.1	2.5	2.7	2.7
4		0.4	0.4	0.5	0.6	3.3	1.2	18.3	2.5	2.5	2.5	2.7
5	153-1-7-16	0.5	0.3	0.8	0.6	1	0.8	18.7	3.7	3.8	3.8	3.6
6		0.3	0.4	0.7	0.8	0.9	0.8	18.7	2.5	2.7	2.5	2.9
7	2-1-247	0.3	0.3	无字	0.1	0.4	2.2	15	2.8	3.3	3	3.8
8		1	0.2	0.8	0.8	0.6	0.7	17.5	1.5	3	3.1	3.5
9		0.6	0.2	0.5	0.8	0.3	0.7	17.7	3	3.7	3	3
10		0.5	0.2	0.1	0.7	0.6	0.5	17.7	3.2	2.9	2.8	3
11	2-1-277	0.3	0.4	1	1	0.6	0.7	18.5	2.9	2.8	2.3	3
12		0.4	0.3	0.8	0.8	1	0.8	18.5	2.8	3	3	3
13	2-1-251	0.7	0.3	3.5	1	2.5	2.2	18.3	2.8	2.7	3	3
14		1	0.3	1	1.1	1.5	1	18.5	2.8	2.8	3	2.8
15	2-1-238	0.6	0.4	3.1	0.7	0.3	1	17.7	2.3	2.3	2.6	2.5
16		0.3	0.3	1.5	1.3	1.1	1	17.6	2.5	2.5	2.6	2.5
17	2-1-268	1.6	0.6	无字	0	2.6	1.5	18.4	2.6	2.5	2.6	2.7
18	2-1-187-3/2	0.2	0.2	0.9	0.8	0.8	1.3	21	1.8	2.2	2	2.3
19		0.3	0.4	0.9	0.9	1	0.8	19.5	2.1	2.2	2	2.1

续表

序号	馆藏文献编号	左穿孔直径	右穿孔直径	左孔-左文字间距	左孔-右文字间距	右孔-左文字间距	右孔-右文字间距	两孔间距	左孔-上边间距	左孔-下边间距	右孔-上边间距	右孔-下边间距
20	2-1-188-3/3	0.4	0.4	1	1.2	0.9	无字	19.5	2.1	1.9	2.1	2.1
21		0.4	0.5	0.7	0.9	0.7	0.7	19.5	2	2.1	2.2	2.1
22	2-1-191	0.3	0.5	被纸张覆盖	被纸张覆盖	1.2	无字	17.8	2.4	2.5	2.5	2.4
23		1.2	0.6	1.5	1.3	无字	无字	18	2.5	2.4	2.5	2.4
24	153-1-71-7/12	0.4	0.3	0	0.7	0.4	0.6	16	1.6	1.9	1.6	1.7
25	2-1-16	0.4	0.4	0.8	0.8	0.8	0.8	19.7	3	3	3	3
26		0.5	0.4	1	1	0.8	0.8	19.7	3	3	3	2.8
27	153-1-57-1/5	0.9	0.6	无字	无字	无字	无字	18.5	3	3.3	3	3.3
28	2-1-113	0.6	1	无字	无字	无字	无字	17.7	1.5	2.2	2.2	2.3
29		0.4	0.4	1	1.4	1.2	1.2	17.2	1.8	2.2	1.8	2.2
30	无	0.5	0.3	0.7	0.7	0.4	0.4	18	2.8	2.5	2.8	2.4
31		0.5	0.3	0.3	0.3	0.1	0.5	18	2.6	2.5	2.5	2.5

梵文贝叶手稿由于长度差异较大,在装帧形式上也有不同。单孔的梵文贝叶手稿长度只有26cm和28.5cm,虽为同一匣,但穿孔有磨损,因此单孔直径不同。左右两边的留白尺寸在0.5cm左右,误差极小,可见书写规范严谨。单孔距离贝叶上下边缘的间距误差不大,基本保持在垂直方向的中间位置。具体尺寸如表3-9所示。

表3-9 单孔梵文贝叶经相关尺寸数据 单位:cm

序号	馆藏文献编号	长度	单孔直径	单孔-左文字间距	单孔-右文字间距	单孔-上边间距	单孔-下边间距
1	244	26	0.5	0.4	0.5	1.3	1.9
2		28.5	0.4	0.5	0.5	1.5	1.6

较长的梵文贝叶手稿仍然选择双孔来固定装帧,同一匣的叶片不但长度一致,左右两孔的直径也一致,磨损较少,保存良好。穿孔周围留白尺寸也较一致,书写形式规范。左右孔和上下边的距离误差都在毫米之内,可视为垂直方向的中心。相关尺寸如表3-10所示。

表 3-10　双孔梵文贝叶手稿相关尺寸数据　　　　　　　　　　单位：cm

序号	馆藏文献编号	长度	左穿孔直径	右穿孔直径	左孔-左文字间距	左孔-右文字间距	右孔-左文字间距	右孔-右文字间距	两孔间距	左孔-上边间距	左孔-下边间距	右孔-上边间距	右孔-下边间距
1	33	61.5	0.5	0.5	0.7	0.7	0.9	0.9	25.3	2.5	2.4	2	2.3
2		61.5	0.5	0.5	1	1.1	1	1.1	25	2.5	2	2.5	2.3

通过对调研样本的定性和定量分析，发现两地保存的贝叶手稿装帧形制、装订以及装具都严重损坏，样本中没有保留完整的梵夹装样式，装帧病害严重。

3.2.2　贝叶手稿载体性能和本体现状

根据调研样本的定量、色度、酸度、病害情况、水分含量等数据可以获得不同地区贝叶手稿的物理性能和保存现状，并判断破损等级。调研使用的实验仪器主要有国产 3nh 分光密度仪、日立 X-MET8000 的 XRF 桌上型荧光分析仪、汉娜酸度计、安捷伦 4300 的傅里叶变换红外光谱仪、DinoLite 手持式 USB 数码显微镜、水分测定仪、天平等。

3.2.2.1　贝叶手稿的定量

统计西双版纳州档案馆 29 份样本的单片重量，获得重量数据分布图，发现单片贝叶重量集中在 3~6g，只有 2 片贝叶的重量不到 3g，有 3 片贝叶重量超过 6g，2 片贝叶重量超过 7g，只有 1 片贝叶重量为 8.11g，重量分布如图 3-18 所示。

以贝叶的长度和中端宽度为准计算每片贝叶的面积，可以粗略获得载体的定量。定量是纸和纸板的基本物理性能，指每平方米的重量，单位为 g/m^2。定量与纸张的抗张强度、撕裂度等性能都有关系。参考纸张定量的测量方法，可以获得每片贝叶的定量，如图 3-19 所示。统计后发现 29 份样本的定量均不相同，可见不同于纸质载体的制作工艺，作为天然材质的棕榈叶经过加工后仍然保留了个体差异性。大部分贝叶的定量集中在 $100~200\ g/m^2$，只有少部分贝叶的定量超过 $200\ g/m^2$，达到纸板的定量，甚至超过 $250\ g/m^2$。❶

---

❶ 上海辞书出版社于 2014 年出版的由巢峰主编的《小辞海》中在"纸"的定义中写道：国际标准化组织（ISO）规定，定量小于或等于 $225g/m^2$ 的称为"纸张"，大于此数的称为"纸板"。目前，学术界一般认为定量超过 $200g/m^2$ 为纸板。

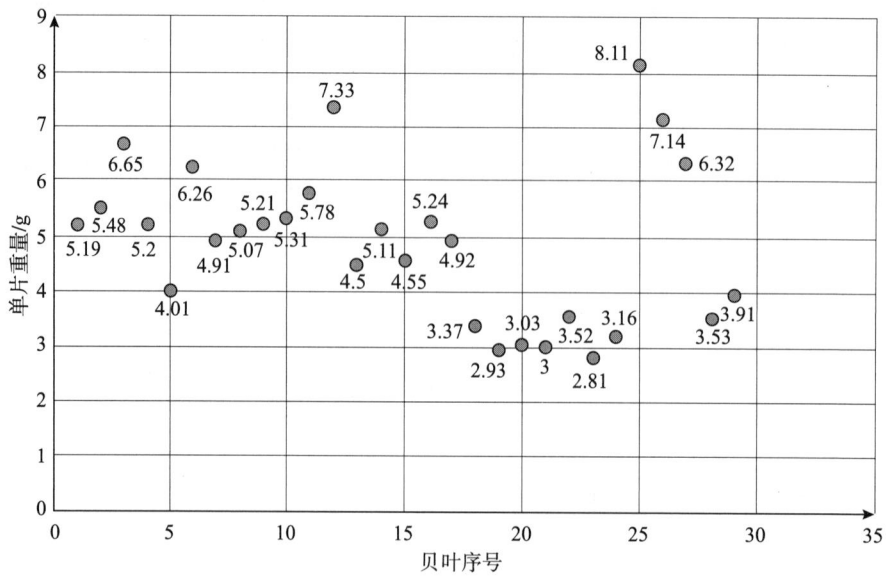

图3-18 单片贝叶重量分布

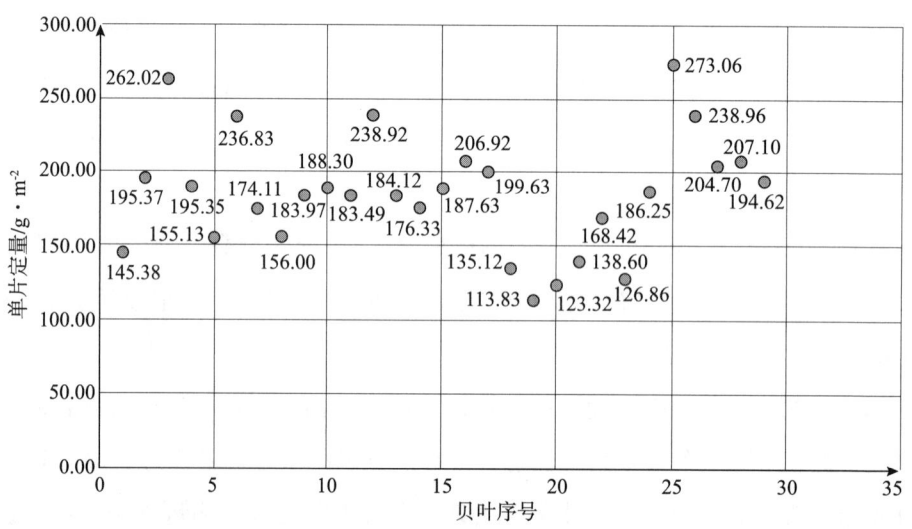

图3-19 单片贝叶定量分布

3.2.2.2 贝叶的色度和色差

选择云南西双版纳州档案馆和中国民族图书馆贝叶样本的有字部分和无字部分各取一个测试点,利用分光密度仪测量色度,获得以下三种数值 L^*、a^*、b^*。其中 L^* 为亮度值,L^* 越大,亮度越高;a^* 为红绿色轴,a^* 值越大越红,越小则越绿;b^* 为黄蓝色轴,b^* 值越大越黄,越小则越蓝。根据 CIELAB 色差公式:$\Delta E_{ab}^* = [(L_1^* - L_2^*)^2 + (a_1^* - a_2^*)^2 + (b_1^* - b_1^*)^2]^{1/2}$,计算有字部分和无字部分的色差。

色差是定量表示的色知觉差异，以 NBS（National Bureau Standards）为单位，当 $\Delta E = 1$ 时，表示两个测量点的色度相差一个 NBS 单位。❶ 贝叶手稿有字部分和无字部分色差越大，表示贝叶上的字迹褪色程度越轻，可读性越强。NBS 单位色差值与人的视觉可以感觉到的色差程度之间的对应关系如表 3-11 所示。

表 3-11 NBS 单位与颜色差别感觉程度

NBS 单位色差值	感觉色差程度
0~0.50	（微小色差）感觉极微
0.51~1.50	（小色差）感觉轻微
1.51~3.00	（较小色差）感觉明显
3.01~6.00	（较大色差）感觉很明显
6.00 以上	（大色差）感觉强烈

首先测量有字部分的色度，如果样本上有画作为装饰，同时测量图画部分的色度，例如第 15 份样本，对字、画部分都进行了测量，最后测量空白无字无画处的色度，根据色差公式计算调研样本不同位置的色差，可以获得以下数据，如表 3-12 所示。

表 3-12 贝叶样本有字部分和无字部分的色差值

序号	调研地点	调研编号	有字处色度			空白处色度			色差
			L	a	b	L	a	b	
1	西双版纳州档案馆	1-3	52.7	5.7	21.1	52.2	5.1	20.7	0.88
2	西双版纳州档案馆	1-11	49.8	5.7	22.6	53.1	5.8	21.7	3.42
3	西双版纳州档案馆	2-22	47.9	8.2	21.1	50.8	7.7	20.2	3.08
4	西双版纳州档案馆	2-34	49.3	7.7	21.7	50	7	21.1	1.16
5	西双版纳州档案馆	3-11	52.7	6.6	20.5	50	6.9	19.7	2.83
6	西双版纳州档案馆	3-17	48.5	5.3	18.7	51.7	6.7	20.6	3.98
7	西双版纳州档案馆	4-1	41.5	6	13.7	40.7	5.8	13.5	0.85
8	西双版纳州档案馆	4-3	44.8	6.8	17.1	45.2	6.5	16.1	1.12
9	西双版纳州档案馆	4-21	37.7	3.9	12.7	40.9	4.7	13.1	3.32
10	西双版纳州档案馆	5-10	46	6.1	18.7	52.4	6.3	19.6	6.45
11	西双版纳州档案馆	6-32	56.3	7.1	22.7	58.5	7.6	23.4	2.36
12	西双版纳州档案馆	6-50	51.9	6.9	20.1	54.6	7.9	21	3.02

---

❶ 叶卓龙，崔岚，刘心来. 色差法区分印油印泥种类的研究 [J]. 广东化工，2017 (17)：45-46，60.

续表

序号	调研地点	调研编号	有字处色度			空白处色度			色差
			L	a	b	L	a	b	
13	西双版纳州档案馆	7-1	45.8	8	17.9	47.4	9.2	18.6	2.12
14	西双版纳州档案馆	7-22	47.4	6.1	17.4	51.2	6	17.7	3.81
15	西双版纳州档案馆	8-2	45.7（字）	8.7（字）	18.3（字）	46.9	8.8	18.4	1.21
	西双版纳州档案馆	8-2	36（画）	6.3（画）	10.1（画）	46.9	8.8	18.4	13.93
16	西双版纳州档案馆	8-18	47.7	7	18.4	49.4	8.2	19.8	2.51
17	西双版纳州档案馆	9-1	42.8	8.4	16.7	44.1	8.5	17.1	1.36
18	西双版纳州档案馆	1-47	51.2	13.8	28.5	56.9	11.1	25.4	7.03
19	西双版纳州档案馆	1-45	55.8	14	30.8	54.7	12.9	28.1	3.12
20	西双版纳州档案馆	2-99	61.6	11.2	25.8	65.2	11.4	26.9	3.77
21	西双版纳州档案馆	2-83	58.7	10.4	24.3	56.9	9.5	22.8	2.42
22	西双版纳州档案馆	3-1	49.6	7.4	18.9	53	7.9	18.6	3.45
23	西双版纳州档案馆	3-30	字被污渍遮住，无法测量色度			50.6	7.6	18.5	无
24	西双版纳州档案馆	4-10	50.1	1	17.3	51.3	5.1	18.6	4.47
25	西双版纳州档案馆	5-18	53	6.4	21	54.7	5.6	21.2	1.89
26	西双版纳州档案馆	5-27	54	8.3	22.4	55.3	8.5	22.7	1.35
27	西双版纳州档案馆	6-1	45.1	11.4	22.1	45.8	10.6	19.7	2.62
28	西双版纳州档案馆	7-53	48.1	5.8	16.1	51.1	6.1	16.5	3.04
29	西双版纳州档案馆	7-59	54	7.2	20.5	55.2	8.5	21	1.84
30	中国民族图书馆	1-33	51.4	9.3	21.6	56.6	10.8	26.5	7.30
31	中国民族图书馆	1-2	60.5	11.2	26.1	61.7	10.7	25.2	1.58
32	中国民族图书馆	2-29	69.6	11	29.9	63.2	10.3	26	7.53
33	中国民族图书馆	2-22	65.2	9.7	24.5	62.9	12.5	29.1	5.86
34	中国民族图书馆	3-α	51.7	7.5	21.5	56.6	5.7	20.5	5.32
35	中国民族图书馆	3-倒数第2面	56.8	6	19.5	56.9	5	18.4	1.49
36	中国民族图书馆	4-无标识	65.9	10.8	27.7	67.3	10.5	27.1	1.55
37	中国民族图书馆	4-无标识	69.4	8.7	24.4	68.7	8.8	25.4	1.22

不同样本有字部分和无字部分的色差值相差较大，第 15 份样本除了刻字还刻

有图像装饰，分别计算这两个位置和空白部分的色差值，差异较大。肉眼观察样本的图像和文字，也可以发现图像部分经过浓墨装饰后褪色现象不明显，可读性较强，而字体部分由于叶片出现老化污染，再加上刻字褪色，使得文字部分和空白部分的色差值仅为 1.21，对照表 3 – 11，感觉色差程度为轻微，文本可读性受到影响。截取贝叶上图像和刻字部分观察，如图 3 – 20 所示。

图 3 – 20　样本 15 上图像、文字、空白三部分的直观对比

第 23 份样本的文本信息被污渍遮住，无法测量刻字部分的色度，肉眼观察可发现表面污染严重，不具有可读性，如图 3 – 21 所示。

图 3 – 21　样本 23 整体污染情况

对第 23 份样本色度值不作统计，计算剩余 36 份样本字迹和空白处的色差值，按照表 3 – 11 将色差值对应色差感觉程度，可以分析所有样本的文字清晰程度和可读性。其中色差值在 0 ~ 0.50 的样本量为 0；9 个贝叶手稿的色差值在 0.51 ~ 1.50，色差感觉轻微，对文本可读性有一定影响；10 个贝叶手稿的色差值在 1.51 ~ 3.00，色差感觉明显，文献保存过程中文本可读性未受影响；13 个贝叶手稿色差感觉很明显，文本可读性良好；5 个样本的色差值大于 6.00，说明这 5 份贝叶手稿字迹非常清晰。样本色差感觉程度分布如图 3 – 22 所示。

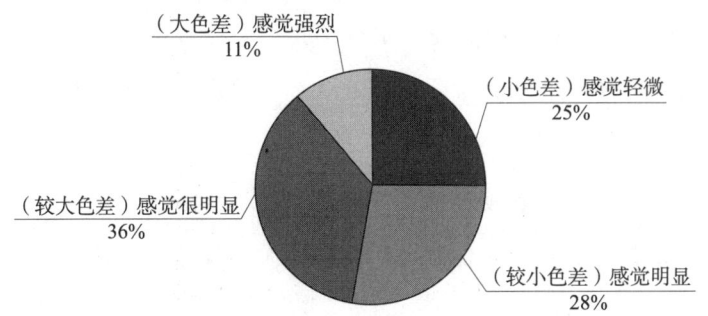

图 3 – 22　样本有字部分和无字部分色差感觉的分布比例

3.2.2.3 贝叶载体的含水率

文献载体材料的含水率是指单位重量的载体中所含的水分重量百分比。如果在100g重量的纸质文献中有7g的水分，则该文献的含水率为7.0%。作为文献保护的重要指标，含水率不但影响着载体的机械强度和柔韧性等物理性能指标，也对害虫、霉菌的生长繁殖产生影响。含水率过低，纸张发脆，耐折度降低；含水率过高，纤维素水解、降解，纸张强度明显下降，同时害虫、霉菌也会生长繁殖。实践研究发现在适当的保存环境中，当纸张含水率在7.0%左右时，能有效增强纸张的耐折度和拉力，害虫和霉菌不易生长，字迹褪色不明显，可以有效延长文献寿命。因此，7.0%被称为纸质文献的"安全水分"。❶

棕榈叶载体和纸张都含有植物纤维，其水分含量和物理性能的关系可类比。调研发现干燥的叶片更容易开裂拉丝甚至脆化，而水分含量过高则有利于害虫和霉菌的产生。作为文献载体物理性能的重要指标，著者利用水分仪测量并统计了调研样本的含水率，如表3-13所示，37份样本的含水率数值分布在2.7%~10.9%。

表3-13　调研样本的含水率　　　　　　　　　　　　　　　单位:%

序号	含水率	序号	含水率	序号	含水率	序号	含水率	序号	含水率
1	10.9	9	5	17	4	25	4.2	33	9.7
2	5.3	10	6.8	18	3.3	26	3.8	34	9.7
3	7.3	11	7.6	19	4.2	27	5.8	35	9.5
4	6.8	12	5.2	20	3.9	28	2.7	36	5.7
5	6.5	13	6.3	21	3.8	29	4.6	37	5.7
6	9	14	5.2	22	3.9	30	9.6		
7	4.6	15	5.1	23	4.2	31	9.65		
8	5.3	16	4.2	24	4.9	32	9.65		

参考纸张"安全水分"数值的规定，统计贝叶手稿含水率的数值分布，其中水分含量在6.0%~8.0%的视为安全水分，共6个样本；有8个样本的水分含量大于8.0%，23个样本的水分含量低于6.0%。可见大部分棕榈叶的水分含量不高，易于发脆，与调研情况一致。

3.2.2.4 贝叶手稿的酸度和病害信息

实验利用汉娜酸度计对37份调研样本边缘无字部分进行无破损测酸实验并分

---

❶ 北京图书馆图书保护研究组. 图书档案保护技术资料汇编［M］. 北京：书目文献出版社，1987：103.

析样本酸化情况,统计不同酸度等级的样本分布量,可以得到表3-14的信息,pH≤4.0的样本酸化非常严重,共2片;4.0<pH≤5.0的样本酸化较严重,共4片;5.0<pH≤5.5的样本酸化一般严重,共7片;5.5<pH≤6.5的样本酸化情况较轻,共21片;有3片贝叶可以视为不存在酸化。91.9%的样本呈现酸性,这是由于棕榈叶在水煮过程中添加了酸角等酸性物质,因此叶片呈现不同程度的酸性。

表3-14 不同酸度等级样本量统计

酸度	样本数量/片
pH≤4.0	2
4.0<pH≤5.0	4
5.0<pH≤5.5	7
5.5<pH≤6.5	21
pH>6.5	3

除了酸化情况,还需要对损坏本体、影响文献可读性的病害信息和破损情况进行统计。主要有以下8种情况。

(1) 开裂

一般是由于穿孔被绳子长期摩擦后开裂或叶片发生机械断裂。开裂一般发生在穿孔处,绳子长期摩擦导致该处贝叶纤维断裂。样本2、4、7、8、14、17、18、26、27的穿孔都存在不同程度的开裂或破损,占比24.3%。图3-23呈现了一个样本上破损的左孔和完整的右孔,对比明显。

贝叶一般在横向发生断裂,和纤维走向一致。竖直方向和叶片纤维方向相反,不易发生开裂,除非遇到机械性外力破坏。样本6、7、18、23、29、27、32、33、35有断裂现象,占比29.7%。图3-24展示了两个调研样本断裂的情况。上面的样本右端有竖直方向的断裂并造成了缺失,断裂的一端呈现不规则的缺口;下面的样本在横向方向发生了开裂。

图3-23 左孔开裂

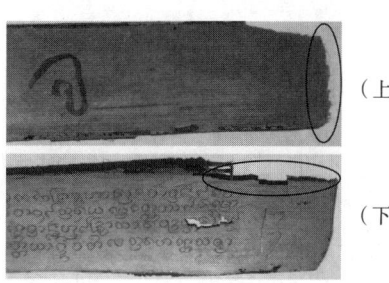

图3-24 不同贝叶发生的断裂现象

（2）霉变

霉菌是影响文献寿命的重要因素，霉菌在载体上留下不同颜色的斑点，影响文献可读性，同时分解有机酸，不但使文献酸化，还破坏植物纤维，降低纤维柔韧性，影响载体的机械强度。调研中样本 20、21、32、33、34 均发现霉迹，通过显微镜可以获得生物取样点的微观信息。实验选择品牌为 DinoLite 的手持式 USB 数码显微镜，能够在不更换镜头的前提下通过旋转变焦对微观物体进行放大观察，放大倍数范围为 20～230 倍。霉迹在显微镜中成像如图 3 - 25 所示。

（3）虫蛀鼠咬

样本 8、9、13、18、19、20、21、26、29 存在虫蛀。文献中的害虫以文献材料为食，棕榈叶和油墨中的油脂成分都可以作为食物提供害虫生长发育和繁殖的主要营养物质。有些害虫虽然不以载体材料为食，只是单纯啃咬虫蛀，也会对文献造成千疮百孔的虫洞或由表及里的蛀蚀。另外，载体作为害虫产卵繁殖的场所，其排泄物也会留在贝叶上造成污染，影响可读性。印度将虫蛀视为贝叶手稿最大的损害之一，并认为叶片表面的水平虫蛀损害性大于几个叶片间的竖直虫蛀。原因是竖直的虫蛀只损毁几个字母，根据单词拼写规则可以补出，并不影响阅读识别，但是水平虫蛀后表面连续字母会有大面积缺失，无法识读，虫蛀被印度人称为"罗摩神箭"，寓意有毁天灭地之功能。❶ 这也从侧面体现了贝叶手稿在印度当地居民心中的地位。

虫蛀的样例如图 3 - 26 所示。

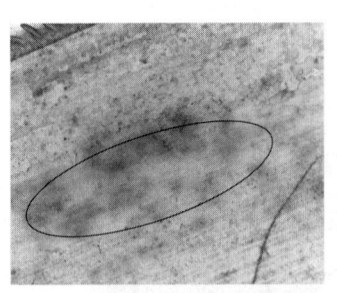

图 3 - 25 样本 20 上霉迹的显微图像

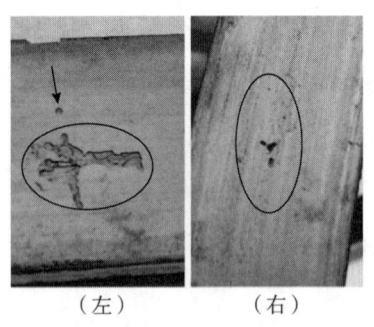

（左） （右）

图 3 - 26 贝叶上的虫蛀

注：左图为烟草甲，钻透了 6 片贝叶，右图为皮蠹在贝叶表面的破坏痕迹。

---

❶ 皮埃尔 - 西尔万·菲利奥扎，薛陆洋. 印度的写本遗产 [J]. 复旦学报（社会科学版），2015，57（5）：39 - 45.

样本23、28有鼠啮的痕迹，直接造成了贝叶载体和文本信息的缺失且无法修复。图3-27所示的样本右端缺失为鼠啮造成。

图3-27 贝叶鼠啮痕迹

（4）污染

样本1、2、7、9、13、14、15、16、20、21、22、24、26、28、29、30、32、33、34、35均存在不同程度的污染，污染物的主要类型有圆珠笔油、墨汁等不同油墨、结晶物和胶状物、灰尘、油漆、泥斑、不干胶等。图3-28所示污渍类型从上到下、从左到右分别为"墨汁+铅笔"污渍、胶状污渍、不干胶污渍、灰尘污渍。

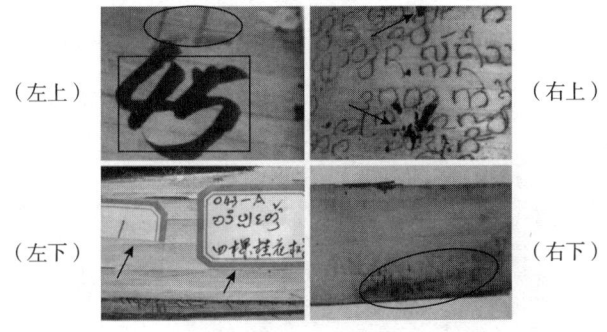

图3-28 不同类型的污渍

（5）残缺

样本3、5、7、8、14、18、19、20、21、22、23、25、26、28、29、32、33均有残缺，残缺原因包括贝叶老化后发脆开裂掉渣、被虫蛀鼠类啃食、保存不当致部分折断分开等，如图3-29所示。

图3-29 缺失上边缘的贝叶

(6) 文本的清晰度和可读性

样本9、19、21、23文本信息可读性受到影响，主要原因包括色料脱落、褪色、字迹扩散模糊、污渍遮挡刻写痕迹等。在图3-30中，上面贝叶左侧文本较清晰，中间和右侧文本的清晰度因污染和刻写墨汁褪色而受到影响；下面贝叶中间刻字部分因墨汁褪色已经无法识读。

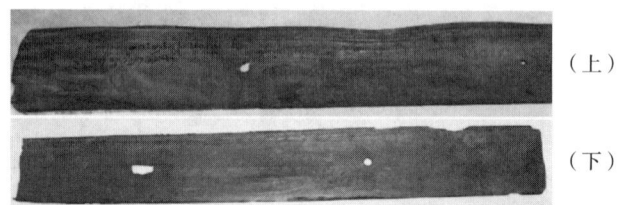

图3-30　贝叶可读性受到影响

(7) 拉丝、掉渣

贝叶手稿在长期保存过程中，由于植物纤维脱水、酸化，叶片老化发脆，会有不同程度的拉丝或者掉渣。在调研中样本1、7、8、25、29、30、32均有以上情况。图3-31所示上方的贝叶严重脆化，多处出现掉渣和缺失；下方的贝叶边缘存在严重拉丝。

图3-31　贝叶掉渣和拉丝

(8) 变形

样本11、12、18、19均存在不同程度的变形，既有装具较短使得贝叶弯曲后保存造成的横向变形，也有叶片老化卷曲造成的变形。如图3-32所示，上方贝叶长度大于装具，只能被折叠保存在档案盒中从而造成变形；下方贝叶老化后叶片蜷曲变形。

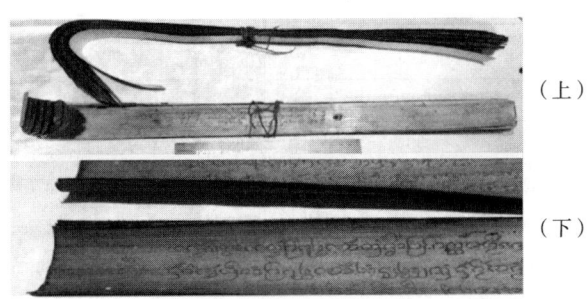

（上）

（下）

图 3-32　贝叶变形

通过对调研结果的定性和定量分析发现贝叶本体病害情况严重，需要对破损文献分类定级作为保护修复方案的参考依据，为科学保护贝叶手稿，集中力量抢救破损或濒危文献奠定基础。

目前，国内档案界制定的关于抢救修复的标准都是针对纸质载体档案，对棕榈叶载体破损等级的研究可以参考档案国家标准《纸质档案抢救与修复规范 第1部分：破损等级的划分》（GB/T 42468.1—2023）。该标准中根据纸张的酸度和病害情况，通过定量测试或定性分析综合判断，将破损等级划分为特残破损、严重破损、中度破损、轻度破损四个等级，并对每一种破损等级进行了酸度区间规定和病害情况描述，档案本体只需符合其中一条规定，即可认定属于该破损等级。在酸度区间规定方面，如果纸张的 $pH \leq 4.0$，则不再考虑其他病害就可确定该档案属于特残破损；$4.0 < pH \leq 5.0$，档案属于严重破损；$5.0 < pH \leq 5.5$，档案属于中度破损；$5.5 < pH \leq 6.5$，档案属于轻度破损。在病害情况的定性分析方面，主要考察的病害因子为：酸化、撕裂、残缺、粘连、污染、糟朽、字迹洇化扩散、褪色或酸蚀、虫蛀、霉变、老化、折痕等。

结合调研情况和纸张破损等级划分相关标准，著者对调研样本的酸度和病害信息作出了相应的等级划分，如表 3-15 所示，调研样本符合其中一条信息即可对应相应等级。

表 3-15　贝叶手稿破损类型、程度和破损等级

破损类型	破损等级			
	特残破损	严重破损	中度破损	轻度破损
酸化	$pH \leq 4.0$	$4.0 < pH \leq 5.0$	$5.0 < pH \leq 5.5$	$5.5 < pH \leq 6.5$
老化	拉丝严重、掉渣严重、破损较多	拉丝较多、发脆、翻动时有碎片	少量拉丝、少量破损	轻微拉丝、磨损

续表

破损类型	破损等级			
	特残破损	严重破损	中度破损	轻度破损
霉变	霉变面积>30%	20%<霉变面积≤30%	5%<霉变面积≤20%	霉变面积≤5%
虫蛀	虫蛀面积>30%	20%<虫蛀面积≤30%	5%<虫蛀面积≤20%	虫蛀面积≤5%
污染	污染面积>60%	20%<污染面积≤60%	5%<污染面积≤20%	污染面积≤5%
残缺	残缺面积>40%	20%<残缺面积≤40%	5%<残缺面积≤20%	残缺面积≤5%
可读性	严重影响信息识读	勉强可以识读	基本可以识读	基本不影响识读
断裂	整体断裂	部分断裂	少部分断裂	较小裂口

对样本的酸度和病害情况等调研信息进行统计，同时根据表3-15的描述确定在西双版纳州档案馆和中国民族图书馆所调研贝叶样本的破损等级，具体情况如表3-16所示，对于病害面积较小的部分未测量具体数值。

表3-16 调研贝叶样本的病害信息及破损等级

序号	字体	pH	载体病害	备注	破损等级
1	老傣文	5.04	污渍、轻微拉丝	后人用铅笔标注页码	中度破损
2	老傣文	5.46	右孔2cm范围内有油渍，右孔破损	后人用红色笔迹书写记号	中度破损
3	老傣文	6.56	有磨损	1991年6月重新整理	轻度破损
4	老傣文	4.74	右孔裂口3cm		严重破损
5	老傣文	4.36	有火烧的四个黑点，右上角残缺	制作时在背面留下墨迹，整理时在第一片贴有标签	严重破损
6	老傣文	5.10	开裂	制作时出现自然的两处开裂	中度破损
7	老傣文	6.61	左孔撕裂，边缘用小叶子和枝条加固，整个叶面断裂，用棉线缝合，轻微掉渣，左端机械性缺失	刻字分三个时间段，有白色结晶物，可以用湿棉签擦干净	特残破损
8	老傣文	6.20	残缺、虫蛀、左孔撕裂脆化	此匣有3叶用透明胶带粘贴断裂处	特残破损
9	老傣文	5.50	虫蛀	有虫子被粘在透明胶带处，墨不溶于水	中度破损
10	老傣文	5.47	有圆珠笔油，呈现蓝紫色污染遮挡字迹		中度破损
11	老傣文	5.70	变形	整体弯曲，边缘遇水	中度破损
12	老傣文	6.57	变形	墨线留下9道墨痕，整体弯曲，边缘遇水	中度破损

续表

序号	字体	pH	载体病害	备注	破损等级
13	老傣文	6.00	虫蛀、墨汁污染,有蓝色圆珠笔字迹	多种字迹,有未涂墨的刻痕,表面污染严重,标注页码有两个,一种铅笔一种黑色墨汁不掉色	严重破损
14	老傣文	6.48	残缺、水渍、左孔不规则,红色绳子在孔上留有印记	表面有水渍,页码标注同上一页	中度破损
15	老傣文	6.03	污渍、开裂	有黑色笔画的画,字是刻写,叶片中间有孔洞,表面开裂至四分之一处,污渍类似于血渍,擦不掉	严重破损
16	老傣文	5.66	被有机物污染	背面有黑漆,左侧正反面刻画有不同的装饰纹	中度破损
17	老傣文	5.59	左孔开裂	—	轻度破损
18	老傣文	5.55	变形、断裂、残缺、两端多处虫蛀	贝叶长于装具,整体弯曲有断裂,两孔刻有花朵装饰,有虫卵,字迹的颜色涂得不均匀,有的地方不明显,右孔旁边有新的虫卵,正面超过10个虫洞,有几处断裂	特残破损
19	老傣文	5.39	变形、残缺、虫蛀	打孔的模具有齿轮,侧面掉漆,有胶糖类物质,不同大小的虫蛀孔并吃掉文字	特残破损
20	老傣文	6.11	残缺、霉迹、虫蛀、水渍	只两端有金漆,烟草甲钻的虫洞已透过6页,墨迹不清楚,右下角被水淹过且有缺失,掉漆	特残破损
21	老傣文	6.50	残缺、霉变、虫蛀、字迹缺失、霉斑	右下角残缺,皮蠹咬掉很多叶片和字迹,右端有类似泥斑的水溶性污渍可擦掉,背面有霉斑	特残破损
22	老傣文	6.10	折痕、残缺、整面污渍、有一处表皮剥落	制作时显色不明显,后人用墨水写编号,有铅笔、墨汁、刻写三种字迹,有刻有写,应是后人添加,断裂后用书写纸和胶水粘好,有机械破损的小洞,左端有4.7cm×6.5cm的破损,右端有2cm×2.3cm的破损	特残破损

续表

序号	字体	pH	载体病害	备注	破损等级
23	老傣文	6.39	中间边缘断裂1/3、残缺、鼠啮、污渍	有污渍遮住字，两孔之间最严重，但属于水溶性污渍，可擦去	特残破损
24	老傣文	6.50	污染	制作时没有压平，有可擦掉的白斑，可擦除的灰尘，用不干胶粘了标签	轻度破损
25	老傣文	6.13	拉丝、破损	有火烧的大洞，整匣的第一片用胶水粘上纸张作了标注	特残破损
26	老傣文	5.89	残缺、虫蛀、污染、左孔被拉断	胶状污渍不溶于水	特残破损
27	老傣文	5.67	撕裂	有孔被绳子拉了一个3cm的裂口，有机械撕裂，人为粘贴标签	特残破损
28	老傣文	5.33	残缺、鼠啮、污渍	用毛笔书写记号，两孔被绳子拉长	特残破损
29	老傣文	6.50	脆化断裂、残缺、虫蛀、污染	类似于油漆的污渍	特残破损
30	东部城体	4.62	污渍、孔周围有水渍、拉丝	有纸条记录："北京大学南亚学系副教授叶少勇释读：前孟加拉字体所写32片，每片3行，东部城体字，4片，每片3行，疑为咒语"	严重破损
31	东部城体	4.60	污染、虫蛀、拉丝	字迹上有白斑、虫蛀，边缘拉丝	严重破损
32	东部城体	3.87	边缘断裂、边缘残缺、孔周围有水渍、拉丝	褪色	特残破损
33	东部城体	3.77	酸化、边缘变色、断裂、残缺、污渍、孔周围有水渍、大片白斑	右端小面积字迹残缺，文字部分有大规模修改	特残破损
34	老傣文	5.93	污渍	—	轻度破损
35	老傣文	6.23	墨渍、开裂	表面小面积开裂大约$0.8cm^2$	轻度破损
36	僧伽罗文	5.70	拉丝	边缘轻度拉丝	轻度破损
37	僧伽罗文	5.68	拉丝	边缘轻度拉丝	轻度破损

注：表中空白部分表示没有相关信息，尺寸的数值单位是cm。

根据表3-16中贝叶样本的破损等级进行统计，轻度破损共7片，占比19%；中度破损9片，占比24%；严重破损共6片，占比16%；特残破损共15片，占比

41%，比例最高，如图3-33所示。

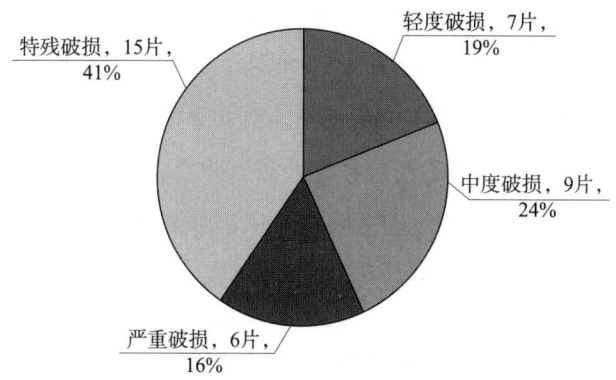

图3-33 贝叶样本不同破损等级的比例

由于特残破损共15片，远多于pH≤4.0的贝叶数量，说明在破损定级过程中，除了载体酸化，其他病害也非常严重，在定级后的保护工作中要统筹考量，集中力量解决主要问题。

3.2.2.5 贝叶样本XRF数据分析

贝叶手稿独一无二的艺术鉴赏属性和文物历史价值决定了其实验研究的类型必须是无损实验。X射线荧光光谱法（XRF）是图书档案界、文博界进行非侵入性实验的重要方法，是指用高能量射线照射试样时，元素的原子受到激发而产生荧光X射线，根据不同元素所具有不同波长特征的荧光X射线可以分辨元素的种类。另外，由于射线强度与元素含量成一定的比例关系，因此可以获得元素重量百分比的数值。

在XRF实验中，选择日立XRF桌上型荧光分析仪，用50kV的X射线管作为激发源，电流为0~200μA，分析范围是发射管与叶片上相接触的直径为9mm的圆，由于检测时间越长返回数据的准确度越高，因此在不影响实验进度的前提下设置检测时间为60s。对中国民族图书馆的8份调研样本进行测试，每份样本选择有字和无字部分两个位置，其中在无字部分的测试返回棕榈叶片的基本元素浓度，在有字部分的测试返回"棕榈叶片+字迹"的基本元素浓度。载体老化不会影响对其进行XRF检测的数据结果，❶因此检测数据可以有效地反映检测基底中主要元

---

❶ ALMOGI O, KINDZORRA E, HAHN O, et al. Inks, pigments, paper: in quest of unveiling the history of the production of a Tibetan Buddhist manuscript collection from the Tibetan-Nepalese borderlands [J]. Journal of the International Association of Buddhist Studies, 2015, 37 (36): 93-118.

素的质量百分比。当 X 射线轰击时，原子序数小的元素，如碳、氢、氧等，其信号响应值难以被检测器捕捉到，因此 XRF 不适合检测原子序数太低的元素，可检测元素范围一般是相对原子质量大于镁的元素，在这个前提下将可检测的元素总质量规定为归一化的 100%，而不是基底中所有元素的总质量，因此表 3-17 中数据为该元素占样本中能谱检测范围内可测元素总量的半定量百分比。

最终获得 16 份数据。其中对棕榈叶片无字部分测试获得的基本元素半定量数据如表 3-17 所示。元素按照相对原子质量从小到大排列。

表 3-17　中国民族图书馆 8 份贝叶样本无字部分的 XRF 检测数据　　　单位:%

调研编号	1-33	1-2	2-29	2-22	3-α	3-倒数第2面	4-无标识	4-无标识
馆藏文献编号	244-1	244-2	33-1	33-2	无	无	无	无
字体	东部城体	东部城体	东部城体	东部城体	老傣文	老傣文	僧伽罗文	僧伽罗文
Al	3.3518	1.6322	0.889	0.3114	0.4281	0.1381	0	0
Si	11.2385	10.3336	9.6395	15.582	33.3564	31.0577	23.195	11.3658
P	0.9739	1.4998	1.7014	0.6516	0.745	0.6059	0.5911	1.2885
S	7.8034	11.3271	9.8197	11.5975	3.5535	4.8175	5.5379	8.8216
Cl	2.524	3.3989	3.6916	2.6562	2.7124	2.625	5.7266	6.4377
K	14.2988	26.3741	19.9043	13.0767	5.1331	7.2294	13.7967	21.9966
Ca	14.1386	7.3861	12.1258	10.8434	3.1242	3.4559	5.2747	9.0955
V	4.0076	1.2705	3.3243	3.3839	0.5716	0.9079	2.7573	4.6117
Cr	0.2289	0.2068	0.2867	0.2612	0.0533	0.1221	0.14	0.114
Mn	0.1833	0.1071	0.0546	0.0923	0.0333	0.0621	0.2069	0.2864
Fe	1.1743	0.7043	0.6873	0.324	0.1849	0.3099	0.4048	0.4238
Co	0.3652	0.3401	0.4906	0.5595	0.1022	0.1993	0.0123	0.0243
Ni		0.0091	0.0109	0.0203	0.0049	0.01		0.0135
Cu	0.0224	0.0296	0.0163	0.008	0.0033	0.0035	0.0332	0.0513
Zn	1.5403	1.4195	2.0661	2.2511	0.4658	0.7622	0.0462	0.0762
As	0.004	0.0072						0.0047
Se		0.0038						
Rb	0.0172	0.0132	0.0198	0.0245	0.0042	0.0074	0.0645	0.1011
Sr	0.0283	0.0253	0.0361	0.042	0.0077	0.0139	0.0134	0.0156
Zr	0.0089	0.0051	0.0064	0.0058	0.0016	0.0036	0.0039	0.0062
Nb	0.0183	0.0089	0.0111	0.0128	0.0049	0.0055	0.0084	0.0103

续表

调研编号	1-33	1-2	2-29	2-22	3-α	3-倒数第2面	4-无标识	4-无标识
Mo	0.0138	0.0113	0.0082	0.012	0.0045	0.0046	0.0076	0.0142
Pd	0.2687	0.2463	0.3208	0.3661	0.0797	0.1284	0.1613	0.26
Ag	0.0254	0.0135	0.0283	0.0246	0.0073	0.0157	0.016	0.0419
Cd	0.0571	0.0313	0.0631	0.04	0.0088	0.021	0.0271	0.0436
Sn	0.0654	0.0641	0.0537	0.0563	0.0126	0.0131	0.0149	0.0224
Sb	0.0677	0.0803	0.08	0.0439	0.0093	0.0177	0.0218	0.0501
Ba	0.1523	0.1522	0.0932	0.1567	0.0228	0.0633	0.0728	0.1693
Ta					0.0076	0.0147		0.0324
Hg	0.018	0.0141	0.0155	0.0123	0.0045	0.0085	0.0276	0.0201
Tl			0.0055			0.0026	0.0037	
Pb		0.0075	0.0096	0.0104		0.0043	0.0055	0.0083
Th	0.0075	0.0054	0.005	0.008	0.0013	0.0018	0.0036	0.0076
U			0.0032	0.0037	0.0012	0.0019	0.0017	

注：表中数值为质量百分比，空格表示未返回相关数据。

8份样本检测基底均为贝叶棕叶片。字体为东部城体和僧伽罗文的叶片来自西藏，由于当地无法种植贝叶棕，因此这些载体材料应是沿着印度－尼泊尔－吐蕃这一传播路线进入我国西藏地区；老傣文贝叶则来自我国云南地区，由于当地种植贝叶棕便于提供载体材料，因此判断这些叶片出自云南。贝叶棕从生活环境中吸收各种元素，构成叶片的主要成分。除了碳、氢、氧、氮、镁等无法测量的轻元素，磷（P）、钾（K）、钙（Ca）、镁（Mg）、硫（S）等都是植物必需的常量营养元素，铁（Fe）、硼（B）、氯（Cl）、锰（Mn）、锌（Zn）、铜（Cu）、钼（Mo）、镍（Ni）等是植物需要的微量元素，尽管需要量不大，却是酶的激活、叶绿素形成和其他重要物质代谢过程所必需的。❶ 除了碳、氢、氧、氮等元素从空气中获取，其他元素都由贝叶棕根系从土壤中吸收获取。除了硼，其他元素都可以在叶片中检测出不同的含量，说明贝叶棕对硼的吸收不明显。钾能够使贝叶棕叶片中的厚角组织增厚，对叶片的机械支撑作用更强，❷ 厚角组织细胞壁由纤维素和

---

❶ 陈康，李敏. 中药材种植技术［M］. 北京：中国医药科技出版社，2006：61.
❷ 陈康，李敏. 中药材种植技术［M］. 北京：中国医药科技出版社，2006：64.

果胶组成，不含木素。❶因此纤维素含量多的植物需要更多的钾。对比两地的叶片，我国云南地区棕榈叶中钾的质量百分比只有5%或7%左右，西藏地区叶片中钾的质量百分比普遍更高，最高可达到26.3741%，说明从东南亚和南亚国家传播到我国西藏地区的贝叶叶片厚角组织更厚、纤维素含量更多，叶片的机械强度更大，在同样的自然条件下耐久性更强。锌参与生长素的合成，缺锌不但影响植株生长，使植株矮小，还可以使叶片小而扭曲。❷锌含量最高的贝叶样本编号为33-1和33-2，含锌量达到2%以上，根据表3-17中的测量数据，其叶片长度达到61.5cm，高于其他调研样本，也高于缅甸地区发现的贝叶的平均长度48cm。❸尼泊尔阿萨档案馆内贝叶的平均长度55.2cm。❹其他样本锌含量低于以上两个样本，但是由于在制作过程中存在人为裁切的可能，因此不作分析。一些元素，例如汞、铅、铝、砷等对植物有一定的毒害，被称为有害元素。其中汞元素存在于所有的样本中，说明不同种植地的土壤都有汞污染；其他有害元素在不同样本中也有发现。

对8份样本有字部分进行XRF测试，可以获得"字迹色素+棕榈叶载体"基底物质的主要元素。由于贝叶字迹色素以烟灰或墨中的C元素为主，而XRF无法返回轻元素的成分含量，因此对于C元素的含量无法获得。然而，除了有机化合物，墨迹中还可能含有使其可区分的特征微量元素，可以利用XRF数据结果进行比较和分类。8份样本中的测试数据如表3-18所示。

表3-18 中国民族图书馆8份贝叶样本有字部分的XRF检测数据　　　单位:%

调研编号	1-33	1-2	2-29	2-22	3-α	3-倒数第2面	4-无标识	4-无标识
馆藏文献编号	244-1	244-2	33-1	33-2	050-1	050-2	无	无
字体	东部城体	东部城体	东部城体	东部城体	老傣文	老傣文	僧伽罗文	僧伽罗文

---

❶ 李学文. 中国袖珍百科全书：生命科学卷 [M]. 北京：长城出版社，2001：6711.

❷ 陈康，李敏. 中药材种植技术 [M]. 北京：中国医药科技出版社，2006：67.

❸ HTWE K T. Preservation and conservation of palm leaf manuscripts collected from Mingin District, Sagaing Region [R]//Symposium Program for Digitization and Conservation of Myanmar Old Manuscripts, Myanmar, University of Yangon, 2016：111.

❹ 亚洲纸张保护协会成员 Naoko Takagi，Yoriko Chudo，Reiko Maeda 于2005年10月14日的研究报告 Conservation and Digitisation of Rolled Palm Leaf Manuscripts in Nepal 中提供了以上数据，亚洲纸张保护有限公司负责数据的真实性。

续表

调研编号	1-33	1-2	2-29	2-22	3-α	3-倒数第2面	4-无标识	4-无标识
Al	1.5129	2.8598	0.8624	1.2076	0.1544	0.3181	0	0
Si	7.9998	13.1629	9.9999	14.2412	33.6609	30.4689	21.6259	9.9357
P	1.8616	1.5029	1.6333	1.106	0.8439	0.7847	1.5318	1.8116
S	8.3738	8.2836	12.4129	9.4797	2.2268	4.2229	5.3386	8.4486
Cl	4.7952	3.4573	3.1249	3.2642	2.5573	2.5948	4.0463	7.2467
K	20.9227	22.8177	14.5359	10.8534	5.8729	6.6508	15.519	22.3895
Ca	14.0226	5.8977	13.901	11.9727	3.2511	3.895	5.2251	9.0593
V	2.8201	2.307	3.572	3.6729	0.5677	1.5456	2.9094	4.6561
Cr	0.2458	0.1857	0.2133	0.4741	0.0824	0.0992	0.1194	0.1147
Mn	0.0832	0.0864	0.1226	0.2271	0.0419	0.0562	0.2149	0.3731
Fe	0.9076	0.6277	0.9112	1.1179	0.2588	0.4547	0.6568	0.8934
Co	0.362	0.2884	0.5568	0.629	0.0979	0.1781	0.0208	0.0275
Ni	0.0088	0.01	0.0146	0.0171	0.0059	0.0082	0.0196	
Cu	0.028	0.0276	0.0234	0.0206	0.0026	0.0068	0.0322	0.0428
Zn	1.5119	1.1829	2.3874	2.7366	0.4521	0.7423	0.0569	0.0843
As					0.0035			
Se					0.0054			
Rb	0.0175	0.01	0.019	0.0215	0.0041	0.0065	0.0749	0.1047
Sr	0.0248	0.0215	0.0387	0.0456	0.0075	0.0144	0.0134	0.0217
Zr	0.004	0.0049	0.0089	0.0061	0.0011	0.0016	0.0067	0.0102
Nb	0.0099	0.0067	0.018	0.023	0.0025	0.0047	0.0114	0.0129
Mo	0.0136	0.0099	0.0129	0.0193	0.0018	0.0066	0.014	0.0135
Pd	0.2593	0.1889	0.3668	0.4272	0.0741	0.1211	0.1676	0.2541
Ag	0.0188	0.0084	0.0347	0.0407		0.0064	0.0143	0.0289
Cd	0.0216	0.0267	0.0464	0.0671	0.0116	0.0097	0.0299	0.0326
Sn	0.0459	0.0323	0.0535	0.0642	0.0095	0.0195	0.0282	0.0349
Sb	0.0438	0.0291	0.0488	0.0349		0.0168	0.0212	0.0331
Ba	0.095	0.1157	0.15	0.198	0.034	0.052	0.0675	0.115
Ta	0.0189		0.0337	0.0501	0.0052	0.0101		0.0241
W					0.0372			0.0187
Hg	0.0111	0.0069	0.0096	0.0175	0.0056	0.0077	0.0258	0.0231

续表

调研编号	1-33	1-2	2-29	2-22	3-α	3-倒数第2面	4-无标识	4-无标识
Tl	0.0053			0.0081		0.0019		
Pb	0.0068	0.0045	0.0072	0.0135	0.0017	0.0035	0.0062	0.0074
Bi				0.0037				
Th	0.0062	0.0045	0.0036	0.0042	0.0014	0.0015	0.0048	0.0037
U	0.0029	0.0023		0.0048		0.0017		

注：表中数值为质量百分比，空格表示未返回相关数据。

根据馆藏文献编号，这8份样本分别来自四匣贝叶手稿，针对每一匣样本进行对比分析，其主要元素含量并不一致，因此无法判断每匣手稿是否用同一种油墨记录。油墨中常见的无机盐可能来自当地油墨的配方或制作过程中使用的水、工具中的杂质。

由于贝叶手稿记录形式的特殊性，除了常见的黑色，一些字迹还呈现金色或红色。XRF检测对于这类字迹成分的分析具有优势。在印度贝叶手稿保护项目中发现了两份金色字迹的叶片。经XRF测定，一份是由雌黄制成的金色墨水，另一份是金和雌黄的混合物。❶ 在意大利佛罗伦萨的自然历史博物馆亚洲藏品区有两份来自我国西藏地区的金色字迹贝叶，从古今文字的混合使用判断有800年以上的历史，经过XRF检测所有的文字都由含金量为97.0%、铜1.5%、银1.5%的混合墨水书写，由于字迹中有如此高的含金量，因此这样的贝叶在流转过程中以每叶3卢比❷的价格售卖，其目的为通过燃烧从灰烬中提取贵金属，❸ 这对文献遗产造成了不可逆转的损坏。

3.2.2.6 贝叶手稿红外光谱数据分析

傅里叶红外光谱法（FTIR）同XRF测试方法均属于分析物质成分的无损检测方法。FTIR方法是分析有机物结构、化合物基团质量、化学键性质的常用手段。由于分子中的每个官能团都有独特的振动对应红外光谱中的不同谱带，因此可通

---

❶ ALMOGI O, KINDZORRA E, HAHN O, et al. Inks, pigments, paper: in quest of unveiling the history of the production of a Tibetan Buddhist manuscript collection from the Tibetan – Nepalese borderlands [J]. Journal of the International Association of Buddhist Studies, 2015, 37 (36)：93 – 118.

❷ 卢比是印度、巴基斯坦、斯里兰卡、尼泊尔和毛里求斯等国所使用的货币名称。

❸ SALVEMINI F, BARZAGLI E, GRAZZI F, et al. An insitunon – invasive study of two Tibetan manuscripts from the Asian Collection of the Museum of Natural History in Florence [J]. Archaeological and Anthropological Sciences, 2018 (10)：1881 – 1901.

过谱带确定样品中存在哪些官能团，所有官能团的谱带共同组成傅里叶变换红外光谱，可视为样品的指纹。例如，当纤维素降解时产生羧基等新的基团，这一变化可以反映在红外光谱图中。实验使用的傅里叶变换红外光谱仪为安捷伦4300，光谱范围为4500~650cm^{-1}，仪器响应时间为2分钟，光谱采集分辨率为8cm^{-1}。选择调研编号为1-33和1-2的两份样本，分别在有字部位和无字部位进行测试，共获得4个红外光谱图。图3-34显示了两个样本无字部分的红外光谱。

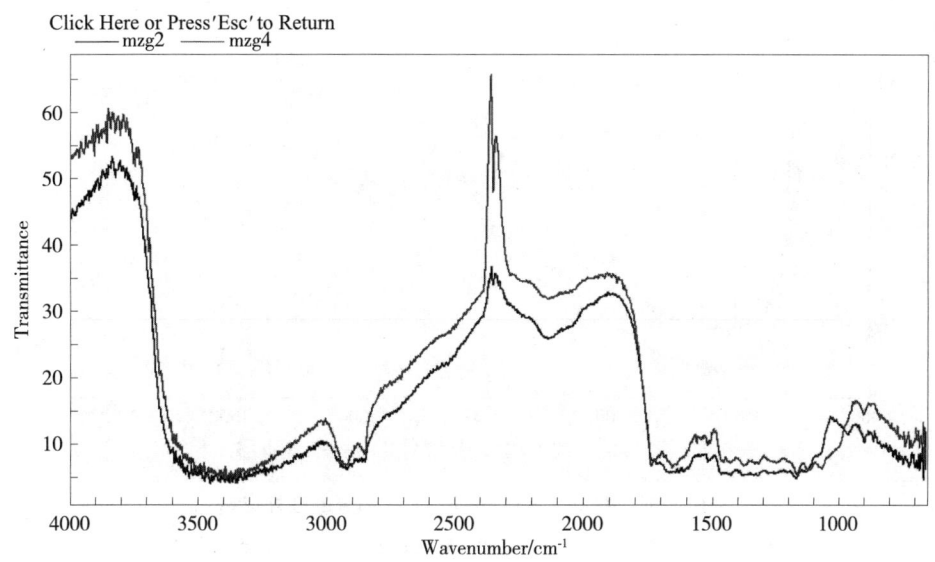

图3-34 样本1-33和1-2无字部分的红外光谱

注：mzg2代表样本1-33无字部分的红外光谱，mzg4代表样本1-2无字部分的红外光谱。

两份样本的红外光谱图波形相似，只是存在上下漂移，表明测试样品有机物含量在同一波长下的光密度趋势相同。图中可见样本1-2在1710cm^{-1}附近有吸收峰，这是新增加的官能团——羧基和羰基的特征峰，[1]著者判断是该叶片在长期保存过程中纤维素降解产生这两种官能团的特征峰。样本1-33在该位置附近没有明显的特征峰，可以判断该样本的纤维素降解不明显，老化程度较低。作为高分子量聚合物的纤维素，几乎完全由α-纤维素组成，高α-纤维素含量能够为棕榈叶提供良好的稳定性和耐久性。[2] 两个样本纤维素降解情况不同，说明它们存在不同程度的老化，其物理性能也有所不同。1265 cm^{-1}处吸收峰是木素的特征吸收峰，两

---

[1] 李坚. 光对纸的老化作用的初步研究 [J]. 中国造纸，1987 (5)：48-53.
[2] SURYAWANSHI D G, INHA P M, AGRAWAL O P. Basic studies on the properties of palm leaf [J]. Restaurator, 1994 (15)：65-78.

个样本在这个位置附近均没有表现出明显的特征峰,著者认为这是由于棕榈叶载体在制作过程中使用酸性物质蒸煮叶片,去除了大部分木素,在一定程度上增强了载体耐久性。

图 3-35 显示了样本 1-33 有字和无字部分的红外光谱。

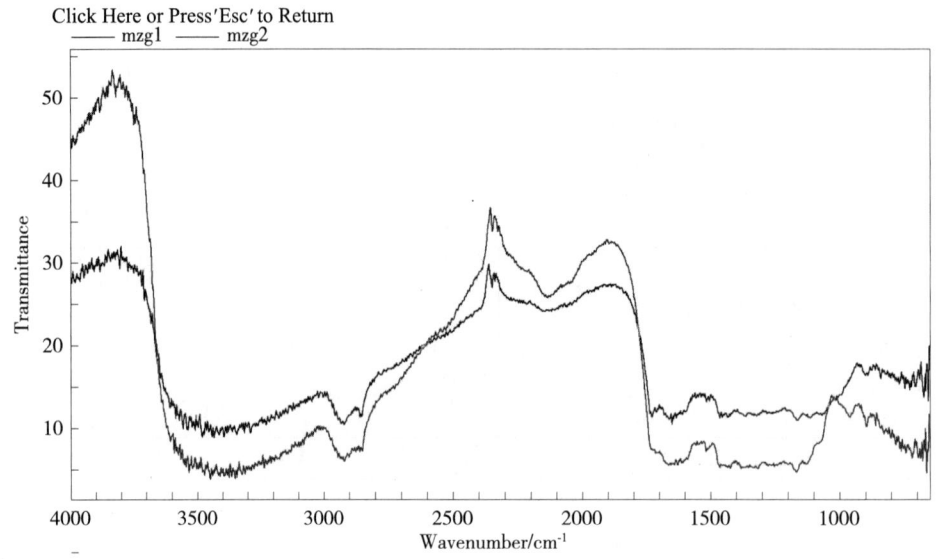

图 3-35　样本 1-33 有字、无字部分的红外光谱

注:mzg1 代表样本 1-33 有字部分的红外光谱,mzg2 代表样本 1-33 无字部分的红外光谱。

有字部分的红外光谱 mzg1 在 $1710cm^{-1}$ 附近有很小的特征峰,无字部分在此处没有明显特征峰,说明纤维素在有字迹的检测位置相对于无字迹位置降解更严重,叶片进一步老化。该样本使用东部城体书写,推测书写时的力度较大,笔尖对叶片表面有损伤,引起了此处纤维素的进一步降解,可见书写时对力度的把控能够影响叶片表面的磨损程度,进而影响该部位的老化。

图 3-36 显示了样本 1-2 有字和无字部分的红外光谱。该样本和 1-33 样本处于同一匣中。

有字部分和无字部分的红外光谱图在 $1710cm^{-1}$ 附近没有明显的特征峰,可见该样本不同位置的纤维素没有发生明显降解,这意味着书写并没有加重叶片的老化。

两个样本书写位置老化情况不同,说明叶片载体的老化也跟记录人的书写习惯相关,如果书写力度过大,笔尖对叶片的磨损程度就较大,容易造成载体进一步老化;如果书写力度适中,笔尖对叶片的磨损并不会加重载体书写部位的老化。处于同一匣中的手稿,书写力度无法做到前后一致,也无法判断是否为同一人书写。

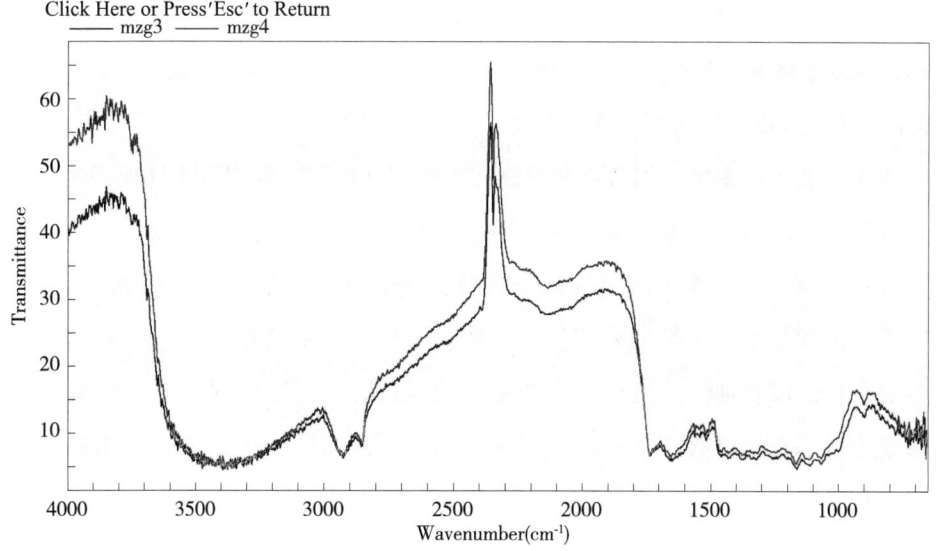

图3-36 样本1-2有字、无字部分的红外光谱

注：mzg3代表样本1-2有字部分的红外光谱，mzg4代表样本1-2无字部分的红外光谱。

3.2.3 面向长期保存与利用的再生性保护现状

文献的耐久性和其载体材料、写印色料以及两者的结合方式相关。无论材料的种类、性质、保存条件如何，随着时间的推移，其本体的外观形态、机械性能等都会出现不可逆转的老化。当量变积累到一定程度引起质变，文献实体就会消失，文本信息也会在载体老化过程中逐渐无法获取，最终随着本体的消亡而彻底湮灭。贝叶手稿具有文物、古籍、档案等文献类型的多重属性，其本体具有极高的历史文化价值、科学研究价值和艺术鉴赏价值，对其开展原生性保护是基于手稿的实体价值而开展，利用各种技术尽量延长手稿本体的寿命。为了避免贝叶在本体老化过程中文本信息的损耗甚至彻底消失，再生性保护作为整体性保护的一部分，通过对载体的转换和升级进行信息迁移，能够在贝叶文化发展的历史长河中实现文本信息的长期保存，留存人类记忆的宝贵财富。

中国民族图书馆保存的贝叶手稿在向西藏自治区相关保管机构转运之前，使用缩微技术将手稿信息拍摄到缩微胶卷上，并用专用的胶片装具保存，其中一套缩微胶卷交由北京大学外国语学院南亚学系保管研究。❶ 我国西藏地区贝叶手稿的再生性保

---

❶ 郑堆. 西藏民主改革60年［M］. 北京：中国藏学出版社，2019：162.

护工作起步较早,1987年,中国藏学研究中心的学者协同中国第一历史档案馆摄影工作者对罗布林卡、布达拉宫和哲蚌寺所藏的梵文贝叶手稿进行了拍摄,共产生9盘缩微胶卷和约183函影印复制件,完成了当地贝叶手稿的再生性保护工作。[1]

西双版纳州档案馆对馆藏贝叶手稿有步骤地开展了一系列再生性保护工作。

首先,完成了手稿由模拟态到数字态的转变。一般认为传统纸质文献是模拟态,以模拟信号,即连续的物理信号进行记录和保存,形式是载体和记录符号。贝叶手稿虽然与纸质文献的载体和书写形式不同,但是仍然属于通过载体和记录符号的结合,以物理信号进行记录和保存的模拟态。再生性保护需要将模拟态文件转变为数字态,以数字信号记录和保存信息。西双版纳州档案馆利用数码照相技术实现了馆藏贝叶手稿图文信息的采集,将所有原件以数码照片的形式存入电脑文件中保存,保证了手稿原始记录信息的长期保存,不仅可以通过减少使用原件而有效保护贝叶手稿,还可以有效增强贝叶信息的可读性。

其次,建立了贝叶手稿电子文件的数据库平台。西双版纳州档案馆借助多种信息化技术和手段将已经数字化的贝叶手稿进行整理、分类、编目并建立了专门的数据库,通过互操作平台可以实现电子文档的采集、编目、存储、检索、利用。对贝叶手稿有利用需求的公众可以在查询申请通过后进入州档案馆的电子阅览室,利用数据库的操作系统浏览查找手稿的数码图像,解决珍稀文献"藏"与"用"之间的矛盾问题。出于对手稿信息保护的考量,目前还没有实现网络查询和异地服务的功能。图3-37为西双版纳州档案馆内进行贝叶电子文件查询利用的阅览室。

图3-37 西双版纳州档案馆贝叶手稿的电子阅览室

最后,针对电子文件的记录信息开展了研究。进入21世纪后,为了实现文献遗产价值,促进贝叶文化传播,西双版纳州档案馆又在数字化基础上完成了贝叶

---

[1] 郑堆. 西藏民主改革60年[M]. 北京:中国藏学出版社,2019:156.

手稿的翻译和信息开发利用工作。

2003~2005年，西双版纳州档案馆开展了手稿电子文件译文的整理工作。傣文贝叶的刻写文字是传统老傣文，随着文字的演变和简化，现代社会大部分傣族居民已经不具备识读老傣文的能力，这极大地影响了手稿的文献价值，因此需要对手稿信息进行翻译。首先，将老傣文翻译为现代社会傣族居民较为通用的西双版纳傣文或德宏傣文等新傣文；其次，为了在民族文化大融合背景下扩大贝叶文化的传播，在新傣文基础上继续将文献翻译为汉语。这些研究成果使得珍贵的贝叶手稿成为贝叶文化的源头活水，为持续开展不同研究主题的知识挖掘和信息传播奠定了基础。

3.2.4 基于本体保护的贝叶手稿的开发利用

3.2.4.1 西双版纳州贝叶手稿编研成果和利用

在西双版纳州有大量贝叶手稿散落民间，例如被傣族土司世家、大姓家族后代、佛寺的佛爷收藏。还有大量的官方机构进行收集和保管，政府部门主要包括各档案局馆、民族宗教局，文博领域有文化馆、博物馆、图书馆，学术研究领域有贝叶文化研究中心、民族研究所、古籍出版机构等。截至2010年这些机构共收集到3000多部手稿典籍，❶包括南传上部座的佛教典籍、傣族的天文历法、法律法规、史实记录、医药医典、民俗生产、文学作品等，因此贝叶手稿在当地被称作"运载傣族历史走向光明的神舟"。为了充分利用这一珍贵的文献遗产，保存傣族人民的集体记忆，传承少数民族优秀的文化成果，从2001年开始在西双版纳傣族自治州委、州政府牵头下，由各研究机构的70多位专家组成的研究团队对152部贝叶手稿进行分类整理❷，并对总目录达到2100多条的文献进行翻译，❸这是进行信息资源开发利用的前提和基础。

对西双版纳州贝叶手稿挖掘整理的显著成果是我国历史上第一部贝叶文化研究典籍——《中国贝叶经全集》的出版发行。截至2010年，共10卷、114册丛书由人民出版社出版，这项编研成果是由老傣文文字提取版本、国际音标标识、汉语直译版本、汉语意译版本、注释和图片组成的"六对照"文献资料，❹为贝叶文化研究提供了丰富的文献材料。《中国贝叶经故事连环画》则是根据该丛书中的精

---

❶ 黄梅. 云南傣族贝叶档案保护研究 [D]. 昆明：云南大学，2010：26.
❷ 国家民委研究室. 中国民族年鉴（2011）[M]. 北京：中国统计出版社，2011：301.
❸❹ 周芳. 百卷本佛教典籍《中国贝叶经全集》问世 [N]. 中国民族报，2010-07-06（005）.

彩历史记录和神话传说编辑出版。贝叶手稿的资源开发还在文艺界取得丰硕成果，衍生了富有创意并获得公众喜爱的艺术作品，例如大型舞剧《召树屯与喃木诺娜》《兰嘎西贺》，大型音乐诗剧《泼水节》等。《中国贝叶经全集》在海外的出版传播引起了国外贝叶文化研究学者的兴趣。日本开始对该丛书前10卷进行翻译研究，泰国学者提出了跨国合作的方案，通过将来自中国、泰国、老挝等享有贝叶文化的不同国家的专家学者集合在一起，对各国不同版本的手稿内容进行对比研究。❶

3.2.4.2 中国民族图书馆贝叶手稿编研成果和利用

藏于中国民族图书馆的贝叶手稿是珍贵的特藏文献，❷ 不但具有文献研究价值，还极具文物收藏价值。以知名度最高、编研利用成果最为显著的《妙法莲华经（梵文）》为例，其编研成果不但是科研学术界一项弥足珍贵的成果，而且在国际交流活动中为中华民族赢得了荣誉。写本共137叶，274面，原藏于我国西藏萨迦寺，书写年代为公元1082年，❸ 即宋朝元丰五年，在中国民族图书馆内的影印资料上可以清晰地看到其本体保存完整无缺，字迹清晰可读。早在20世纪80年代初，为开发和保护这部学术研究价值极高的贝叶手稿，1983年9月由中国民族图书馆整理后采用珂罗版印刷技术出版发行。❹ 作为平板印刷的一种，珂罗版印刷的版基材质为玻璃，按照原文件的层次制出图文，明胶在这个过程中起了很大作用，不但可以使图文硬化，还可以吸收油墨，而未硬化的图文则由于润湿而无法吸收油墨，最终呈现原图文而进行印刷。❺ 这项再生性保护技术烦琐且精微，每一个步骤对操作技师的手艺都要求很高，最终呈现效果十分逼真，非常适合复制名人字画、珍贵手稿等。❻《妙法莲华经（梵文）》贝叶手稿经珂罗版印刷出版发行后立刻风靡全球，美国、英国、德国等西方国家，以及日本、尼泊尔、印度等亚洲多个国家图书馆竞相收藏。季羡林先生对这一复制文献评价为："《妙法莲华经》以超一流的印刷技术获得了海内外佛学研究家的同声高度赞扬，为中华民族获得了荣誉，是弘扬民族优秀文化之举"。1984年，时任中华人民共和国主席李先念出访尼泊尔时把这部装帧华美的影印本作为国礼，赠给比兰德拉国王，促进了中尼两国的文化交流。❼

---

❶ 周娅.《中国贝叶经全集》九大问题述略［J］. 思想战线，2007（6）：67-73.
❷ 郑珺. 京华通览：长安街［M］. 北京：北京出版社，2018：186.
❸ 齐宝和. 民族文化宫［M］. 沈阳：辽宁民族出版社，2006：74.
❹❼ 中国民族图书馆.《妙法莲华经（梵文）》贝叶手稿［EB/OL］.（2016-05-05）［2022-01-29］. http：//www.cpon.cn/cms/a/7079.html.
❺ 张乃仁. 设计辞典［M］. 北京：北京理工大学出版社，2002：414.
❻ 孙行之. 珂罗版印刷：复制古画几可乱真 使用者越来越少［EB/OL］.（2022-01-29）［2015-03-19］. http：//collection.sina.com.cn/cqyw/20150319/0704182646.shtml.

3.2.4.3 西藏地区贝叶手稿编研成果和利用

早在 20 世纪 30 年代，印度僧人罗睺罗曾 4 次进入我国西藏地区寺庙中对发现的贝叶手稿进行拍摄或抄写后带回印度，共整理了 368 部手稿目录，其数字化成果存放在印度巴特那博物馆，并在印度、欧美、日本等地掀起了研究我国西藏梵文贝叶手稿的热潮，20 世纪的印度学和佛学界专家得益于这批珍贵的手稿资料，先后出版了《西藏梵本丛书》共 28 册及大批宗教原典。❶ 1965 年，我国西藏自治区档案管理局对各寺院所藏贝叶手稿进行广泛调查，经整理、编目、分类后交由档案馆保存。1983 年，中国社会科学院的罗炤先生陆续对我国西藏山南地区和萨迦寺、罗布林卡和布达拉宫收藏的贝叶手稿进行调查编目，1985 年完成了《西藏现藏梵文贝叶经目录》的编纂。❷ 1990 年，中国藏学研究中心桑德研究员对以缩微胶卷保存的贝叶手稿进行编目，历时 4 年出版了《中国藏学研究中心收藏的西藏梵文贝叶经缩微胶卷目录》，针对每一个缩微影像列出了梵文、藏文、汉语的文献标题、保存地点或机构、叶片数量、著者，并根据手稿内容进行了等级划分，在此基础上出版了《中国藏学研究中心收藏的西藏梵文贝叶经细目》，增加了本体信息，例如载体尺寸、行数、字体、翻译和文本信息的研究情况等。❸ 进入 21 世纪后，我国西藏地区贝叶手稿的保护工作受到党中央的高度重视，2006 年成立了"西藏自治区贝叶经保护工作领导小组"，对西藏地区贝叶手稿进行了覆盖面更广、更全方位的普查登录、整理编目、影印工作，并制定了"保持现状、登门验收、就地整理、编目影印"的工作原则，在该原则指导下，于 2012 年 9 月完成了手稿的整理编目与建档工作，在此基础上取得了重大的阶段性成果，出版了《西藏自治区珍藏贝叶经总目录》一套（共 4 册）、《西藏自治区珍藏贝叶经影印大全》一套（共 61 册）。❹ 这些编研资料是我国西藏文化遗产保护和研究工作的重要成果，为传承人类文明作出了巨大贡献。

---

❶ 郑堆. 西藏民主改革 60 年［M］. 北京：中国藏学出版社，2019：151.
❷ 罗炤. 西藏梵文贝叶经的编目情况及二十余年的曲折经过：中国的梵文写本：2008 北京藏学研讨会梵文论坛论文集［C］. 北京：中国藏学出版社，2009：235-240.
❸ 郑堆. 西藏民主改革 60 年［M］. 北京：中国藏学出版社，2019：156.
❹ 郑堆. 西藏民主改革 60 年［M］. 北京：中国藏学出版社，2019：160.

第4章

传神——非物质文化遗产视角下贝叶手稿制作装帧技艺的传承保护

如果说贝叶手稿是贝叶文化的直观见证和固态呈现，那么其制作装帧技艺则是以活态的方式传承贝叶文化的历史文化价值和社会实践价值。2008年，国务院公布第二批国家级非物质文化遗产名录，云南省西双版纳州"贝叶经制作技艺"被列入传统技艺类别。对该非物质文化遗产开展国家层面的保护工作，体现了保护文化多样性的重要意义。贝叶经制作装帧技艺一方面因古印度和吐蕃之间的文化交流，随着佛教传播到我国西藏地区，另一方面经西南丝绸之路传播到我国云南傣族地区。在漫长的保护传承过程中，从微观层面看，其工艺材料随着社会发展和时代变革不断变化和发展；从宏观层面看，在不同社会发展阶段，民众对这一技艺的保护态度和传承方式也有鲜明的时代特色。本章在梳理"贝叶经制作装帧技艺"传承演化过程的基础上，开展技艺的非物质文化遗产保护研究，体现了对承载于手稿本体之上的非物质文化遗产文化和贝叶手稿神韵风采的保护，具有传神的意义。

4.1 贝叶手稿制作装帧技艺的保护传承

贝叶手稿传入中国后，其制作装帧技艺也因为手稿本体在宗教信仰中的崇高地位而被赋予了神圣色彩，民众以虔诚的心境和崇高的敬意对该技艺推崇和传承，并赋予了技艺传承者特殊的社会地位。与此同时，随着贝叶文化在我国不同地区的传播，这一技艺也与我国不同地区的民族文化相融合，不断创新变革。

4.1.1 技艺传承和民族融合

佛教自东汉传入我国后，经魏晋南北朝、隋朝的发展，至唐代已经繁荣兴盛，贝叶手稿也受到了当时文人雅士的尊崇，然而其制作装帧技艺并没有被我国的佛教典籍沿用。一方面是当时我国造纸技术不断改良，越来越精湛和普及，使得用不同造纸材料制造的纸张成为常见的文献载体材料，具有不可替代的地位，而作为贝叶手稿载体传入我国的棕榈叶并不常见，获取不易；另一方面，我国传统文化的影响，也体现在文献的制作装帧方面，由于佛经传入我国时，文献的主要装帧方式为卷轴装，因此自魏晋时期开始，大量记载在贝叶手稿中的佛教典籍被翻译或誊抄，均使用纸张作为载体，并以卷轴装的形式承载。但是这并不能阻止贝叶手稿制作装帧技艺和当时我国的传统文化的融合。卷轴装经卷较长，展开后纸张有弧度，不易固定与查找，诵经时多采用结跏趺坐的姿势，翻阅卷轴时影响诵经人虔诚的仪态。随着佛教的兴盛，对佛教典籍装帧形式的改进迫在眉睫，易翻易诵成为当时佛教徒的迫切诉求。❶贝叶手稿积叶成书的"梵夹装"样式为我国当时文献装帧变革提供了新的思路。"梵"体现了文献最初的记录文字，"夹"体现了它的装帧样式，这与我国传统文献记录以较大幅面书写载体为前提的平面装帧样式有本质区别。在我国文献典籍制作装帧形制的漫长发展过程中，它促使中国文献典籍的制作方式从舒卷的平面向叠置的立体转变，并在与卷轴装融合的基础上，应运而生了经折装的装帧样式，并最终促使我国古代书籍向册页形态的转变，使我国延续千年的"揽之则舒，舍之则卷"的阅读习惯改变为具有立体感的翻页式。

贝叶手稿传入我国西藏地区的同时也带来了不少棕榈叶片，于是不少僧人开始学习梵文贝叶手稿的制作技艺，在早期用笔墨在叶片上书写翻译经文，制作了梵文、藏文等不同语言文字的贝叶手稿。然而西藏地区并不种植贝叶棕或糖棕，无法提供载体的原材料，而从古印度地区转运而来的棕榈叶数量有限，搬运不便，

---

❶ 张惠. 佛经经折装的形成及其意义 [J]. 河南图书馆学刊, 2024, 44 (6)：135–137.

这就造成了当地对大量载体原材料的需求和载体短缺之间的矛盾，使得"梵夹装"的制作装帧技艺在传承过程中必然会产生变革。转变契机发生在唐代，随着文成公主入藏带来大量造纸工匠，造纸术传入了西藏地区，并由汉族工匠在拉萨附近建立了造纸场。从造纸术的演变过程来看，我国造纸技术取用的原材料种类呈现多样化、就地取材和因地制宜的特点，因此虽然西藏地区并没有汉地造纸的传统材料，但喜马拉雅山两侧生长了大量的瑞香科植物，其纤维类似桑皮，能够为造纸工匠们解决藏纸的原料问题。❶其中一种瑞香科植物狼毒草，其根部含纤维18.5%，茎部含纤维28.5%，均可作为造纸原材料，当地工匠通过加入狼毒草的根茎纤维并因地制宜地将造纸术进行改良，制作出藏地独有的狼毒纸。❷ 以这种纸作为书写载体制作的文献典籍既传承了贝叶手稿的制作技艺，又根据材料的实际使用情况发生了革新。首先，纸张幅面突破了贝叶叶片天然条件的限制，书写载体的尺寸更大；其次，在叠放整理的过程中，纸张边缘和厚薄更加规整标准，容易整理整齐，因此其装帧过程省去了打洞穿绳的步骤；最后，随着雕版印刷术的传播使用，在藏纸上的记录方式突破了逐字书写的程序，极大地促进了藏地文献的制作和藏地文明的传播。贝叶手稿的制作技艺在唐蕃古道的传播使我国中原、西藏地区与印度地区的文化融合、传承，并不断创新，促使我国西藏地区产生了独具特色的文献制作技艺。

随着南传佛教由西南丝绸之路传入我国云南地区，澜湄流域的傣泰民族在接受共同宗教信仰的基础上形成了贝叶文化圈，贝叶手稿成为贝叶文化的重要载体。相似的雨林气候使得这一文化圈内的生态环境具有共塑性，孕育了相似的植被体系，于是以棕榈叶片为载体的贝叶手稿得以在我国云南地区传承发展，时至今日在当地仍然具有崇高的社会地位和广泛的受众群体。本章后续对贝叶手稿制作装帧技艺的研究均以云南傣族地区为背景。

4.1.2　贝叶手稿制作工序的传承与发展

贝叶手稿制作装帧技艺在我国云南地区传承至今，已使得这一技艺脱离了自

---

❶ 贾丽. 西藏藏纸制作技艺的传承和创新研究［J］. 西藏民族大学学报（哲学社会科学版），2022，43（6）：70-75，156.
❷ 潘吉星. 中国造纸史［M］. 上海：上海人民出版社，2009：438.

然生产活动的范畴,而是服务于社会和居民需求,被赋予了宗教色彩和文化属性,成为当地具有传统文化内涵的社会活动。以叶片采摘为例,按照当地古老的传统,应始于每年傣历三月、四月、五月,即公历一至三月。这个时节获取的叶片更厚实、柔韧性更强,材料耐久性更好,且避开了公历五月末开始的雨季,既能防止晾晒贝叶的过程被突如其来的雨水中断,也能降低高温高湿气候对叶片性能的影响,有利于贝叶手稿的长期保存;除此之外,也为贝叶经刻写做了充足的准备,每年的傣历九月是傣族关门节,每隔七天举行一次赕佛活动,信徒向寺庙供奉贝叶经,祈求佛祖消灾赐福,直到三个月后的开门节,一切活动恢复正常。❶ 这一习俗源于古印度佛教雨季安居的传统,贝叶经作为赕佛过程中的寄托载体,需要从傣历六月到八月完成刻写工作,因此要在此之前制作载体材料。随着文化融合和社会发展,民间传统习俗受到冲击,各项仪式简化,贝叶经的需求和使用在宗教仪式中有所淡化,更多的是以一种非物质文化遗产载体的形式出现在文化传播活动中,因此贝叶采摘不再有严格的时间限制。

贝叶采摘后的处理步骤也在传播和传承过程中有所简化。泰国工匠在蒸煮叶片之前,会将叶片放置在窑中加热24小时,当叶片渗出黑色液体后,用软布擦拭干净再加热抛光。❷ 在古印度,叶片在水中煮沸后被涂上香料和植物油,之后被长时间掩埋在池塘的淤泥下,但是文献保护研究学者认为这样处理会对手稿载体造成损害。❸ 印度奥迪沙地区采摘贝叶后第一步将叶片晒干,之后埋入泥土中,10~15天之后清洗晾晒,并将姜黄粉涂抹在叶片表面;第二步把叶片挂在厨房中以便烟尘灶火熏蒸,一段时间后清洗再涂抹姜黄膏;第三步将粗糙的叶片放在水中煮沸,使叶片变薄变软,清洗后在阳光和露水中交替保存,最后涂上姜黄膏。❹ 在我国云南西双版纳制作贝叶载体的过程中,这些步骤都已经被省略,而是直接蒸煮晾干。

贝叶采摘后的蒸煮工具也随着技术发展和规模化生产而有所创新。早期云南地区贝叶手稿制作在家庭作坊,规模不大,民间艺人使用日常生活中常见的铁锅

---

❶ 康乃,吴云. 民俗[M]. 北京:中国旅游出版社,2015:42.
❷ AGRAWAL, OM PRAKASH. Conservation of manuscripts and paintings of South – East Asia [M]. London: Butterworth – Heinemann, 1984: 24, 25, 50.
❸ FLORIAN M – L E, KRONKRIGHT D P, NORTON R E. The conservation of artifacts made from plant materials [M]. Los Angeles: The Getty Conservation Institute, 1990: 146, 156, 170.
❹ SHARMA D, SINGH M, KRIST G, et al. Pigment analysis of palm leaf manuscripts of India [J]. Current Science, 2020, 118 (2): 285 – 295.

餐具煮贝叶。随着国家非物质文化遗产保护的开展和官方支持，贝叶载体制作逐渐向机构协作的规模化方向发展。在西双版纳州的民族园内，有专门采摘和蒸煮贝叶的工作区域，割叶后使用特制的锅炉蒸煮，如图4-1所示。比起早期使用的铁锅，锅炉容纳的叶片更多，受热面均匀，整体密封后仅留下一个烟囱排烟，可以节省热能，产能和效率得到了提高，大大缩短了工序时长。

  在贝叶压平修整的过程中，需要使用夹经板固定，该工具也有所改进。早期使用两块木板上下夹紧叶片，之后用麻绳绑紧木板的两端以施力，现在使用螺丝穿起来的两块木板，收紧施力。原理相同，但夹板之间的力度变大，更易压平。如图4-2所示。

图4-1　蒸煮贝叶的锅炉❶　　　　　　图4-2　压平工具❷

  贝叶手稿刻写前的工序也有所简化。在早期，压平之后的贝叶被取出干燥，刻写之前经常会在表面弹墨线，留下黑色的横线格以便刻写时更加工整美观，一般需要将正反两面弹线的位置错开，以避免用铁笔进行双面刻写时在同一位置将贝叶刻穿。调研过程中发现，现在已经不再用墨线弹格，而是直接刻写，这对于贝叶手稿制作人的水平要求更高。此外，早期贝叶手稿刻写之前还会抹上桐油以使刻写流畅，现在也省略了这一步骤，仅刻写完毕后在涂抹油墨的过程中，使叶片表面覆盖一层植物油。从载体耐久性方面考虑，过多的植物油容易引发病虫害，而少量的植物油覆盖叶片，在一定程度上可以减少病虫害，还能增强页面的韧性以防止开裂，有利于长期保存。

❶❷　图片由著者所在的调研团队赴云南西双版纳调研时拍摄。

印度学者 Anupam Sah 认为，贝叶手稿制作一直以来都存在书写和刻写两种记录形式，印度贝叶棕叶片上多以书写记录信息，糖棕叶片上多以刻写记录信息。他解释这是由于糖棕叶片颜色更深，含更多蜡质，不太适合在表面书写。[1] 也有一些学者持相同意见，认为在糖棕叶片上刻写后上色，油墨和色素通过刻痕进入叶片纤维缝隙，有助于色素更好地被吸收，相比于书写记录能更好地增强字迹耐久性。[2] 缅甸地区发现的贝叶手稿大多是刻写，偶尔会发现用钢笔或毛笔在表面上书写的注释或校订，可能是后人阅读过程中添加，当地工匠在刻写过程中发现，由于叶片较硬，力度难以把握，刻写的难度大，因此一般会在叶片下放置一块铁片作为垫板，刻写过程分为两种，一种是用右手握住手写笔，放置在固定位置，树叶被左手握住并用大拇指前后推动形成字迹切口，这是南印度地区使用最为普遍的方法之一；另一种是固定叶片而移动右手刻写。[3] 目前，我国云南地区在刻写过程中不再使用铁片垫板，而是将叶片拿在左手中直接刻写。贝叶手稿的记录文字有多种，无论是梵文还是巴利文等，几乎都是圆形字体，这是一种优化选择的结果。从手稿本体保护视角而言，刻写时如果有直线或直角的笔画，更容易破坏纤维之间的间隙，造成载体撕裂。[4] 我国云南地区的老傣文从婆罗米字母或巴利文字母中演化而来，也保留了字体的圆形元素，[5] 有效延长了手稿载体的寿命，同时又传承了刻写的记录形式，使得字迹耐久性更强。无论是不同贝叶棕植株叶片和记录形式的结合，还是文字体系和载体物理性能的匹配，都充分体现了古人在文献制作过程中时刻考虑优化载体性能，延长文献寿命的古老智慧。

4.1.3 贝叶手稿制作材料的传承与演变

贝叶手稿的制作材料包括写、刻用笔和色料，以及其他辅助材料。从古印度

---

[1] ANUPAM S. Palm leaf manuscripts of the world: material, technology and conservation [J]. Studies in Conservation, 2002, 47 (sup1), 15 – 24.

[2] TALWAR V V. A note on rehabilitation of a palm leaf manuscript [J]. Conservation of Cultural Property in India XII, 1979: 48 – 50.

[3] KAY T H. Preservation and conservation of palm leaf manuscripts collected from mingin District, Sagaing Region [R]. Symposium Program for Digitization and Conservation of Myanmar Old Manuscripts, Myanmar, University of Yangon, 2016: 111.

[4] SHARMA D, SINGH M, KRIST G, et al. Pigment analysis of palm leaf manuscripts of India [J]. Current Science, 2020, 118 (2): 285 – 295.

[5] 赵令志. 中国民族历史文献学 [M]. 北京：中央民族大学出版社, 2006: 14.

到我国西藏、云南地区,这些制作材料在传承过程中随着历史发展和文化融合不断演变创新。

贝叶手稿因刻写和书写两种记录方式的不同,造成了用笔材料的区别。古印度地区用来书写贝叶手稿的笔一般使用芦苇杆制作的硬笔或是毛笔,用墨水作为显色材料,后来我国西藏地区传承了这样的记录方式,一般使用削尖的竹笔或毛笔;东南亚地区最早用来刻写贝叶手稿的工具是小刀,但操作起来比较困难,后来制作了专用的铁笔,虽然手握方便,但铁笔重量太大,书写过程并不轻松。我国云南地区使用的是改进后的刻写笔,保留了最初的

图 4-3　云南西双版纳贝叶经刻写笔

注：图片来自国家级贝叶经制作技艺传习所,
著者在云南调研时拍摄。

长度,为 15~20cm,但是用木棒制成,一端削尖后插入磨得很锋利的铁棒。图4-3所示的刻写笔由非物质文化遗产传承人波空论先生所使用,每刻写几叶后需将笔尖在磨刀石上打磨几下,以保持笔尖锋利,另一端有环形花纹做装饰并削细。

印度、缅甸等地发现的棕榈叶手稿载体来自两种不同的棕榈树——糖棕树和塔利波特树(又称为贝叶棕树)。两种棕榈树的叶片性能不同,糖棕叶片柔韧性差,容易老化变脆,含糖量高更易被虫蛀;贝叶棕叶片柔韧性强,具有卓越的耐久性。❶ 目前,我国云南地区几乎都使用贝叶棕叶片,更有利于手稿的长久保存。古印度不同国家和地区的手稿大小往往不同,但在最初选择叶片的时候,一般选择能够保障书写范围达到 48cm×4cm 的叶片,❷ 这一传统也在我国云南地区保持下来。调研中发现制作过程中对叶片长短的选择也尽量保持在 50cm×5cm。当然,受限于天然叶片自然生长情况的限制,并没有针对尺寸的严格规定。

制作过程会使用一些辅助材料。在早期,斯里兰卡制作叶片时,通常会在采摘后蒸煮的过程中加入菠萝叶,或者直接用石灰水煮沸。❸ 菠萝叶的用途和我国西

---

❶❷ HTWE K T. Preservation and conservation of palm leaf manuscripts collected from Mingin District, Sagaing Region [R]. Symposium Program for Digitization and Conservation of Myanmar Old Manuscripts, Myanmar, University of Yangon, 2016: 111.

❸ GUNAWARDANA, SIRANCEE. Palm leaf manuscripts of Sri Lanka [M]. London: Harvard Library Bibliographic Dataset, 1997: 345-347.

双版纳地区使用酸角的原理相似，生长正常的菠萝叶基部白色部分的 pH 为 5.8，叶槽中部 pH 为 6.2，叶尖 pH 为 6.3，❶ 和酸角一样都呈酸性，在蒸煮中不但可以破坏叶绿素的色素结构，还可以预防虫蛀。直接用石灰水煮沸的目的可能是去除纤维之间的果胶和木素，但是过程和浓度并不容易掌握，有将纤维素分散的可能，D. G. Suryawanshi 等印度专家提出棕榈叶中的易溶解于碱的物质成分多于易溶于酸的成分，因此应避免用碱性溶液处理叶片。❷ 目前我国云南地区贝叶手稿制作过程中已经不再使用石灰水。

另一种辅助材料是油。一般用采摘的油桐树果实经机械压榨提取出纯植物油，早期在我国云南地区，刻写之前选择将桐油❸涂抹在叶片。桐油干燥快、光泽度高，具有耐酸碱、防腐、防水、防虫的作用，被广泛用于家具、船舶等木料制作过程中。涂抹在叶片表面后，不但能使叶片表面光滑便于刻写，还可以增强载体的耐久性。除了性能方面的考量，桐油的产量和获取的便利程度也是被选择的重要原因。随着工业革命和科学技术的发展，桐油因其优越性能被广泛用于工业生产中，成为制造商轮、飞机、军舰与汽车的油漆原料，❹ 其使用领域逐渐从民用转移到工业制造，再加上油漆在木材制作过程中的普遍使用，桐油逐渐退出民用领域。贝叶手稿的制作主体是云南当地的手工艺人或寺庙的僧人，制作材料需要在日常生活中容易获取。而桐油具有毒性，如果误食引起中毒将造成人身损害，❺ 这使得民众对桐油的购买和使用更加谨慎。现在普通家庭中已经很少能见到桐油，因此菜油或芝麻油等可以广泛获取的植物油代替了桐油，并应用在油墨制作中。❻

在字迹上色的过程中，印度手工艺人早期使用刚采摘下来的树叶在贝叶上磨擦，淡绿色的汁液渗入刻痕中，使字迹逐渐显现，显色物质的主要成分是叶绿素，属于植物染料，为不耐久色素，因此字迹很快就变得模糊不清，耐久性能差。为

---

❶ 广东省农业科学院果树研究所. 菠萝及其栽培 [M]. 北京：轻工业出版社，1987：73.
❷ SURYAWANSHI D G, INHA P M, AGRAWAL O P. Basic studies on the properties of palm leaf [J]. Restaurator, 1994 (15)：65－78.
❸ 汪宁生，王亚文，冷雪梅，等. 口述民族史（第1辑）[M]. 昆明：云南人民出版社，2014：265.
❹ 刘玄启. 桐油用途变化与近代国际桐油市场的勃兴 [J]. 广西师范大学学报（哲学社会科学版），2009 (1)：114－118.
❺ 2019年9月2日，某景区职工食堂发生了一起因误将桐油作为烹调油的食源性疾病暴发事件。文献参考来源为：陈淑敏，张静，何梅，等. 一起食堂就餐误食桐油引起食源性疾病暴发事件调查 [J]. 国际流行病学传染病学杂志，2020，47（3）：268－270.
❻ 林明，周旖，张靖. 文献保护与修复 [M]. 广州：中山大学出版社，2012：32－33.

了改变字迹褪色的现象，印度手工艺人从灯烟或碳粉中提取炭黑混合植物油制作油墨上色，还大量引入矿物颜料混合树胶制作彩色色料。❶ 我国云南手工艺人在传承过程中也注意到染色物质的耐久性问题，由于技术的发展受限于特定时期、特定地区经济的发展水平，在煤气、天然气等能源在我国云南地区普及之前，当地居民通过燃烧干柴获取热源，于是随处可见的"锅底灰"就成了刻写后字迹染色的主要色素来源。其显色成分是炭黑，性质稳定，耐久性强，解决了字迹褪色的问题。随着经济的发展和煤气、天然气等清洁能源的普及，当地居民在生活中已很少使用干柴，导致锅底灰获取不便。目前，刻写贝叶手稿后为字迹上色多使用汽车润滑油混合植物油。❷

4.1.4　贝叶手稿装帧形式的演变

根据传统，古印度各地手工艺人在写完手稿后，将一沓贝叶放在两块薄木板，也就是夹经板之间并用棉线捆扎，再用棉布包裹以隔绝灰尘和污垢。一般使用红色的布，当地认为这种颜色可以防止虫害。包裹后的手稿放置在木材或金属制作的衣柜或橱柜中。❸ 在缅甸不同地区发现的贝叶手稿，每一夹（匣）的厚度都不同，区别较大，基本上都用编织绳穿过一夹叶片的两个孔固定，再用前后两块夹经板夹住，也有少量手稿不经穿孔直接用编织绳捆扎或用织带包裹。❹

流传到我国西藏地区的贝叶手稿，最初没有装订线和穿孔，叶片散放后用布包裹。装帧考究的贝叶会在叶片切口边缘用绘画装饰，不但美观，而且具有排序的作用。一旦叶片顺序被打乱，花纹的图案就会错乱起到警示提醒的作用。但是这种装帧方式仍然不利于携带和翻阅，也难以避免叶片错乱和丢失，于是逐渐产生了单孔穿绳的方式。早期是在记录之后打孔穿绳，这样的方式虽然避免了叶片的散乱和丢失，却造成了打孔部位文字的磨损和记录信息的丢失，为了最大程度

---

❶ SHARMA D, SINGH M, KRIST G, et al. Pigment analysis of palm leaf manuscripts of India [J]. Current Science, 2020, 118 (2): 285-295.

❷ 谭莉莉. 镌刻在时空中的印迹：云南边境少数民族历史文化遗存 [M]. 昆明：云南大学出版社, 2018: 126.

❸ GUY J. Palm leaf and paper: illustrated manuscripts of India and South-east Asia [M]. Melbourne: National Gallery of Victoria, 1982: 32.

❹ HTWE K T. Preservation and conservation of palm leaf manuscripts collected from Mingin District, Sagaing Region [R]. Symposium Program for Digitization and Conservation of Myanmar Old Manuscripts, Myanmar, University of Yangon, 2016: 116-117.

地保护手稿信息的完整性,西藏地区贝叶的装帧样式逐渐过渡到云南地区贝叶的装帧样式,即载体制作完成后提前在叶片左右两侧打孔,记录的时候避开孔洞。❶ 从贝叶手稿装帧样式的演变可以推测出非物质文化遗产在传承过程中受社会需求的影响而不断演变。

  云南地区的装帧形制比传统样式有所简化。根据我国现存的年代最久远的贝叶手稿之一——唐代贝叶经《楞严经》的装帧,可以了解贝叶手稿装帧的基本形式。该经文用檀木制作上下夹板,共226片棕榈叶,每个叶片在左右约1/3的位置共有两个穿孔,叶片边缘刷金粉,横版双面刻写。❷ 目前,云南地区贝叶手稿保留和还原了基本的装帧形制。在记录时从左向右、自上而下横向双面刻写,保留两个穿孔穿绳,边缘不再做烦琐的花纹,从简装饰,统一刷上红漆并点上金粉,一般用白棉绳穿孔后捆扎。但是完整的装帧形制除以上内容外,还有包经布、函头标识、护经板、捆经绳等,最后以特定方式打结包裹。云南地区制作的贝叶已经很难见到这些材料。唯有西藏地区现存珍稀文献中还能发现较完整的装帧样式,如图4-4所示。

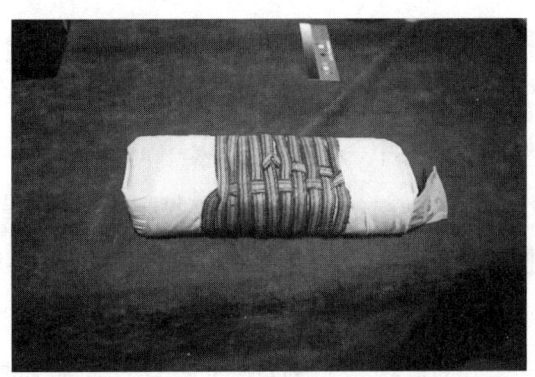

图4-4 布达拉宫所藏由黄色包经布包裹的贝叶经

注:图片为著者所在的调研团队赴西藏布达拉宫调研时拍摄。

  无论是何种装帧形制,国内外贝叶中都难以发现制作者或工匠的记录信息。印度学者采集了来自印度国家档案馆、布巴内斯瓦尔和奥迪沙保管机构以及私人收藏中的贝叶手稿,样本年代不一,但都没有发现制作装帧工匠和年代信息。❸ 我

---

❶ 徐丽华. 藏文古籍概览 [M]. 北京:民族出版社,2013:31.
❷ 周懿."梵夹装"装帧形制考 [D]. 北京:中国社会科学院研究生院,2015:12.
❸ SHARMA D, SINGH M, KRIST G, et al. Structural characterisation of 18th century Indian palm leaf manuscripts of India [J]. International Journal of Conservation Science, 2018, 9 (2): 257-264.

国云南地区贝叶手稿在制作装帧后也不会添加这些信息。这也许体现了匠人无意在历史上留下姓名的朴素思想，但并不利于传承人保护和技艺的传承。对于文献断代也只能依赖于装帧样式、记录内容等其他信息。

4.1.5 贝叶手稿制作技艺传承方式和传承人的发展变革

贝叶手稿制作技艺的传承离不开时代的影响和传承人的努力。

在古印度贝叶手稿时代，有专门的学者或抄写员通过代代相传的方式保留传统记录形式，抄写员被称为"lekhanakara"。❶虽然11世纪的印度出现了纸质载体，但其使用范围仅限于印度中北部地区，印度南方和西孟加拉邦由于贝叶棕的大量种植，使得棕榈叶载体的获取比造纸成本更低，因此这些地区的文献资料，无论是签署商业合同还是发放行政公文，抑或进行文学创作都在使用贝叶，一直到20世纪初期，贝叶手稿制作技艺和工匠才渐渐消失。❷在印度尼西亚西爪哇岛的加鲁特市，有一所在 Prabu Siliwangi 王朝时代非常著名的学校——Situs Kabuyutan Ciburuy，曾经专门教授制作、刻写贝叶手稿并对不同年代的手稿开展内容研究，时至今日，该机构仅存有27份贝叶手稿，统一保存在特制的三个木箱中，该机构现有五个不同功能的大厅，其中一个大厅"Bale Padaleuman"就是专门保管留存下的贝叶手稿及制作工具的地方，但是当地制作贝叶手稿的技艺已经失传。❸

贝叶手稿制作技艺在我国云南傣族地区得到了更全面的传承，一直以来在当地寺庙都以师徒传承制的方式。在傣族重大节日时，例如"开门节""关门节"期间，民众都需要将刻写好的贝叶带到寺庙赕佛，❹意为向佛寺进奉财物以祈求祝福和心安，因此能够制作贝叶手稿的僧人受到民众的尊重和敬仰。在战争年代贝叶手稿的制作技艺传承工作一度停滞，直到21世纪，随着联合国教科文组织文化遗产保护工作的开展，非物质文化遗产保护理念得以普及，相关保护工作才有条不

---

❶ SHARMA D, SINGH M, KRIST G, et al. Pigment analysis of palm leaf manuscripts of India [J]. Current Science, 2020, 118 (2): 285-295.

❷ 皮埃尔·西尔万·菲利奥扎. 印度的写本遗产 [J]. 薛陆洋, 译. 复旦学报（社会科学版）, 2015 (5): 39-45.

❸ SURYANI M, PAULUS E, HADI S, et al. The handwritten sundanese palm leaf manuscript dataset from 15th century [C]//Proceedings of the International Conference on Document Analysis and Recognition, ICDAR, 2017, 1: 796-800.

❹ 华林. 傣族历史档案研究 [M]. 北京: 民族出版社, 2000: 102.

紊地开展。

2008年，贝叶手稿制作技艺入选第二批国家级非物质文化遗产名录。云南省从传承人认定、开展持续性培训、非遗项目保护单位认定三个途径入手进行非遗保护活动。

目前，在云南西双版纳州具备熟练刻写制作技艺的人大多是佛寺中的佛爷和少数民间老艺人。僧侣为了学习佛法保持阅读和刻写老傣文贝叶的传统，佛寺之外的文化机构则通过官方认定不同级别的非遗传承人来保护文化遗产。2012年，西双版纳州景洪市勐罕镇曼降村的波空论（1948年出生）被认定为国家级非物质文化遗产贝叶手稿制作技艺代表性传承人。由于傣族有男子在成年之前进入寺庙出家以便学习佛法的传统，幼年时期的波空论就能够掌握老傣文的阅读和书写，并于13岁开始学习制作贝叶手稿。在被认定为国家级非遗传承人之前，波空论先生一直致力于贝叶手稿制作技艺的传承工作。早在2001年，波空论先生就被邀请在西双版纳州傣族民族园的非物质文化遗产展示区进行技艺展示，并在民族园的家中成立了"贝叶经制作技艺传习所"，持续不断地招收传承人并举办各类培训班，❶ 这种方式有效保证了贝叶经制作装帧技艺的传承。

此外，省级非遗传承人认定制度进一步完善了传承体系。2019年，西双版纳州曼春满村的岩罕约和曼降村的岩卡发被评为省级贝叶经制作技艺传承人。❷ 为了促进传承体系的更新，激发传承活力，也为了激励不同级别传承人积极开展工作，根据相关的审核认定制度，省级传承人可以申请成为国家级传承人，以便在政策范围内获得更多的资金支持以开展传承活动。2022年9月，云南省文化和旅游厅公布了第六批国家级非物质文化遗产代表性传承人推荐人员名单，1983年出生的岩罕约进入公示名单，❸ 和同为国家级传承人的波空论组成了不同年龄结构的传承人体系。

传承人开办的传习所可以提供教授的固定场所，但是培训规模受限，为了进一步提升保护效果，当地文化机构以召集传承人开办短期培训班的方式，有效扩充了学习受众，起到了良好的规模效应。2013年7月，西双版纳州文化馆邀请不

---

❶ 李德洙. 中国民族百科全书（15）[M]. 北京：世界图书出版公司，2016：309.
❷ 云南省文化和旅游厅. 云南省文化和旅游厅关于公布第六批省级非物质文化遗产代表性项目代表性传承人的通知 [EB/OL]. (2019-12-23) [2022-05-20]. http://dct.yn.gov.cn/html/201912/23125039471.shtml.
❸ 云南省文化和旅游厅. 云南省文化和旅游厅关于公示第六批国家级非物质文化遗产代表性传承人推荐名单的公告 [EB/OL]. (2022-09-16) [2022-09-20]. http://dct.yn.gov.cn/html/2209/16_25325.shtml.

同级别的传承人在景洪市勐罕镇曼春满佛寺举办的培训班共有来自勐罕镇 30 余座佛寺的 155 名傣族学员，其中都比 29 人，帕比 98 人，波章 28 人，❶ 学员年龄从最小的 7 岁到最大的 83 岁，跨越老中青少四代人。❷

除了非物质文化遗产传承人，我国还通过官方认定的非物质文化遗产项目保护单位开展传承活动。2019 年 11 月，西双版纳州文化馆获得"贝叶经制作技艺"项目保护单位资格，成为继传承人后由官方认定的非遗保护机构。❸ 项目保护单位的认定按照《国家级非物质文化遗产保护与管理暂行办法》，经过推荐、评审和公示等程序认定，贯彻"保护为主、抢救第一、合理利用、传承发展"的工作方针，工作效果受我国文化和旅游部的监督管理，对履职尽责不力的保护单位可以通过考核结果随时调整。

在官方认定的传承人和项目保护单位之外，西双版纳州还有一些获得民间认可的工匠从事贝叶手稿制作技艺的传承保护工作。这些工匠凭借对贝叶手稿的热爱和自身信仰，出于朴素的保护理念，自发地在村落中进行技艺传授等各项传承保护活动。

贝叶手稿制作技艺的传承保护者从官方认定的传承人到寺庙的僧人和民间工匠，从个人到保护单位，共同形成了由民间和官方、个人和机构共同组成的多模态、多层次、可持续的保护传承机制，为非物质文化遗产保护传承起到了促进作用。

4.1.6　贝叶手稿制作技艺传承情况的解构分析

随着社会发展、经济进步、技术革新，贝叶手稿的制作工序、使用材料、装帧样式、传承队伍这四个方面都在传承过程中有所改进革新。传承不是一成不变、盲目遵从，失去创新的技艺最终也会因难以适应社会发展而失去传承保护的能力，在传承传统的过程中，要以古人之规矩开今人之生面，才能做好创造性转化和创新性发展。对以上四个方面解构后产生的各个环节的传承演变情况分析如表 4-1 所示。

---

❶ 傣族地区称佛爷为都比、称小和尚为帕比、称寺庙管理人员为波章。
❷ 杨雁. 西双版纳州贝叶经传承人培训班暨刻写大赛举办 [EB/OL]. (2013-07-26) [2022-07-12]. http://www.ynich.cn/view.php?id=321&cat_id=11411.
❸ 文化和旅游部办公厅. 文化和旅游部办公厅关于公布国家级非物质文化遗产代表性项目保护单位名单的通知 [EB/OL]. (2019-11-12) [2022-09-20]. http://www.gov.cn/xinwen/2019-12/01/content_5457358.htm.

表 4-1　贝叶手稿制作装帧技艺解构后各元素的传承情况统计

解构模块	完整保留	失真或失全	濒危状态	消失	创新
工序	刻写记录	叶片蒸煮清洗过程	—	刻写前弹墨线	采摘时节
				刻写前涂抹植物油	蒸煮锅具
	上色过程			书写记录形式	压平修整
				刻写需要垫板	
材料	贝叶棕叶片	植物油	锅底灰	糖棕叶片	木杆铁笔
				铁棒笔	
				芦苇杆笔	蒸煮添加的辅料
				毛笔	
	叶片裁切的尺寸			竹笔	
				煮石灰水	汽车润滑油
				植物染料上色	
装帧	左向右自上而下横向双面刻写	—	包经布	—	—
			函头标识		
	打孔穿绳		护经板		
			捆经绳		
传承方式和传承人	佛寺师徒传承	—	—	技艺传承学校	官方认定传承人
					文化机构开设培训班
	工匠家庭作坊式传承				官方认定保护机构

4.2　影响传承性保护的主要因素

贝叶手稿的制作装帧技艺是人类创造力的产物，既是民族文化的独特呈现，又是特定族群文化身份的表征。2005 年 3 月，国务院办公厅发布《国务院办公厅关于加强我国非物质文化遗产保护工作的意见》，我国非物质文化遗产保护工作揭开了序幕。该领域政策理念、工作方针的制定和实施预示着我国贝叶手稿制作装帧技艺的保护传承工作已迈入"巩固抢救保护成果、提高保护传承水平"的纵深发展阶段，在取得巨大成绩的同时也促使研究人员科学分析提高非物质文化遗产保护工作效果的影响因素，并制定新形势下符合国情的保护传承策略，以期在未来工作中不断改进和提高保存人类记忆、延续民族文化生命力的能力。

4.2.1 自然因素

4.2.1.1 载体材料对保护和传承环境的选择

棕榈叶曾经是南亚和东南亚国家写本的主要载体类型，在缅甸、斯里兰卡、泰国、印度、尼泊尔、印度尼西亚等国的机关档案、私人手稿、图书汇集里，都能发现很多棕榈叶载体的文献资料，❶ 即使在造纸术广泛传播之后的一段时期内也未被完全取代。19世纪，在印度、斯里兰卡等地，棕榈叶仍是主要的记录材料，❷ 其中的主要原因就是载体原料的简便易得。

作为书写材料的棕榈叶一般有两种：一种原产印度、缅甸等地，性喜潮湿，叶片薄软、柔韧、细腻、光滑，颜色稍浅，最早的手稿即用此种棕榈叶制作；另一种原产非洲，后来传入印度、缅甸等地，性喜干燥，叶片质地厚硬粗糙，较易被虫蛀。❸ 前者被称为贝叶棕，或贝多罗树（梵语为 Pattra），叶片更耐腐蚀；后者是糖棕，叶片易出现脆化和虫害问题。在贝叶书写材料的选择上，贝叶棕因其优良的性能更普遍且更为大众熟知。

随着早期僧侣将佛教的贝叶手稿带入我国西藏地区，同时送来的还有大量载体材料。宗教的发展使得当地需要更多的经书，于是我国西藏地区僧人也开始用藏文和梵文制作并书写贝叶经，之后作为佛教至宝保存在众多寺庙中。由于我国西藏地区气候寒冷，无法种植不耐寒的贝叶棕和糖棕，同时从南亚和东南亚运输材料十分不便，无法满足制作贝叶经的需求。随着早期造纸术进入我国西藏地区，当地工匠因地制宜加入狼毒草作为造纸原料，制作了性能优良、藏地特有的狼毒纸，因此西藏地区在制作贝叶手稿的过程中逐渐选择藏纸代替贝叶，同时保留了贝叶经"梵夹装"的装帧形制。随着贝叶原料的逐渐减少和藏纸的取而代之，贝叶手稿的制作技艺也逐渐消失，如今我国西藏地区已无人制作贝叶手稿。❹

印度佛教传播到我国的另一个重要途径是自公元前4世纪开通的西南丝绸之路，汉代时被称为"蜀身毒道"，经今天的越南、泰国、缅甸等地，从云南抵达成

---

❶ 雅帕凯思帕里亚. 档案材料的保护与修复 [J]. 黄坤坊, 译. 档案学通讯（增刊），1981，2：24.
❷ LAWSON P. Palm leaf books and their conservation [J]. Library Conservation News, 1987 (16): 4–7.
❸ 陈兆祦，黄坤坊. 简明档案学词典 [M]. 北京：中国档案出版社，1993：203.
❹ 周懿. 从梵夹装装帧形制演变看唐蕃古道的文化融合 [J]. 西藏民族大学学报（哲学社会科学版），2016，37（1）：13–19，153.

都。❶文化传播需要载体的承载，贝叶经作为贝叶文化的核心载体也随着佛教传播到了我国云南少数民族地区。云南西双版纳、德宏等地区由于生态环境适宜，种植了大量的贝叶棕和糖棕，这两种植被被列入佛教植物"五树六花"。"五树"包括菩提树、贝叶棕、糖棕、大青树、槟榔；"六花"包括莲花、文殊兰、黄姜花、黄缅桂、鸡蛋花和地涌金莲。在贝叶文化中，"五树六花"不仅寄托了佛教的宗教崇拜，也体现了少数民族自然崇拜的文化心理。随着棕榈树种植过程中对其性能的挖掘以及文化意义的固化，贝叶棕作为贝叶文化传承的主要载体和代表性植物，逐渐成为贝叶手稿制作材料的主要选择，物化为当地少数民族的宗教信仰，❷糖棕则成为制作食用油、糖、饮料的粮食类植物和宗教仪式的装饰。❸云南广泛种植的贝叶棕为贝叶文化的传播提供了得天独厚的条件，当地保护和传承了古印度贝叶手稿的制作技艺，并结合当地民族特色产生了文化移植，形成了我国独具特色的非物质文化遗产。

可见，由于制作贝叶手稿需要从自然界中直接获取天然原材料，这使得该技艺的传承对自然环境和材料获取便利性的要求较高，自然环境和棕榈叶植物习性对这一非物质文化遗产的保护和传承提供了最初的地区选择。

4.2.1.2 刻写材料供给的影响

贝叶手稿制作刻写的传承保护不同于其他非物质文化遗产，主要原因在于其对自然环境和原材料供应的要求较高。云南得天独厚的自然条件和当地少数民族对贝叶棕寄予的宗教信仰价值使得当地具有种植贝叶棕的基础和条件。作为中国棕榈科植物分布最为集中的地区之一，据记载云南共有棕榈科植物27属76种21变种。❹贝叶棕引入我国后有700多年的人工种植历史，然而自20世纪90年代以来，母树总量不断减少，因为无论是采集种子还是育苗难度都很大，使得种植技术难以普及，同时受到社会意识的影响，西双版纳州贝叶棕数量呈现明显减少的趋势❺。1993年，中国科学院昆明植物研究所统计后发现西双版纳州贝叶棕仅有20余株。❻经过之后的一系列种植和保护措施，到2020年统计，1米以下的植

---

❶ 丁援，马志亮，许颖. 文化线路在中国［M］. 上海：东方出版中心，2020：83.

❷❺ 申国晋，甘燕君，李志勇，等. 西双版纳贝叶棕的种植和保护现状［J］. 绿色科技，2020（9）：58-59.

❸ 王成晖，刘业，向潇潇. 浅谈东南亚佛教园林中的"五树六花"［J］. 广东园林，2014，36（4）：41-46.

❹ 陈三阳，裴盛基，王慷林. 云南植物志：第14卷 棕榈科［M］. 北京：科学出版社，2003：1-99.

❻ 云南省地方志编纂委员会. 云南省志：卷5 植物志［M］. 昆明：云南人民出版社，1993：241.

株共12959株，1米以上共810株。❶在实践中发现，只有种植20年后的成熟贝叶棕才可以砍下叶片制作贝叶，因此能够供给贝叶手稿制作的贝叶棕数量并不多。

植株数量较少的深层原因有以下几点：一是人文因素的影响。当地群众有自然崇拜和佛教信仰，对贝叶棕产生了敬畏心理，民众普遍认为只有寺庙中德高望重的僧人才可以种植，成活的幼苗被看作僧人佛法精深的象征，因此成熟的贝叶棕都在寺庙周围，当地居民认为寺庙周围的贝叶棕越多，越能给当地带来吉祥和幸福。这种文化心理虽然保护贝叶棕免于乱砍乱伐，但是也使得普通民众不敢擅自培育种植。二是植被特征。贝叶棕种子发芽率极低，生产周期缓慢，坐果率低，幼苗时期的贝叶棕生长缓慢，前三年每年生长量以个位数增加，而周边植被生长迅速，因此非常容易被其他植物遮蔽而缺少日照致死。即便育种成功，也需要成活20年后才能取材，❷贝叶棕的寿命为40~60年，植株只开花结果一次，结果的同时母株死亡，还有部分母树只开花不挂果。这些因素造成了贝叶材料的珍稀，也影响了贝叶手稿制作的传承保护。

4.2.2　社会因素

4.2.2.1　传承主体

非物质文化遗产的传承主体是非遗保护的核心，也是非遗最重要的活态载体，它是指掌握一项非物质文化遗产的核心技术，并可以直接参与非物质文化遗产传承活动，使这一宝贵遗产能够沿袭的个人或群体。我国各级政府部门在贝叶手稿制作装帧技艺的传承主体保护方面采取了一系列切实有效的扶持措施，使得这项非物质文化遗产获得了稳定的保存能力和保护环境。贝叶手稿制作装帧技艺被列入国家级非物质文化遗产保护名单后，我国政府相继确定了国家级、省级等不同级别的非物质文化遗产传承人，同时制定了一系列政策对代表性传承人给予经费支持。首先，从2011年开始，贝叶手稿制作技艺的国家级非物质文化遗产传承人可以获得每年1万元的经费补贴。❸其次，云南省文化部门对代表性传承人建立传

---

❶ 申国晋，甘燕君，李志勇，等. 西双版纳贝叶棕的种植和保护现状［J］. 绿色科技，2020（9）：58 - 59.
❷ 汪宁生，王亚文，冷雪梅，等. 口述民族史（第1辑）［M］. 昆明：云南人民出版社，2014：273.
❸ 辰序. 文化部：对国家级"非遗"传承人每年补贴1万元［EB/OL］.（2011 - 02 - 28）［2022 - 09 - 20］. https：//www. ihchina. cn/Article/Index/detail? id = 16710.

承基地、工作室，在收徒、培训等方面都给予扶持，同时在各种文化交流活动中对传承人和传承技艺进行宣传。

随着非物质文化遗产保护从稳定期进入反思期，保护理念也在发生微妙的变化。首先，在非物质文化遗产保护早期，由官方认定非物质文化遗产传承人具有积极意义，能够有效避免贝叶手稿制作技艺的消失，但是在保护工作取得一定进展、技艺通过传承人得到活态保存后，仅仅依靠传承人制度是不够的。其次，官方认定传承人的行为可能改变传承主体之间的生态环境。不同批次认定不同级别的传承人有固有的申请规则和认定程序，并非仅仅建立在技艺高低的对比上，但是不同级别的传承人获得的资金支持和传播力度也不同，难免让众人认为传承人之间存在不同专业级别，从而影响外界对于传承人地位、技艺水平的判断。同时，贝叶手稿制作技艺在当地手工艺人、技艺爱好者、僧人之间都有传播和交流，彼此之间也存在师徒关系，当政府以官方渠道认定了某一位贝叶手稿制作技艺传承人且赋予了合法的权威性后，未被官方认定但同样致力于技艺传承的人群，其积极性有可能受到影响。[1] 最后，非物质文化遗产作为某一个民族或族群的文化传统和共同记忆，必须依靠当地民众的共同参与才能获得文化遗产生存发展的民间土壤，如果仅仅依赖传承人制度和官方认定的少数传承人，贝叶手稿制作技艺可以有效保存在政府主导的文化机构、博物馆、传习所内，以及非物质文化遗产保护档案材料中，然而缺乏对传承群体的关注和保护，会导致保护过程中"群体性缺失"等诸多问题。贝叶手稿制作技艺的传承不仅仅是制作方法和过程的保护传承，更应该是技艺所存在的民间文化、生态环境、人文环境的保护传承。无论是省级还是国家级的非物质文化遗产，都是民众生活实践的一部分，作为一种技能必须以实践活动的形式回归群众，回到萌生该文化遗产的生态环境和人文环境中，才能获得持续的生命力。

4.2.2.2 传承环境

贝叶手稿制作装帧技艺的传承需要良好的传承环境。传承队伍的稳定性、传承人群的从业结构以及社会对技艺的需求程度等因素共同构成了贝叶手稿制作装帧技艺的传承环境，这三个因素影响着保护工作的有效性和可持续性。

目前，贝叶手稿制作装帧技艺通过两种方式传授，一种是传承人开办传习所教授徒弟，另一种是傣族寺庙中的僧人互相学习。著者在西双版纳州调研时，曾

---

[1] 刘晓春. 非物质文化遗产传承人的若干理论与实践问题 [J]. 思想战线，2012, 38 (6): 53-60.

拜访国家级非物质文化遗产传承人波空论先生的贝叶经制作技艺传习所，挂牌地点是波空论先生位于西双版纳民族风情园傣族园的家中，如图4-5所示。波空论先生致力于贝叶经制作技艺的教授传承，为了使这门技艺能够受到更多人的关注，曾经多次收徒并免费传授，即便如此，也只有少量的年轻人愿意学习。❶ 究其原因，一方面是随着城市化进程的加快、新兴产业的发展、外来文化的冲击，当地民众的文化价值观出现了很大转变，青年不愿意学习手工技艺，传承群体的流失造成传承队伍无法稳定发展。另一方面是因为贝叶手稿的识读和刻写需要老傣文，而现代青年一般学习新傣文和汉语，傣族男子虽然延续了在青少年时期到佛寺出家学习贝叶典籍的经历，但是不再像传统习俗那样用3~5年的时间系统学习老傣文贝叶手稿，而是象征性地出家7天或3个月，便继续回到学校接受义务教育，因此很多青年男子无法识读老傣文。同时，受当地宗教传统和民族风俗的影响，女性没有进入寺庙接触贝叶手稿、学习老傣文的机会，这使得当地有能力学习贝叶手稿制作技艺的人群数量基数很小，难以建立传承队伍。目前，当地寺庙的一些僧人还在坚持学习老傣文、识读并制作贝叶手稿，但是这种文化现象属于宗教活动，发生在宗教领域，和社会上普通民众的联系并不紧密，难以在社会层面形成传承现象。

图4-5 贝叶经制作技艺传习所

贝叶手稿制作刻写和装帧工序复杂，从载体材料的选择获取到制作，都需要大量的人力、物力并配合时节进行，学习费时费力，技艺产出利润低。著者在调研过程中购买的贝叶手稿每片价格约20元，一些学习贝叶手稿刻写制作的手工艺人都因为生活需要或经济原因转而从事其他行业，能坚持下来的民间手工艺人很

---

❶ 谭莉莉. 镌刻在时空中的印迹：云南边境少数民族历史文化遗存 [M]. 昆明：云南大学出版社，2018：128.

少，而经官方认定并专门从事这项技艺保护传承工作的只有少数几位非物质文化遗产传承人。经济利益导致传承群体从业结构不稳定，技艺传承后继乏人。

最后，随着社会发展，通过数字化等技术获取贝叶手稿信息变得更加便利，能识读老傣文的人越来越少，即便当地需要在宗教仪式上使用贝叶手稿"赕佛"，也不需要每年重新刻写，而是到佛寺"赎回"往年的贝叶手稿以备今年之用。因此当代社会对贝叶手稿的需求越来越少，其更多的是作为文化和宗教的一种载体，如果不能在社会需求中寻找到永续利用的价值，不论政府和专家采取何种抢救保护行为，都难以激励贝叶文化持有者的自觉主动传承，即便能够在文化机构和政府的保护下延续，也因难以融入现代社会而无法实现非物质文化遗产的活态传承。

4.3 社会发展与贝叶手稿制作装帧技艺传承的关系

在不同的社会发展阶段，由于政治、经济、文化水平的差异，非物质文化遗产及其传承保护的理论、实践都不大相同。在现阶段随着爱国主义在国家话语体系中的增强，非物质文化遗产的传承不能仅仅停留在研究保护技术的层面，而应附带文化属性的印记被表述和演化，同时成为中国社会发展和文化变迁的一部分。贝叶手稿制作装帧技艺作为我国非物质文化遗产的一部分，在现阶段传承过程中呈现了独特的特点：贝叶手稿的功能和价值不断变化，其装帧形制也在传承中持续演变；由于贝叶文化带有浓厚的宗教色彩，贝叶手稿也在宗教中具有崇高的地位，因此其民间传承体系更多地是基于宗教信仰的自觉传承。在国家层面，随着国家文化软实力的竞争，非物质文化遗产已成为重要的文化资本，这促使了地域性的非物质文化遗产保护向全民性非物质文化遗产保护发展。

4.3.1 基于贝叶功能与价值的装帧形制的演变

贝叶手稿最初只是一种记录形式，和纸本记录的功能一样，因此早期的装帧形制以简单朴素为主，只有较少的点缀和装饰元素，具有自然原始的气息。

自唐代以来，我国的国际交流频繁、贸易频开、经济富足，特别是随着佛教的发展壮大，用贝叶记载佛教经文的传统使得贝叶手稿被赋予了神圣的宗教意义和信仰价值，使得原来朴素的装帧风格不断演变，贝叶不仅具有记录文字信息的作用，同时还要满足当时社会的普遍审美情趣和等级分化的阶层要求，装饰华丽且带有佛教元素的梵夹装成为贝叶手稿独有的装帧形制。装帧精良的贝叶手稿在护经板镶嵌佛教"七宝"作为装饰，花纹图像以佛教"五色"勾勒，根据文献价值和使用者地位选择棉布、绢布或绸布等不同材质的护经布，为赋予手稿不同的身份象征，宫廷中收藏的贝叶手稿装帧更显皇家气派，捆经绳一般带有龙形带扣。❶ 这种装帧思维最初是出于维护礼制和皇权秩序，和我国古代纸质文献保护中的"礼"文化一脉相承，能够在物质匮乏、技术相对落后的时代，通过统治阶级的意志集中人力、财力，为手稿提供良好的保存环境和保护措施，降低了自然灾害和人为损坏的可能,❷ 具有积极意义。

现代社会的贝叶手稿制作装帧更多地体现了文化遗产的价值，不再是身份地位的象征，宗教元素减少，因此在我国云南地区的传承过程中，逐渐回归了贝叶手稿最初作为写本记录的朴素形式。

4.3.2 基于宗教信仰的工艺的自觉传承

文化遗产的保护与传承不能仅仅依靠文化生态圈之外的力量来维系和推动，外力不仅有限、难以持久，而且无法实现活态传承，只有贝叶文化圈内族群的自身维护力量才能使传承保护工作获得内生力。贝叶手稿制作装帧技艺在我国云南地区传承至今，离不开传承人朴素坚定的宗教信仰。傣族人民普遍信仰小乘佛教，佛教对当地居民的思想观念、价值取向、行为方式都有着极其深刻的影响。制作贝叶手稿是宗教活动的重要内容，体现着信仰的虔诚和坚定。无论是在佛寺中教授贝叶手稿制作的僧人，还是在村寨中传承这一技艺的村民，都有着朴素的佛教信仰，这使得这一文化遗产的传承在社会历史发展的每一个阶段，都有着基于自身信仰的自发自觉性。

---

❶ 赵玥. 中国古代书籍形态中梵夹装的探究 [D]. 济南：山东艺术学院，2015：31.
❷ 董丹华. 基于 DNA 模型的中国档案保护技术文化基因提取与分析 [J]. 档案学通讯，2021（6）：85 - 93.

4.3.3 社会文化大发展促进全民开展非物质文化遗产保护

在全球化进程中,国家实力竞争逐渐从政治、军事领域拓展到经济、文化领域,作为人类文明结晶的文化遗产成为全球竞争领域内每一个国家获得话语权的文化资本。贝叶手稿制作装帧技艺作为贝叶文化的重要载体,是我国非物质文化遗产的一部分,是提升我国国际形象、获得国际社会认同的重要策略,因此促进全民开展传承保护势在必行。

为弘扬传承优秀传统文化、实现创造性转化和创新性发展,习近平总书记提出的一系列论述,成为非物质文化遗产工作的指导思想。[1] 文化和旅游部原副部长项兆伦在关于非物质文化遗产保护的讲话中提出:"一,秉持见人见物见生活的基本理念。二,注重实践。实践是非遗传承延续的核心,是非遗活力的基本体现。三,尊重传承人群的主体地位和权利。"[2] 这些论述都说明了非物质文化遗产不能仅仅保存在博物馆、文化馆里,要进入社会,融入百姓的生产实践和生活中,实现贝叶手稿制作装帧技艺的现代化新生和民族文化的世界化表达。论述提到了传承人群的概念,将传承主体从代表性传承人扩大到传承人群,为非物质文化遗产融入社会提供了群众基础。在以上思想和举措的指导下,根据贝叶手稿非物质文化遗产传承性保护中的影响因素,建议采取以下多项措施开展非物质文化遗产保护。

4.3.3.1 保障贝叶手稿制作原料

贝叶棕在云南少数民族地区的种植是贝叶手稿制作装帧技艺保护传承的前提。针对贝叶棕在西双版纳地区的种植现状以及植被的生长特点,应尽快采取有效措施扩大种植,保障贝叶手稿载体原材料的有效供给。贝叶棕植株价格昂贵,除了用于制作贝叶手稿,还是当地丰富的观赏植物资源。根据当地居民描述,一株贝叶棕树苗的成本为 200~300 元,对于当地人来说成本较高。在西双版纳州景洪市岩温罕主营的贝叶棕种植园,每株种植成活的贝叶棕为 1500 元。在中山市庭院管家园林绿化工程有限公司的售卖页面,一株裸干高达 1~2 米、整株高度 4~5 米的

---

[1] 马知遥,刘智英,刘垚瑶. 中国非物质文化遗产保护理念的几个关键性问题 [J]. 民俗研究,2019 (6): 39 – 46,157 – 158.

[2] 李庆禹. 项兆伦在全国非物质文化遗产保护工作座谈会上的讲话 [EB/OL]. (2017 – 06 – 02) [2022 – 05 – 20]. https://www.mct.gov.cn/whzx/tpxw/201706/t20170602_829707.htm.

植株价格高达 2000 元。❶高昂的价格令普通民众望而却步。贝叶棕虽然具有较强的生态适应性，但是其培育区域较为集中，在西双版纳州的种植集中在北纬 21~22 度，海拔 500~600 米，这一区域年平均气温在 20~22℃，年降雨量为 1200~1900 毫米，❷能够极大地提高贝叶棕树苗的成活率。由于贝叶棕成活率不高，加之其在宗教中的特殊地位，当地居民相信只有心诚的佛爷才能种活它，这也是贝叶棕种植量不大的原因。经植物学家研究揭示，种植贝叶棕的关键是催芽和移植技术。这两项技术并不容易掌握，而德高望重的佛爷经过在佛寺的长期学习和种植积累了更多的经验，在培育过程中也更加精心，因而种植成活率较高。

鉴于以上情况，为保障贝叶手稿制作原料的供应，首先应加大政府的财政支持力度。云南省各级政府和林业主管部门可以通过政策倾斜、资金支持扩大贝叶棕种植规模。由于贝叶棕生长的土壤、吸收的矿物元素甚至树的性别，都决定着叶片性能是否适合作为记录材料，❸因此要选择适宜贝叶棕生长的专门区域和土壤环境，建立国有林场或种植园，联合植物研究领域专家、科研机构提供指导，集中优势联合攻关，开展育种研究，进行规模化的培养和种植。以政府部门为主导不但能够提供足够的资金投入种植，快速增大贝叶棕的种植基数，还能调动研究机构的力量进行科学培育，有效提高成活率，同时林场或种植园可以为当地居民提供工作岗位，例如将有劳动能力的村民培训后就地转化为护林员等植被保护人员，提高当地居民在贝叶棕种植工程中的参与度和受益度，使贝叶文化的拥有者和传承者更多地参与到文化保护相关工作中。

其次，要建立贝叶棕种植档案，施行常态监控。我国云南地区的贝叶棕植株资源基本分布在村落的寺庙周围、公园里、街道绿化带上。对于已有资源，应树立空间管控理念，在摸清资源分布和保护现状的同时建立贝叶棕植被资源管理档案，对植株的生长地点、归属、树龄、生长现状和病害情况等信息建立档案资源库，对每株贝叶棕的基本信息制作二维码后挂牌，在日常维护和观赏中可以扫码查看并上报维护信息，实行常态化监测，不但可以避免现存植被遭到破坏、私自出售，也有利于管理人员对挂牌的贝叶棕进行定期的病虫害防治。

---

❶ 中山市庭院管家园林绿化工程有限公司售卖贝叶棕。
❷ 罗文扬，胡建湘，韩骅. 贝叶棕生物学特性及繁殖栽培技术 [J]. 安徽农学通报，2006 (8)：60-61.
❸ SAH A. Palm leaf manuscripts of the world：material, technology and conservation [J]. Studies in Conservation，2002，47：15-24.

4.3.3.2 扩大传承主体，加强能力建设

传承主体是非物质文化遗产的核心载体。贝叶手稿制作装帧技艺的主要传承人不但是非物质文化遗产保护的重点，也是贝叶文化的核心载体。针对目前传承人保护现状和技艺传承情况，应从两方面入手，创造性地开展非物质文化遗产保护工作。

首先，将传承主体从传承人扩展到传承人群。贝叶手稿制作装帧技艺作为非物质文化遗产，是贝叶文化拥有者集体智慧的结晶，是这一特定群体共同享有的文化遗产，通过集体的传承和持续性再创造得以存续和发展，各级传承人是贝叶文化享有群体的代表。保持和扩大传承人群是非物质文化遗产在传承中延续历史文脉、永葆民族特性，并在当代生活中愈加枝繁叶茂的基础，贝叶手稿制作装帧技艺只有从传承人保护扩展到传承群体的保护，才能在自然环境和历史文化的演变中获得持续传承的能力，并为群体提供持续的认同感。

明确群体范围是确定传承人群的前提。2015 年，中国非物质文化遗产传承人群研修研习培训计划在教育部、文化和旅游部的共同努力下启动实施，其中的核心关键词就是"非遗传承人群"，包括各级非物质文化遗产代表性传承人和其他具有较高水平的从业者、业务骨干和管理人员。❶ 贝叶经制作技艺的传承人群包括官方认定的各级代表性传承人、民间艺人、宗教人士、文博档系统的贝叶手稿保管人员等。这些传承人群共同构成非物质文化遗产的传承队伍，既是致力于贝叶经制作技艺传承的个体，也是贝叶文化各项社会性活动的参与群体，在保护技艺的同时扩大了非物质文化遗产的社会影响范围，共同维护贝叶文化的传承生态。

加强学校教育是扩大传承人群的手段。在学校教育中通过老傣文的系统学习和开展贝叶经制作兴趣课程可以培养储备人才，不但能够减少语言因素对非物质文化遗产传承的不利影响，还可以培养当地少数民族在青少年时期对非物质文化遗产的保护传承意识，从而有效增加传承群体的基数。西双版纳州的贝叶手稿大多用老傣文刻写，而义务教育教授汉语和新傣文。新傣文是在 1950 年文字改革时期以老傣文为基础编制。比较而言，新傣文简洁易学，在书写上分左右结构，发音更少，同样或相近的发音统一用一个"单词"来表达，而老傣文的书写结构分上下左右，发音更复杂，有韵母的区别和声调的变化。当地居民认为只要掌握了

---

❶ 中国非物质文化遗产保护中心. 中国非物质文化遗产传承人研修培训计划［EB/OL］. (2022 – 09 – 21) ［2022 – 11 – 20］. https：//www.ihchina.cn/train.html.

规律，会老傣文的老人能轻易看懂新傣文，但是掌握新傣文后，如果不经过专门的学习仍然看不懂老傣文。其实新傣文在当地生活中并没有普及使用，日常生活学习使用更多的是汉字，许多民族仪式场合中都用老傣文，所以新傣文更容易被遗忘，年轻人学习新傣文的积极性自然不高。❶ 因此，在学校教育中加入老傣文的学习，不但能够增加老傣文的识读和书写人数，还可以改善非物质文化遗产保护的性别比例，改变只有男性可以学习老傣文并刻写贝叶经的传统。目前，泰国Lanna 地区引入了基于社区参与的贝叶经保护策略，女性作为贝叶文化传承社区的普通民众已经能够参与贝叶经的各项保护工作。❷ 我国云南地区女性通过在学校接受老傣文的学习能够改变以往女性无法接受传统教育，也不能接触贝叶手稿的困境。在非物质文化遗产保护工作中引入女性力量的参与，是贝叶文化适应现代社会发展和文明进步的体现，也是有效增加非物质文化遗产传承人群基数的途径。学校教育在非物质文化遗产保护和传承中能够发挥重要的作用，在学习老傣文的同时开展贝叶经制作刻写的课程，能够使当地青少年了解和熟悉非物质文化遗产工作，增强未来职业选择过程中对非遗保护工作的思考。非物质文化遗产传承人群的培养是一个全面、系统的工程，学校教育和传统师徒培养模式的有效结合才能形成稳定、有效的传承人群。

其次，对传承人群进行文化赋能。随着社会发展和文化进步，人类的生产生活方式迎来了有史以来最迅速、最深刻的变革，非物质文化遗产传承的环境发生了前所未有的改变。在这样的时代背景下，必须在努力维护非物质文化遗产存续的前提下，把正确应对时代变化、实现可持续发展作为非物质文化遗产保护的方向，把提高传承人群的传承和实践能力作为重中之重。对于拥有非物质文化遗产的社会群体而言，他们既是非物质文化遗产文化的享有者，也是文化的保护和传承者，在文化发展过程中，应当享有受教育的权利和创造性表达的机会。尊重传承人群的主体地位和权利是非物质文化遗产工作的重要原则。❸

针对传承人群开展技艺的研修研习培训工作，利用科研院所的学术和教学资源，组织传承人群到高校学习专业知识、开展交流研讨与实践，是加强传承人群

---

❶ 张诗亚. 中国民族教育发展报告（第 2 辑）[M]. 北京：人民教育出版社，2014：98 - 99.
❷ JARUSAWAT P. Sustainable preservation of lanna palm leaf manuscripts based on community participation [J]. IAFOR Journal of Literature & Librarianship，2020（9）：22 - 38.
❸ 刘杨. 文化部副部长：正确认识非遗，是正确有效地保护、传承和发展非遗的前提 [EB/OL]. （2016 - 10 - 31）[2022 - 05 - 10]. http：//www.gov.cn/xinwen/2016 - 10/31/content_5126500.htm.

能力建设的有效途径，有助于传承人群在提高自身传承能力的同时促进非物质文化遗产的可持续发展。首先，可以利用云南地区高校师资和科研力量建立以非物质文化遗产技艺传承为研究主题的实验室或工作室，通过贝叶手稿研读、贝叶经刻写技艺保护和民俗实践活动进行文化传承研究，提升非物质文化遗产文化在当地社会和少数民族中的影响，形成非物质文化遗产传承群体、地方院校、地方公共文化空间三位一体的协调发展。其次，优化传承队伍的年龄结构，吸收具有较高文化程度的中青年人群加入传承队伍，培养其在贝叶经制作装帧过程中的设计能力、创新能力、市场开拓能力。贝叶经的制作装帧技艺不但有深厚的文化价值，其装帧样式也独具设计美感，利用院校的研发力量和校企合作的资源平台拓展贝叶经梵夹装的设计和应用空间，促进非物质文化遗产的科研成果转化，在跨界交流和合作中拓展传承人群的就业渠道，能够有效稳定传承队伍。

4.3.3.3 建立数字化活态保护模式

非物质文化遗产的保护是活态性的，要利用传承人、传承历史、生存空间、物质载体共同组成动态的保护模式，这已经成为保护世界记忆，延续文化脉络的有效方式之一。信息技术为非物质文化遗产技艺的活态保护提供了路径，将非物质文化遗产转化为数字形态是现代信息科技介入文化遗产保护的典型应用，贝叶经制作装帧技艺要根据自身的文化特点建立能够可持续发展的数字化活态保护模式。无论是工序、材料、装帧形制还是传承人，在传承过程中都有不同的现状，技艺的革新也从未停止，有些元素历经时空转换得到了完整的传承；有些元素则失真或失全，甚至濒危直至消失；而有些元素或与不同民族的社会文化相融合，或出于技术革新而有所创新发展。根据前文中关于贝叶经制作装帧技艺解构后各元素的传承保护情况，可以建立遗产信息库，并提出针对性的保护策略，形成数字化活态保护模式。

第一，对完整传承和创新的技艺元素建立技艺传承活态库。针对贝叶经制作装帧技艺解构中能够完整呈现的元素，依据非物质文化遗产的活态传承和活态保护原则，建立贝叶经制作装帧技艺的活态库。技艺的活态性体现在非物质文化遗产传承人、技艺可操作性、技艺和社会的融合度三个方面，因此活态库应包含以下三个层面的信息：首先要有技艺传承人的信息，包括寺庙僧人、社会工匠、官方认证传承人，统计传承人的姓名、年龄、传承地点、传承活动、知识体系等全面的数字化信息。这一信息库能够在有效保障传承群体良性发展的同时评估传承保护的状况。其次应采集制作和装帧的动作元素，利用 3D 技术、可视化技术、虚拟现实技术、智能交互技术，建立技艺传授信息库。3D 技术和可视化技术可以将贝叶经的载体材料、制作工具进行虚拟的三维立体呈现，突破图像和视频的二维空间；虚拟现实和交互技术能够突破时空限制进行技艺传授，在交互中跟踪学习者的学习状态、纠正学习动作、优化传承效果，最终实现可以跨越时空的技艺传承。最后，要建立文化创意产品信息库。扩大贝叶手稿应用场景是技艺融入社会获得传承发展自身动力的有效途径。作为贝叶文化拥有者曾经的记录形式，若是仅仅存在于档案馆、博物馆或寺庙中，难以在社会生活场景中产生需求，也就失去了非物质文化遗产的自身造血功能。泰国贝叶手稿中有大量出生证明，详细说明了诸如国籍、出生日期、出生地点和父母姓名等信息。❶ 贝叶手稿制作精美，不但具有美好的祝福意义，还有极高的收藏价值，利用贝叶制作出生证明并作为新生婴儿的纪念物品长久保存，同时衍生出诸如婚书的家庭档案，不但对当地少数民族具有重要意义，还会形成文创产品的市场化热潮。随着社会需求的变化，对贝叶手稿进行应用场景创新将持续丰富文创信息库的数据资源。

活态库保存了非物质文化遗产传承过程中完整保留的技艺解构元素，利用数字化技术实现了传承性保护。

第二，对处于濒危状态的技艺元素建立非物质文化遗产濒危信息库。不论是贝叶手稿的制作过程还是装帧技艺，都有一部分元素处于濒危状态。技术的发展受社会生产力和文化因素的影响，一直处于变革的过程中，贝叶手稿制作技艺在传播和传承过程中，也有一些技术元素处于濒危状态，如果任由这些元素消失，那么这项技艺将无法以其原始且完整的面貌存在于人类文明的进程中。作为历史载体的一部分，如何在飞速发展的技术浪潮中、在融入社会的过程中保留非物质文化遗产的核心元素是所有保护工作必须面对的问题。贝叶经的装帧技艺独具特色，兼具实用性和艺术性，还融合了不同民族的文化基因。然而，随着社会发展和工艺变革，现代社会能接触的也仅仅是完整技艺的一部分，而那些装帧完整的珍品，在经历了历史和时间的洪流后往往都处于严密的保管状态，难以被世人所见。还有一些装帧体现了手稿的社会地位和艺术价值，例如我国西藏地区现存的贝叶手稿使用了大量珍贵材料作为艺术装饰：用象牙制作的护经板、檀木制成的

---

❶ JARUSAWAT P. Sustainable preservation of lanna palm leaf manuscripts based on community participation [J]. IAFOR Journal of Literature & Librarianship，2020（9）：22-38.

装具、镶嵌的各种珠宝等，对这些已经濒危的技艺元素应建立数字信息库，记录人类文明发展的每一个阶段所留下的宝贵财富，从而解决贝叶手稿"藏"与"用"的矛盾。另外，濒危信息库的建立有利于手稿保护人员对濒危元素进行濒危原因、过程、对手稿耐久性影响等方面的研究，进而为手稿的抢救性保护工作提供信息。

第三，对失真/失全和已经消失的技艺元素建立遗失信息库。根据文献中关于古代南亚和东南亚其他国家贝叶手稿制作技术的记录，以及我国西藏、云南地区制作技艺的分析，一些元素已经处于失真/失全甚至消失的地步，应建立遗失信息库，留存这部分文化遗产和世界记忆。国内外贝叶手稿保护研究学者对一些技艺元素进行研究后发现，一些工序或材料的使用对贝叶手稿的耐久性产生了不利影响，而一些元素对其保存却有利，只是出于社会意识的改变和技术变革的影响而消失。因此，对信息库中所有遗失信息进行持续研究，有利于对相关技艺元素进行有效识别和抢救挖掘。

第 5 章 存形——贝叶手稿本体原生性保护

贝叶手稿的原生性保护是指在不改变文献载体类型和信息表达方式的前提下，利用科学手段尽可能保持本体现有形态，延长手稿寿命，是整体性保护的重要模块。根据本体保管现状中的调研数据进行分析，可以获得影响手稿耐久性的因素，掌握文献损毁老化的规律，从而制定具有针对性的保护策略。

5.1 贝叶手稿耐久性影响因素分析

贝叶手稿的耐久性是指在保存和使用的过程中，文献制成材料抵抗理化损坏作用和保持原来理化性能的能力。[1] 这一能力越强，文献的寿命越长，反之，文献寿命越短。通过对不同机构和保存地点的贝叶手稿进行调研，著者发现调研样本存在不同程度的酸化、多种类型的破损和病害，可以从手稿本体的物理性能和不同保管条件对其寿命的影响这两方面进行分析。

5.1.1 贝叶材料性能与长期保存

5.1.1.1 贝叶手稿载体的耐久性

棕榈叶的成分和性能是载体材料耐久性的内在影响因素。印度地区贝叶手稿

---

[1] 李鸿健，刘凤志，胡让，等. 档案保护技术 [M]. 北京：档案出版社，1984：8.

的叶片种类有贝叶棕和糖棕两种，贝叶棕种植在印度各地，糖棕一般在印度南部，尤其是马拉巴尔海岸。❶ 我国云南地区一般使用贝叶棕叶片。

棕榈叶经过蒸煮、清洗等处理后主要成分是棕榈叶纤维，化学成分主要有纤维素、半纤维素、木质素，❷ 存在于棕榈叶纤维的细胞壁中，它们的理化性能决定着载体的耐久性，其中起主要作用的是纤维素。

纤维素由葡萄糖脱水聚合形成均一的聚糖，不溶于水，也不溶于乙醇、苯、丙酮、乙醚等一般的有机溶剂，分子具有极性，能够通过分子间作用力形成稳定且很长的直链，直链之间通过无数个羟基（—OH）产生的氢键结合在一起，氢键使得纤维素长链整齐、紧密地彼此相连，形成牢固的纤维素胶束，每一股胶束由大约60个纤维素分子组成，通过定向排列形成网状结构的结晶区。水分子、化学物质无法进入结晶区，使得纤维素具有很好的机械强度和化学稳定性，从而提高了载体耐久性。❸ 半纤维素是由不同类型的单糖构成的异质多聚体，属于不均一的聚糖，分子链很短，聚合度较低，且有较短的分支，不容易产生氢键和结晶区，因而容易吸水润胀，易水解，耐久性差。木质素是网状的空间立体结构，在高温环境下会溶于酸性或碱性化学物质，从而析出细胞壁。木质素容易氧化，产生黄色的发色团并发脆生成小碎片，使载体变色，耐久性变差。可见贝叶载体中的纤维素含量越高，半纤维素和木质素的含量越低，载体的耐久性越强。

在造纸工业中，一般用于制浆的针叶林、阔叶林中纤维素平均含量为43%～45%；草类茎秆的纤维素平均含量约为40%；棉花的纤维素含量最高，一般在95%以上，接近100%，❹ 由于棉花纤维素超高的质量百分比，可以制造出质量高、强度大的纸张，一般用来生产钞票纸、证券纸等有特殊要求的高级工业用纸。用硝酸-乙醇法测定棕榈叶片中纤维素的质量百分比可达到26.70%，聚戊糖作为半纤维素含量为14.79%，总木素含量为32.46%。❺ 其余成分主要是灰分、果胶等物质。

---

❶ SAHOO J. A selective review of scholarly communications on palm leaf manuscripts [J/OL]. Library Philosophy and Practice, 2016 [2022-09-21]. http：//gfcfba1356eab492549ecsbvbff 59uxu966npq. fzzh. libproxy. ruc. edu. cn/login. aspx? direct = true&db = edsoai&AN = edsoai. ocn965190942& lang = zh - cn&site = eds - live.
❷ 何建新. 新型纤维材料学 [M]. 上海：东华大学出版社，2014：74.
❸ 李鸿健，刘凤志，胡让，等. 档案保护技术性 [M]. 北京：档案出版社，1984：16.
❹ 魏宝祥，李佛琳，陈功. 植物工程原理及其应用 [M]. 昆明：云南大学出版社，2017：38.
❺ 刘道恒，朱先军，伍红，等. 棕榈叶纤维特性和制浆造纸性能的试验研究 [J]. 造纸科学与技术，2007 (3)：5-7.

表5-1显示了不同造纸材料和棕榈叶中纤维素、半纤维素、木素的质量百分比。其中树皮原料有桑皮、构皮、雁皮、三桠皮、檀皮。叶纤维类有龙须草、剑麻，纤维素含量都较高。棕榈叶的纤维素质量百分比低于造纸工业中使用的其他植物原料。

表5-1 不同造纸材料和棕榈叶化学成分的含量对比❶

植物原料	纤维素/%	半纤维素/%	木素/%
桑皮	54.81	10.42	8.74
构皮	39.08	9.46	14.32
雁皮	38.49	12.45	17.46
三桠皮	40.52	10.12	12.15
檀皮	40.02	8.14	10.31
龙须草（广西）	44.53	22.75	12.62
龙须草（湖北）	55.23~56.78	21.25	13.35~13.77
龙须草（四川）	47.28	24.52	14.29
剑麻（海南）	59.78	18.87	8.51
棉纤维	95~97	0	0
棕榈叶	26.7	14.79	32.46

在叶纤维类植物中，龙须草和剑麻因其优良的纤维素成分，都可以用来制作高级纸张。其中龙须草的纤维细长，平均长度为1.7~2.1毫米，长宽比平均超过200。❷棕榈叶片纤维平均长度为1.3毫米，接近龙须草，长宽比达到115。❸可见虽然棕榈叶纤维的质量比重低于其他造纸植物纤维，特别是龙须草，但是纤维长度并不逊色。棕榈叶的木素含量高于其他植物纤维，但是在贝叶载体的制作过程中，通过加入柠檬、酸角等酸性物质的高温蒸煮，使得不溶于水的木素大分子降解为可溶的小碎片，聚合度大且性能较稳定的纤维得以分离提纯。棕榈叶半纤维含量不高，且在水煮过程中被水解。这些内在因素都对贝叶载体耐久性起了良好的作用，在保护过程中应对纤维受到破坏的各种因素加强防控，通过保持纤维的理化性能延长文献寿命。

---

❶❷ 梁实梅. 制浆技术问答［M］. 北京：中国轻工业出版社. 1994：21.
❸ 刘道恒，朱先军，伍红，等. 棕榈叶纤维特性和制浆造纸性能的试验研究［J］. 造纸科学与技术，2007（3）：5-7.

5.1.1.2 贝叶手稿字迹材料耐久性分析

贝叶手稿字迹材料耐久性由两个因素决定：字迹色素成分、色素和纸张的结合方式。云南贝叶手稿刻写后涂抹油墨呈现字迹，现存手稿的油墨用锅底灰和植物油调制。锅底灰是植物燃料在缺氧的情况下不完全燃烧产生的煤烟颗粒，主要成分是炭黑。我国自古以来就有用炭黑制墨的传统，主要成分是碳素，碳原子化学性质很稳定，耐光、耐热、耐酸碱，在溶剂中难以溶解，属于最耐久的色素成分之一。我国西藏地区现存的梵文贝叶手稿，大多以墨汁书写，色素成分仍然是炭素。因此，无论是刻写还是书写的字迹呈现方式，色素成分均属于最耐久的字迹材料之一。

以刻写方式制作的贝叶手稿，划去了部分棕榈叶片的组织结构而呈现字迹轮廓。涂上油墨被擦拭干净后，油墨留在字迹刻痕的凹槽内。作为黏结剂的植物油一部分渗透到叶片纤维里，另一部分留在字迹刻痕的表面。渗透的植物油被叶片吸收后，还可以软化叶片的纤维细胞，增加棕榈叶的柔韧性。一部分碳素在自身的重力以及植物油的渗透作用下进入棕榈叶纤维的空隙内，还有一部分留在叶片纤维的表面。❶ 渗透到叶片纤维里的碳素以吸收的方式和叶片纤维结合，留在叶片上的植物油在碳素上氧化干燥结膜，使得色素同时以"吸收+结膜"的方式和叶片结合。这样的结合方式使得字迹耐久性较强。用墨汁书写在棕榈叶片上的贝叶手稿，色素成分是炭黑，耐久性强，但是叶片的渗透性较弱，不能像纸张一样吸收墨汁，炭黑随着水分的蒸发干燥留在叶片表面，由于动物胶或植物油等黏结剂的存在而使得字迹表面结膜，因此字迹和载体的结合方式是结膜，耐久性低于刻写的结合方式，容易出现褪色情况。

5.1.2 不同保管状态对贝叶手稿寿命的影响

对贝叶手稿本体造成影响的外界因素很多，主要有对其材料产生破坏作用的自然因素、人为因素等。在贝叶手稿成分性能既定的情况下分析不同保管条件对手稿寿命的影响因素是制定有效措施的前提。

5.1.2.1 自然因素对贝叶手稿耐久性的影响

在存放贝叶手稿的空间中，影响材料耐久性的各种自然因素组合在一起构成

---

❶ 雷昌玲，黄贵秋．染料字迹扩散的成因及修复办法［J］．兰台世界，2019（2）：60-62．

了影响手稿寿命的外因,主要包括水分、氧气、光线、酸、微生物、害虫等。这些外因的破坏是客观存在的,只有了解自然因素破坏文献材料的原理,才能选择适合的保存环境提高材料耐久性。

棕榈叶叶片的非结晶区是水分子和有害化学物质进入叶片内部破坏纤维素结构的通道。水分、酸、氧气在保管环境中很难完全阻隔,破坏发生的概率较高,对这些因素的控制需要投入更多成本。贝叶手稿的珍贵促使大部分保管场所将手稿包裹后放置,且人为控制光线和照度,因此光化学反应的破坏发生概率不高。霉菌的发生概率主要受地理位置的影响,在高温多雨的西双版纳州,调研样本中发现不同类型的霉菌;在寒冷干燥的西藏地区,这种情况发生的概率较低。

这些环境因素的破坏机理如表5-2所示。

表5-2 环境因素的破坏机理

影响因子	发生的反应	反应原理	危害	发生概率
水分子中的氢离子、棕榈叶酸化后载体中的氢离子、空气中酸性气体的氢离子	化学反应	H^+被吸引到氧桥中的氧原子上,使氧桥断裂,纤维素发生水解反应,生成易碎的水解纤维素	使棕榈叶载体脆化	较高
氧气	化学反应	氧气和纤维素结合发生氧化反应,使纤维素分子结构中的氢氧基反应为醛基、羧基,生成易碎的氧化纤维素; 氧气使木质素氧化产生黄色的发色团; 氧气将木素的大分子结构分解为小分子	棕榈叶载体变黄发脆	较高
光	光化学反应	波长短于486纳米的光线使棕榈叶纤维素中的C—C键断裂; 紫外线使线性饱和链断裂	使贝叶载体材料光老化,降低耐久性	不高
霉菌	物理反应 化学反应	营养菌丝分泌不同的水溶性色素扩散到棕榈叶片的纤维内部,产生不同颜色的霉斑附着在叶片上遮挡字迹; 霉菌分泌酶催进纤维素水解,为霉菌细胞提供碳素来源; 霉菌在吸取营养的同时分解出有机酸,从而使载体中的氢离子增多,造成叶片酸化水解	影响手稿可读性; 水解反应降低叶片的机械强度; 加速叶片酸化水解	根据地理位置而有所不同

以上各个因素的破坏作用是互相促进的。在普通温度下，纤维素的水解反应并不快，但是酸或酶的催化作用能加快水解反应。温度在10℃以上时，温度每增加10℃，水解反应速度加快1~2倍。[1] 温湿度越高、光照越强，氧化反应会越快，水分作为反应的催化条件，会促进光氧化反应，加快纤维素的破坏。害虫和微生物通过从棕榈叶片中吸取养分来破坏文献载体结构。害虫的蜕皮、蛀屑、排泄物会造成叶片的污损，不仅影响美观，还提供了霉菌等微生物生长的条件。作为贝叶手稿起源地的古印度地区，同时期产生的贝叶手稿在当地几乎消失殆尽，而流传到我国西藏地区的手稿则在布达拉宫等寺庙中被大量保存下来，可见高寒缺氧的自然环境为贝叶手稿保存提供了先天便利的条件，而高热高湿的古印度地区受自然环境的影响加速了贝叶手稿老化。

5.1.2.2 不同流转状态下保管条件对贝叶手稿耐久性的影响

贝叶手稿属性复杂，一些手稿不但是少数民族的珍贵古籍，还是国家文物，具有极高的收藏价值，这就造成贝叶手稿在不同历史阶段出现了辗转曲折的流转经历。不同的流转阶段对应不同的保管条件，从而对手稿本体造成不同的影响。历史上，许多珍贵的文献遗产在时代变迁的长期流转过程中受到了很大的损害，仅少量文献得以妥善保管而免于损毁，因此我国现存贝叶手稿的耐久性和其流转过程有极大关系。根据我国社会发展的不同阶段和贝叶手稿的保管情况，将其流转过程分为以下三个阶段。

第一，贝叶手稿形成后的初期保管阶段。这一阶段的手稿一般处在形成机构或个人的保管范围内，不论是由于形成机构自身的严格管理要求，还是手稿自身的珍贵程度，都会使之处于较好的保护状态。我国西藏地区贝叶手稿大部分内容为佛教教义或宗教活动记录，是当地民众的信仰载体，因此在保管政策上十分严格。另外，完整的装帧和装具在一定程度上为手稿提供了稳定的微观保存环境，降低了自然因素的影响，有利于手稿寿命的延长。

第二，贝叶手稿离开形成机构或最初的保管者进入流转期。由于文化交流、社会变革等因素的影响，手稿离开最初的保管场所，或被私人收藏，或流转到其他地区和国家的保管机构，还有一部分在长期的流转和动荡中被损毁。浙江省博物馆现存的两册贝叶手稿就是私人藏家所捐献，其中一部是唐代古忒文，共20叶；另一部是巴利文，共400叶。在古忒文贝叶手稿的护经板上用毛笔书写题识，可知

---

[1] 李鸿健，刘凤志，胡让，等. 档案保护技术学［M］. 北京：档案出版社，1984：47.

原藏家于丁亥十一月二十四日，推测应为1887年，即清光绪十三年，从欧洲回国，途径锡兰国，即现在的斯里兰卡，在一古刹中由僧人所赠，藏家以法郎作为酬资。其后因社会局势动荡于清末民初时期进入北京的文物流通市场，被近代历史学家张尔田先生购得，后转赠沈曾植先生。❶ 沈曾植先生祖籍浙江嘉兴，是清末民初书法家、学者、诗人，其海日楼旧藏书籍及遗稿的主要部分于20世纪50年代由其后人捐献给浙江省博物馆，❷ 可见这两册贝叶传入我国后数次易主，流转频繁。研究发现巴利文贝叶手稿的护经板年代晚于叶片，可见在某一个流转节点，为保持装帧形制的完整性，收藏者在原有护经板遗失后专门配置了现有护经板，不但制作精美华丽，表面刷金粉且镶嵌了红蓝宝石作为图案装饰。可见在流转过程中，如果收购或保存的藏家有较高的学术造诣和经济条件，了解所藏贝叶的价值，不仅会用专门的藏书楼收藏，还采取了一些基本的保护修复措施，避免了贝叶遭受兵燹水火或虫咬鼠啮，能够使手稿本体和装帧形制完整保存。民国时期，袁世凯曾高价求购海州提督苏德海收藏的八十余叶贝叶手稿而不得，"贝叶长约尺余，宽约三寸……色灰黄，叶软如绵，又疑当时或另加以泡制方法，所以能经久而不稍破裂也，向日照之，内有细纹如蕉扇状，决其为生就植物，非出自人工能造也"。❸可见在民国时期，贝叶手稿在收藏界炙手可热。由苏德海收藏的贝叶手稿被藏家用特殊的溶液浸泡后载体的物理性能得到提升，实现"叶软如绵……经久而不稍破裂"的效果。贝叶手稿在长期流转后被私人收藏的数量也令人叹为观止。坦博艺苑的创办者白十源先生从尼泊尔、缅甸、泰国、印度、斯里兰卡等地收集流转在民间的贝叶手稿，超过了150万叶，包括古巴利文、梵文、藏文等。❹ 收藏家李伟先生花费30余年收藏了流转在国内外的贝叶手稿共计1300余部，50余万叶。❺

在流转过程中能够得到妥善保管的贝叶手稿只有少数，大部分都损毁严重，或毁于兵燹，或被随意丢弃。历史上，据记载为了存放玄奘从西域带回来的657卷贝叶和其他佛教至宝而修建了大雁塔，但这部分贝叶手稿已不知所踪。还有一部分贝叶手稿被转移到洛阳白马寺中存放。我国云南少数民族地区当地民众出于信仰收集了一部分贝叶，散存在于民间，当地居民多将贝叶挂在床头上方的柱子上

---

❶ 陈平. 东土佛光 [M]. 杭州：浙江古籍出版社，2008：82.
❷ 戴家妙. 寐叟题跋研究 [M]. 北京：中国美术学院出版社，2015：25.
❸ 蔡选青. 蛰存斋笔记（七）[J]. 五云日升楼，1940（2）：12.
❹ 张美芳. 中国、泰国、尼泊尔贝叶经保护模式的对比研究 [J]. 档案学研究，2021（5）：90-95.
❺ 张新星. 文化瑰宝贝叶经落户潍坊 [J]. 走向世界，2021，14：42-47.

保存。❶ 这一方式延续了古印度地区民间收藏贝叶经的习俗，在印度某地的壁画上发现贝叶以绳子或架子固定后悬挂保存，下方有居民跪拜的图案。有学者认为这种保管方式在一定程度上避免鼠咬虫蛀等对贝叶的自然损毁，❷ 但考虑到我国云南当地的气候因素，这样的保存方式无法为贝叶手稿提供一个相对稳定的温湿度环境，更多的是出于仪式感的需要。西双版纳州位于我国西南部边陲，在东经99°56′~101°50′，北纬21°08′~22°36′，地处北回归线以南，属于热带湿润区。独特的气候环境使当地具有丰富的植被资源，昆虫的物种丰富度受到以植被为主导的生态类型的显著影响，❸ 因此西双版纳地区的文献害虫具有丰富的类型，通过调研当地贝叶手稿的病害情况也证实了这一点。另外，每年6月太阳由南向北和由北向南两次经过该地，由于全年日光照射的角度都很高，因而光照充足，热量丰富。该地东部距离北部湾400多千米，西部距离孟加拉湾600多千米，受印度洋西南季风和太平洋东南季风的影响，常年湿润多雨，❹ 年降水量在1200毫米以上。❺ 用布包裹悬挂的保管形式无法阻隔光照、水分、氧气和害虫霉菌对手稿的影响。西双版纳州档案馆从民间征集的贝叶本体大多有破损病害和酸化的现象，可知这部分贝叶在流转过程中的保管方式损害了手稿寿命。强烈的光照容易引起棕榈叶载体纤维素的断裂，较大的降雨量使得空气中的水分含量增多，棕榈叶吸收空气中的水分，含水率随之增大，水分促进光氧化反应，进一步破坏纤维素。而在高温环境下，水解反应速度的加快不但使棕榈叶载体更加脆弱，也有利于霉菌的生长，从而对手稿产生更大的损坏。相比较于我国云南地区贝叶手稿的保存环境，西藏地区对其耐久性影响的自然因素较少。我国西藏自治区平均海拔为4000米以上，气温偏低，降水量偏少，❻ 这些都有利于减缓纤维素的氧化和水解反应，延长手稿寿命。由于海拔高度的影响，当地空气稀薄，气候干燥，日照时间长，自然光在大气层中的能量损耗较少，使得太阳光辐射强，当地光能资源居全国第一，❼ 虽然光氧化反应会加快纤维素的断裂，但是由于当地独特的宗教习俗使得贝叶手稿都被包裹

---

❶ 张文勋. 滇文化与民族审美 [M]. 昆明：云南大学出版社，1992：198.
❷ 光泉. 吴越佛教（第11卷）[M]. 北京：宗教文化出版社，2016：187.
❸ 张翔，卢志兴，王庆. 区域景观中生境特异性对昆虫多样性的影响：以西双版纳为例 [J]. 中国生态农业学报（中英文），2021，29：771-780.
❹ 何进祥. 西双版纳特色植物资源 [M]. 昆明：云南大学出版社，2018：18.
❺ 李庆康，冯春雷，曾中平. 二十一世纪科学万有文库（第14辑）[M]. 北京：中国国际广播出版社，1997：78.
❻❼ 闻君，倪亮. 中国地理问懂你 [M]. 北京：中国地图出版社，2012：152.

严密并保存在寺庙藏经阁内,秘不示人,因此在一定程度上减少了自然因素的影响。中国民族图书馆的梵文贝叶手稿从西藏转入北京收藏保管,目前大部分手稿已送归西藏。著者调研过程中对少量剩余手稿进行无损检测时发现,这批梵文贝叶经的病害情况更少,老化程度更轻。

第三个流转期是贝叶手稿以征集、收购、捐献等方式进入公共保管机构保存。贝叶手稿属性的多元化使得其被博物馆、档案馆、图书馆等机构争相收集,经过在社会流转中大浪淘沙式的聚散和选择,得以幸存的贝叶如沧海遗珠被各机构收藏,并且各馆在自有的经济和专业能力范围内提供了较好的保存环境。馆藏机构通过温湿度控制等技术减少自然因素对载体和字迹的影响,严格的安保措施避免手稿遗失,最大程度地延长了手稿寿命,保护了文献遗产。

集中保管、统一处理是国内外较为普遍的贝叶手稿保管方式。印度国家档案馆号召民众捐赠贝叶经入馆保存,并给予捐赠人一定的使用权限,对于不同意捐赠的民众,则以借用的方式入馆熏蒸处理,再用柠檬草油擦拭以增强载体韧性,经过一定的保护修复措施并数字化之后再归还给本人。❶ 丹麦哥本哈根皇家图书馆也集中保存了一批贝叶手稿。❷ 我国云南西双版纳州档案馆中的贝叶手稿大多通过征集入馆,入馆后保管在专门定制的木柜子中,并统一制作纸盒存放。❸ 我国西藏地区在贝叶经普查工作中发现一些寺院的梵文贝叶经保存条件极差,没有防火防盗设备,不具备基本的保护条件。因此,除了拉萨和萨迦周边规模较大的寺院,其他寺院的贝叶经都被转移到了拉萨集中保管,大部分被保存在布达拉宫,❹ 其余被转存至罗布林卡,❺ 还有一部分由西藏自治区文物管理委员会保管。❻ 中国民族图书馆对现存贝叶手稿进行了缩微保存,一部分归还西藏地区,另一部分保存在库房中。❼ 九华山贝叶经和其他佛教典籍都统一保存在藏经楼。❽ 表 5-3 显示了贝叶手稿在公共机构保管的条件。

---

❶ 黄静. 印度:修复《罗摩衍那》棕榈叶手稿[J]. 中国档案,2018(10):71.
❷ NORDSTRAND O K. Some notes on procedures used in the royal library, Copenhagen, for the preservation of palm - leaf manuscripts[J]. Studies in Conservation,1958(3):135 - 140.
❸ 2021 年 5 月,研究成员完成了对西双版纳州档案馆馆藏贝叶手稿的调研,并获得数据。
❹ 2020 年 9 月著者所在的研究团队部分成员完成了对西藏布达拉宫馆藏贝叶手稿的调研,并获得数据。
❺ 罗布林卡是全国重点文物保护单位,是一座典型的藏式风格园林,位于西藏拉萨西郊。始建于 18 世纪 40 年代,是历代达赖喇嘛消夏行政的地方,现已成为拉萨市的人民公园。
❻ 郑堆. 西藏民主改革 60 年[M]. 北京:中国藏学出版社,2019:153 - 154.
❼ 2021 年 4 月,著者所在的研究团队完成了对北京民族文化宫馆藏贝叶手稿的调研并获得以上信息。
❽ 廉喜,汪孔德. 九华山佛教档案保管概述[J]. 云南档案,2011(8):57 - 58.

表 5-3 国内外公共机构保管贝叶手稿的基本信息

国家	保管机构	入馆方式	入馆后保管环境	入馆后保存装具和设施	入馆后本体保护措施
印度	国家档案馆❶	捐赠或借用	未知	未知	熏蒸、精油擦拭
丹麦	哥本哈根皇家图书馆❷	未知	未知	未知	未知
印度尼西亚	SitusKabuyutan Ciburuy❸	制作	未知	统一保存在木箱中，专门的大厅单独保管	每年清洗干燥后涂抹精油
中国	西双版纳州档案馆❹	征集	温度：27℃ 湿度：66% 彩色避光窗户	统一制作纸质装具、木质档案柜存放	无
中国	西藏布达拉宫❺	征集、转存、原有馆藏	温度：22℃ 湿度：47% 无窗	统一制作桦木装经匣和木柜保存	无
中国	中国民族图书馆❻	西藏地区转存	温度：23℃ 湿度：53% 无窗	统一制作樟木装经匣	无
中国	九华山藏经楼❼	僧人收藏积累	温度 13.2~23.5℃ 湿度：60%~80%	樟木箱存放、樟木档案柜	农历六月初六晾晒、用香火熏蒸

---

❶ 黄静. 印度：修复《罗摩衍那》棕榈叶手稿 [J]. 中国档案, 2018 (10)：71.

❷ NORDSTRAND O K. Some notes on procedures used in the royal library, Copenhagen, for the preservation of palm-leaf manuscripts [J]. Studies in Conservation, 1958 (3)：135–140.

❸ SURYANI M, PAULUS E, HADI S, et al. The handwritten sundanese palm leaf manuscript dataset from 15th century [C]//Proceedings of the International Conference on Document Analysis and Recognition, ICDAR, 2017, 1：796–800.

❹ 该馆数据由著者于 2021 年 5 月在当地调研中获取。

❺ 著者所在的调研团队于 2020 年 9 月赴西藏布达拉宫进行贝叶经调研，获取了相关信息。

❻ 该馆数据由著者于 2021 年 4 月在该馆调研中获取。

❼ 廉喜, 汪孔德. 九华山佛教档案保管概述 [J]. 云南档案, 2011 (8)：57–58.

5.2 贝叶手稿本体保护措施

贝叶手稿具有的多重属性和多重价值使得针对其本体开展的原生性保护工作具有重要意义。鉴于贝叶手稿本体保护的调研情况，采取各种手段防止本体的进一步损坏以达到延长手稿寿命的目的已经刻不容缓。著者从技术层面和社会层面两方面入手研究了提升贝叶手稿的保护能力。

5.2.1 在本体信息库基础上进行分级保护策略

5.2.1.1 建立贝叶本体信息库

为保护我国贝叶手稿，留存珍贵文化遗产，我国已经开展了数次大规模的普查工作，对西藏、云南等地的贝叶手稿数量、分布作了全方位摸底，普查保护和研究工作也取得了阶段性成果，其中中国藏学研究中心收藏的西藏梵文贝叶经细目还增加了载体尺寸、行数、字体等信息。法国作为世界文化遗产保护的先进国家，其遗产保护措施一直走在世界前列。法国国家图书馆开发了"MEMOREL"信息系统，通过"保护记录系统"和"物理状况系统"对馆藏古籍文献的保护措施、本体保存现状进行追踪记录，为文献建立了本体质量的实时跟踪机制。❶借鉴国外先进的保护经验，对于我国贝叶手稿的本体保护，在摸清存量的前提下，应进行保存现状调查，并在此基础上建立贝叶手稿本体信息库，以便于集中主要力量开展有针对性的保护工作，实现动态保护。参考档案行业标准《纸质档案抢救与修复规范 第2部分：档案保存状况的调查方法》（DA/T 64.2—2017），著者制定了贝叶手稿本体保存信息和保存条件的调查信息表，如表5-4所示。

---

❶ 蔡筱青. 法国国家图书馆的古籍收藏与文献保护［J］. 图书馆建设，2010（11）：42-45，49.

表5-4 贝叶手稿本体保护调查表

调查编号		馆藏文献编号			文献制作年代		
文献名称		收藏机构		温湿度控制		入藏时间	
文献来源	地区			机构/个人			
	收集方式		□接收 □捐赠 □购买 □代/托管 □其他		收集人		
利用情况	是否公开展览或影印	□是 □否		是否著录编目		□是 □否	备注
载体信息	物理测量	长度	中段宽度	两端宽度	单页重量	单页行数	经卷页数	经卷总厚度
		夹板测量						
		夹板长度		夹板宽度		夹板厚度		
		贝叶穿孔测量						
		穿孔直径	穿孔-文字间距		两孔之间距离		穿孔-长边间距	
	装具	类别	□包经布		□夹经书板	□藏经匣	□其他	
		尺寸						
		材质						
装帧信息	夹板装帧	有无涂层 □有 □无		颜色 □黑 □红 □金 □其他____		有无图饰 □有 □无	装饰物/印戳
	贝叶装饰/装订	有无图饰 □有 □无		装订材料 □棉线 □丝制 □铁丝 □其他____			有无重新装订 □有 □无
	基本性能测试	含水率	pH		白度	生物取样点	拍照存档	
病害信息	载体病害	□酸化 □灰尘 □变色 □褶皱 □折痕 □变形 □断裂 □残缺 □粘连 □糟朽 □霉变 □虫蛀 □鼠啮 □污渍 □水渍 □烟熏 □炭化 □锈蚀 □断线 □拉丝 □其他____						
	书写色料病害	□脱落 □晕色 □褪色 □字迹扩散 □字迹模糊 □字迹残缺 □其他____						
备注								

在对调研信息统计分析的基础上建立贝叶手稿本体信息库。信息库包含两部分内容：第一，本体保存现状。包括载体信息、装帧信息、基本性能、病害信息。载体信息有叶片的尺寸、厚度；夹板、穿孔、装具的测量数据。装帧样式信息包含夹板装帧信息和贝叶装饰信息。基本性能数据包括载体的含水率、pH 等。病害信息有载体病害和书写色料病害两方面。第二，手稿保管环境信息。主要有库房建筑情况、保管环境的温湿度、防光措施、空气净化措施、防霉防虫措施、消防安保措施、是否有相应管理制度等。

《纸质档案抢救与修复规范 第 2 部分：档案保存状况的调查方法》中制定了信息搜集的调查方法，对于馆藏数量较少的档案馆可以进行普查，即逐卷逐页的调研，对于馆藏量较大的档案馆可以在分类基础上进行随机或等距抽样，由抽样结果反映馆藏档案的保存状况，也可以针对馆藏中的某一部分重点档案进行调查。参考该方法，根据贝叶手稿的性质和珍贵程度，应在国家层面制定政策，由当地政府结合手稿保管部门、文化机构，组织专家分若干年进行普查后建立信息库，为本体保护修复工作提供信息化支撑和决策支持，提升下一步方案实施的可行性和有效性。通过对贝叶本体多角度、全方位信息的管理、病害破损情况统计分析以及保护修复过程的动态跟踪，可以形成贝叶手稿本体原生性保护现状的智能诊断和延长手稿寿命相关措施的参考数据。

5.2.1.2 依据贝叶本体信息库开展分级保护

对西双版纳州档案馆和中国民族图书馆两个机构馆藏贝叶手稿的保存现状和病害情况进行调研可以得出以下结论：由于馆藏贝叶手稿征集时间跨度大、入馆前的流转状态不同，入馆后即使采用同样的保护措施和保存环境，手稿破损情况差异仍较大。调研发现手稿处于轻度破损、中度破损、严重破损、特殊破损的比例为 19∶24∶16∶41，也印证了这一结论。除了破损程度不同，手稿的价值也存在不同级别。1999 年颁布的《中华人民共和国档案法实施办法》第 3 条规定："各级国家档案馆馆藏的永久保管档案分一、二、三级管理，分级的具体标准和管理办法由国家档案局制定。"❶《中华人民共和国文物保护法》第 3 条规定："纪念物、艺术品、工艺美术品、革命文献资料、手稿、古旧图书资料以及代表性实物等文

---

❶ 中华人民共和国档案法实施办法 [EB/OL]. (1997 - 06 - 07) [2022 - 06 - 16]. https：//www.saac.gov.cn/daj/xzfg/199906/dbbaa89751f8473ea5e6d4f51576a0ce.shtml.

物，分为珍贵文物和一般文物，珍贵文物分为一、二、三级。"❶《古籍定级标准》也将古籍按照产生时代、记载内容、写印技艺的不同划分了不同级别，以实现古籍的科学保护和合理利用。档案馆中保管的贝叶属于馆藏档案中的永久保管档案，应进行分级保管；图书馆、博物馆、文物部门，或是个人收藏的贝叶，作为古籍或文物，按照相关法律规定也应在分级后采取相应的保护措施。因此，除了对其破损等级进行划分，还应根据贝叶手稿的价值进行等级划分。

参考2001年文化部发布实施的《文物藏品定级标准》和文献价值的划分原理，对贝叶手稿进行三级划分，如图5-1所示。由于一些贝叶手稿已经被文物部门定级为一、二、三级，因此这种等级划分不但符合文献分级的要求，也可以和已有的文物定级标准相对应。

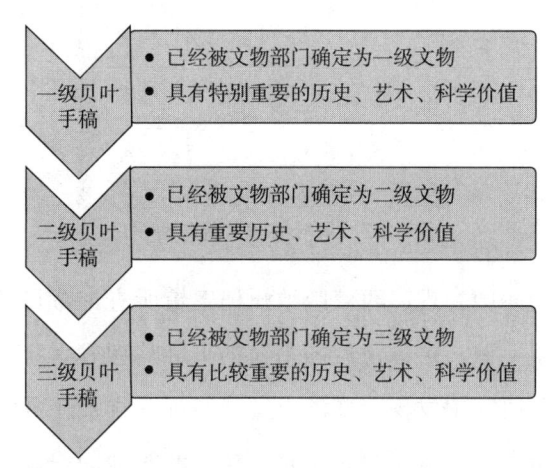

图5-1 贝叶手稿价值等级划分

其中已经被文物部门确定为一级文物、二级文物、三级文物的贝叶，其价值分别对应为一级、二级、三级。由于文献价值体系的划分原理和文物定级原理并不完全一致，因此可以借鉴档案学的相关原理来完善分级原则。❷ 第一，根据来源原则，产生贝叶手稿的机构所具有的社会地位越高，作用和职能越大，贝叶的价值越大。第二，贝叶手稿形成时间越早，珍稀程度越高，文献的价值就越大。目前我国西藏地区保存了一批元代、明清时期的贝叶手稿，其价值等级应高于云南地区现存明清之后的贝叶。第三，按照记载内容，无论是记录的字体，还是信息，

---

❶ 2017年，第十二届全国人民代表大会常务委员会第三十次会议决定通过对《中华人民共和国文物保护法》作出修改，其中第1章第3条中有此项规定。
❷ 马翀. 历史档案分级保护体系构建初探 [J]. 档案学研究，2007 (3)：61-63.

都可以作为贝叶手稿价值判断的标准之一。第四，文献的稀缺性。无论是装帧样式、记录形式，还是使用材料或记录内容，稀缺性越大，对相应研究领域的研究意义就越大，其价值等级就越高。

按照上文的分析，形成两个不同层面的等级划分，分别是破损等级和价值等级，如图 5-2 所示。

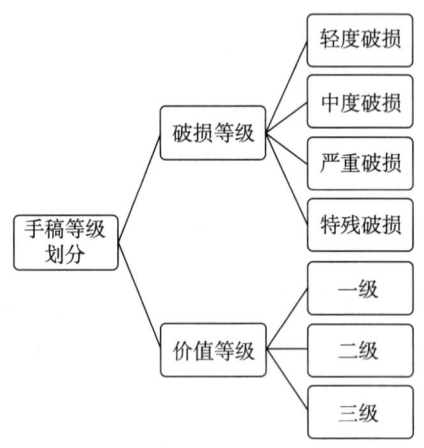

图 5-2　贝叶手稿的等级划分

在著者的实地调研中发现，西双版纳州档案馆所有馆藏贝叶均统一保管在木质柜子中，保管环境一致；中国民族图书馆的贝叶均保管在统一的库房，保护方式未作区分。在文献研究中发现，九华山贝叶经统一收藏在藏经楼的樟木箱中；❶大雁塔现存贝叶数量少，采取了分级保护措施，和其他同一级别的珍贵文物均采用真空密封保护罩保存，并取得了良好的保护效果。❷根据实地调研和文献研究的结果可以得出结论，我国众多保管机构在贝叶手稿的保护过程中并没有进行分级保护。为集中有限的人力资源和经济条件合理投入不同破损级别的文献保护，实现保护目标最大化，应在贝叶等级划分基础上建立分级保护模式：第一，制定预防性分级保护措施；第二，制定治理性分级保护措施；第三，制定相应的分级保护制度。

预防性分级保护的对象是所有馆藏贝叶，保护工作的重点是按照贝叶手稿的等级划分提供合理的保管环境以延长寿命，其保护成果范围较大，效果显著。对于轻度破损和中度破损、具有三级价值的贝叶，可以提供库房的保管环境，并根

---

❶ 廉喜，汪孔德. 九华山佛教档案保管概述 [J]. 云南档案，2011 (8)：57-58.
❷ 唐龙. 真空技术在有机质文物保护领域的应用 [J]. 文博，2014 (4)：72-73, 78.

据相关国家标准做好温湿度控制,避免病虫害的发生。对于严重破损且价值为二级的贝叶,可以提供特藏室,进一步提高保管环境的要求。对于特残破损且文献价值为一级的贝叶,可以提供微环境保管,一般需要相对独立的封闭空间或使用抽真空后填充氦气或氮气的特殊装具,同时对温湿度、光线等控制因素也更加严格,以此形成一个能够延长文献寿命的人造微环境。[1] 对于库房保管的贝叶手稿,可以参考国家标准《信息与文献 图书馆和档案馆的文献保存要求》(GB/T 27703—2011)中对纸质文献的保管要求。我国档案行业标准《特藏档案库基本要求》(DA/T 55—2014)对特藏档案库的温湿度、空气质量、光线、安防等条件作了规定,并对进行微环境保护的档案存放标准作了温湿度等方面的规定。参考以上标准,对贝叶手稿分级保护的环境控制可以参考表5-5。

表5-5 预防性分级保护环境控制参数

分级保护	对应贝叶手稿的级别	温度/℃	相对湿度/%	采光	空气
库房	轻度破损、中度破损、三级价值	14~24	45~60	防止阳光直射、无紫外线的灯具	通风净化
特藏馆	严重破损、二级价值	14~20	45~55	无窗、无紫外线的冷光源	通风净化
微环境	特残破损、一级价值	(16±1)	45±3	避光	低氧

在预防性保护中,如果有条件则鼓励采取更严格的温湿度标准,例如将温度控制在2~6℃,能最大限度地延长文献寿命,但是环境控制越严格,需要的设备、技术要求越高,经济成本就越大,因此各地在制定预防性分级保护方案的时候,应结合当地的自然环境和经济条件,选择相对容易实现和保持的环境条件。

在西双版纳州档案馆库房中检测空气温湿度,著者发现在5月初,即使保证空调的长时间工作,库房内的温度也达到了27℃,相对湿度达到66%,如图5-3所示。其温湿度超过了库房保存的温湿度控制标准,可见当地气候条件对贝叶保管环境的影响较大。在这样的情况下,预防性分级保护就显得非常有必要了,它能够既为破损程度较严重的手稿提供更加严格的保管环境,同时又可以结合当地的自然条件和经济条件为破损程度不太严重的手稿提供相对容易实现的环境条件。

---

[1] 张美芳. 分级保护与管理:国家重点档案保管环境最优化的实现方式[J]. 档案学通讯,2010(3):76-79.

图 5-3　西双版纳州档案馆贝叶手稿保管库房的温湿度

注：图片为著者赴西双版纳调研时拍摄。

治理性分级保护是针对不同病害和破损级别的贝叶手稿进行不同程度的抢救工作，保护方案的制定需要以诊断被治理贝叶个体的病害情况为依据，根据诊断结果综合评估，选择合适的保护修复方案，实现"一叶一方"。工作流程如图5-4所示。

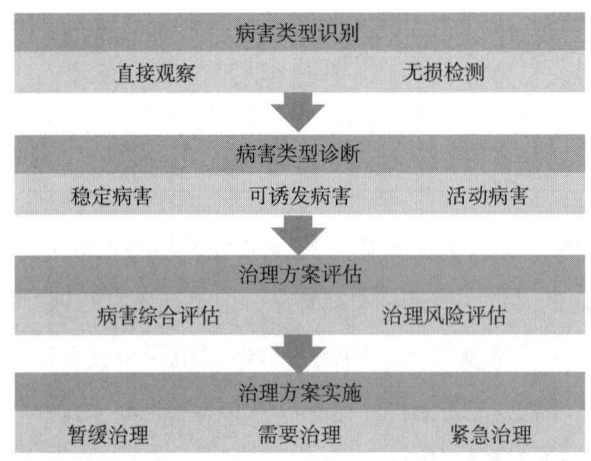

图 5-4　贝叶手稿治理性分级保护工作流程

贝叶手稿的本体信息库和无损检测可以为保护工作者提供病害信息，进行病害类型诊断。参考《可移动文物病害评估技术规程》系列行业标准，将病害类型划分为三种：第一，稳定病害，指贝叶已经发生某种病害，但该病害不再继续发展，也不会对其耐久性产生更严重的影响；第二，活动病害，指病害产生后可以继续发展或蔓延，未来对手稿耐久性产生更严重的影响；第三，可诱发病害，病害已经产生，没有继续发展蔓延，但是如果环境因素或保管条件变化，会导致病害发展或产生新的病害类型，对手稿耐久性有新的威胁和破坏。

由于国内贝叶手稿治理性研究成果远远少于纸质文献,因此在设计治理方案或参考国外相关研究成果的时候,应基于病害类型的诊断进行治理方案的评估,包括病害综合性、整体性的评估,以及治理措施的风险评估。任何存在损害风险的治理措施都应该审慎或停止实施。病害治理应经过大量实验反复验证,在保证本体安全的前提下实施。针对病害类型可以制定三个级别的治理方案:对于活动病害,应实施紧急治理;对于可诱发病害,则需要有步骤、有计划地治理;对于稳定病害,可暂缓治理。这三个级别从紧急程度而言逐级递减,对应不同的保护技术。

预防性分级保护和治理性分级保护是互相配合、紧密联系的。采取预防性保护后的贝叶手稿能有效减少病害发生,从而减少治理措施。对治理后的贝叶采取相应的预防性保护措施,可以有效延长手稿寿命。例如针对一级价值的贝叶手稿,如果经过无破损测酸法检测后,发现手稿酸化,这一病害类型属于活动病害,因为随着时间的延续,酸化会更加严重,影响手稿寿命,因此应进行脱酸的紧急治理,选择合适的脱酸技术处理后才可以进行微环境保存。整体而言,治理性保护需要更专业的保护工作人员,更高的技术支撑,更合适的修复材料,同时还需要进行修复风险防控,在制定修复目标后按照计划分步骤开展,不能追求规模化效应,只有这样才可以保障修复效果,杜绝不良修复材料和修复技术对贝叶手稿造成破坏性修复。以我国贝叶手稿保护发展水平而言,这是亟须开展研究提高的方向。

分级保护相关制度的制定是分级保护工作开展的前提和顺利实施的基础,应出台既有顶层设计,又有配套工作标准;既有国家层面要求,又结合各地地域特色的全方位、多层次的保护制度。国家层面的制度是贝叶手稿保护工作的指南和风向标,从合法性、规范性等方面指导各个保管机构的保护工作。同时,贝叶手稿在不同民族地区又承担着民族情感的联结和民族文化的传承,因此应由各保管机构所在地区的行政管理部门结合当地自然环境、社会人文环境制定相应的保护制度。同时,制度不能仅仅是一纸空文,要有可操作性的标准作为配套,使各级保护工作能够真正落地、落实。

这三个层次的分级保护模式在实施中互相配合,缺一不可,同时又是动态的、活性的,不是一成不变的。无论何种保护措施,仅能延长贝叶的寿命,其耐久性仍会不可避免地降低,因此无论哪个层次的保护都应根据耐久性的变化随时更新措施或重新分级,只有这样才能实现动态跟踪保护,尽量延长本体寿命。

5.2.2　加强本体保护的基础性研究

本体保护是遗产保护的核心研究内容。无论是建筑遗产还是其他文物的有形遗产，进行本体保护的基础性研究都是保护工作的重要内容。贝叶手稿具有文物属性，是人类珍贵的文献遗产。不仅要对其进行信息迁移以保护人类知识成果，其独特的载体形式、记录方式、装帧样式，以及本体被赋予的神圣宗教使命，都属于人类社会记忆的一部分。鉴于我国贝叶手稿分散保管和保存状态多样的现状，应加强本体保护的基础性研究，改善贝叶的整体保存现状，延长其平均寿命。基础性研究主要是指开展载体和字迹的性能研究，研究的具体内容和手稿寿命之间的映射关系如表5-6所示。

表5-6　本体保护基础性研究的内容及其与手稿寿命的映射关系

研究对象	基础性研究内容	与手稿耐久性能的映射关系	对应保护措施
载体	叶片种类	糖棕叶片的有害生物风险＞贝叶棕叶片的有害生物风险	有针对性地开展载体的病虫害防治
	叶片含有的无机化学元素和有机化学成分	有益矿物元素和纤维素的含量能有效增强叶片性能	在贝叶棕种植过程中添加能够增强叶片耐久性的矿物元素；叶片制作过程中用技术手段提高纤维含量，降低半纤维素和木素的含量
	叶片的厚度、重量、硬度、定量、含水率、有字无字位置的色差、抗张强度、抗撕裂度	载体的物理性能影响手稿耐久性	获得载体基本物理性能对其耐久性的影响
	叶片的酸度	载体的酸度指标影响手稿耐久性	为治理性保护提供依据
	叶片精油成分	不同精油对叶片柔韧性影响不同	优化叶片的制作过程，添加合适精油
	叶片在酸性溶剂和碱性溶剂中的溶解度	酸性试剂或碱性试剂影响载体耐久性	避免不同酸碱度的溶液对载体的损坏为清洗等治理性保护措施提供依据

续表

研究对象	基础性研究内容	与手稿耐久性能的映射关系	对应保护措施
字迹	字迹的色素成分	色素成分的耐久性影响手稿寿命	在制作过程中使用耐久性强的色素
	色素和叶片的结合方式	色素和载体的结合方式影响手稿寿命	在制作过程中使色素以吸收结膜的方式结合

贝叶手稿本体的内在性能会影响其耐久性，这些性能特征使手稿本体对抗自然老化或外部损害的能力或更强，或更弱。另外，作为有机材料，棕榈叶非常容易受到自然环境变化的影响，因此研究棕榈叶性能指标，还可以确定其成分和耐久性在不同环境条件下发生量变的程度，以便为不同地区贝叶手稿提供可靠的保管环境。例如，有学者对印度南部地区贝叶手稿进行以上指标的性能研究，在实验中发现载体的厚度平均值约为 0.5mm，而厚度是其耐久性的一个重要指标，与棕榈叶的柔韧性或刚度成正比，是老化实验或保护研究中需要考虑的重要因素。[1] 叶片含水量影响载体耐久性，含水量过大，有机物的化学、生物反应加快，而含水量过低会引起叶片脆化，因此保持水分含量处于一个最佳范围是有效且必要的。此外，棕榈叶片在酸碱溶剂中的溶解度对于使用水溶液和非水溶液清除叶片上的污渍有重要意义，可以有效防止载体中一些成分随溶剂渗出而造成叶片的组织结构分解，影响其化学性能的稳定性。

可见，为了保持贝叶本体的耐久性，必须尽可能掌握其载体和字迹的各项性能指标，结合外观变化作为评估对象状态的参数，这是对手稿进行治理性保护的前提和基础，同时也为保存环境控制技术的优化提供依据。

5.2.3 开展治理性保护的实践探索

在自然和人为作用下，贝叶手稿会因为物理、化学、生物等因素以及保存过程中的意外事故遭受外界侵害，造成本体损害或面临损毁，这时应及时开展治理性保护使其恢复原貌。具体措施包括对贝叶本体形式、装帧样式进行修复、除去载体内不利保存的有害因素，以达到延缓本体衰老、延长使用寿命的目的。

---

[1] SURYAWANSHI D G, INHA P M, AGRAWAL O P. Basic studies on the properties of palm leaf [J]. Restaurator, 1994, 15: 65-78.

贝叶手稿治理性保护的主要内容包括去污、病虫害和微生物感染的治理、脱酸处理等。国外贝叶保护修复研究领域的专家针对一些项目进行了尝试，国内保护在加强实验研究的范围和深度的前提下可以参考借鉴。治理性保护的研究探索内容如表5-7所示。其中参考了英国国家博物馆文献保护修复专家Alfred S. Crowley❶开展的关于清洁、字迹加固、破损修复的相关实验，对我国开展相关实验，并进行效果评估有参考价值，促进了深入研究的可行性。

表5-7 贝叶手稿治理性保护的主要研究内容

治理性保护的研究内容	治理措施
清洁去污	书写记录的贝叶手稿：三氯乙烷、乙醇与樟脑油的混合液（配液比例为5∶100） 刻写记录的贝叶是手稿：蒸馏水
刻写贝叶的字迹加固	将油烟和樟脑油的混合物涂满叶片，放置过夜后用酒精清洗
破损叶片的修复	修复材料：按照"桦树皮+电解电容器纸+桦树皮"的顺序用丙烯酸乳胶黏合剂粘贴形成修复材料；直接用贝叶叶片制作修复材料 修复"浆糊"：丙烯酸乳胶黏合剂
害虫治理	开展实验研究不同精油的驱虫性能
叶片脆化	选择丁香、樟脑和桉树油等精油擦拭
霉菌治理	乙醇
脱酸	气相脱酸

在贝叶手稿的治理性保护中，除了要开展实验技术研究，还应进行管理措施的研究，即在治理活动中开展有效的管理活动，如制定治理方案、进行财政预算、修复人员的组织安排、修复设备的准备、修复风险的控制、治理效果的评估、治理活动的总结等。❷

治理性保护的基本原则是可逆性和真实性。在可逆性原则的要求下审视治理方案有助于扩展实验研究的范围和深度。例如对于表5-7中以丙烯酸乳胶黏合剂作为修复"浆糊"的方案，应从可逆性原则出发寻找更合适的黏合剂。我国木制家具类修复中对动物胶的使用具有参考性，可以开展相关实验研究。❸ 修复的真实性原则要求修复后的贝叶手稿应保持手写/刻写的原始记录性，保证信息的真实

---

❶ CROWLEY A S. Repair and conservation of palm-leaf manuscripts [M]. Copenhagen：Restaurator Press，1969：105-114.

❷ 张美芳，张松道. 文献遗产保护技术管理理论与实践 [M]. 吉林：吉林文史出版社，2009：82.

❸ 孔德尚. 古典家具 [M]. 北京：现代出版社，2015：242.

性，这就要求保护人员不仅要提高治理性保护的技术水平，还要遵守职业道德规范，提高职业素养。

5.2.4 以抢救项目带动整体性保护

对于重点文献的保护工作，我国相关管理部门开展了一系列抢救性项目。例如对涪陵白鹤梁石刻档案的抢救保护工作，就受到了国家档案局的高度重视，其于2007年被纳入全国重点档案抢救项目。国家档案局针对该项目制定了抢救项目的工作计划，拨付专项资金分步开展工作。针对贝叶手稿保护，我国启动了"西藏梵文贝叶经保护和研究工程"，在中国社会科学院、中国藏学研究中心和西藏社会科学院于2006年启动的大规模普查过程中，当地政府给收藏机构拨出专项经费开展了一系列保护工作，按照统一标准定制了木制囊匣、包经布、夹经板和函头标示条等，并配以专用木质书柜收藏或用恒温展示柜展示利用，对于收藏量较少的寺庙或单位则配以保险柜收藏。❶

国外一些国家、研究机构开展了联合抢救保护项目。尼泊尔国家档案馆与德国汉堡大学亚非学院印度学和藏学系于2017年合作开展了"保护尼泊尔写本文化遗产"（Preserving the Written Cultural Heritage of Nepal）项目，❷聚焦贝叶手稿本体的长期保存，组织来自德国、美国、荷兰、印度、尼泊尔、黎巴嫩等国家的修复保护专家对贝叶载体病害、修复材料、保存方式等原生性保护的相关议题进行探讨研究，对已经完成缩微工作的手稿原件进行预防性保护和抢救性保护。❸印度、斯里兰卡、尼泊尔、老挝、不丹、泰国等国家共同开展了"世界记忆工程"的试点项目——"棕榈叶手稿"项目，集中各国的保护修复专家进行贝叶手稿的抢救性保护和再生性保护工作。❹日本纸张保护亚洲公司和尼泊尔加德满都的档案馆合作，对馆藏的卷式贝叶手稿进行了预防性保护和治理性保护，以维持本体性能的

---

❶ 郑堆. 西藏民主改革60年［M］. 北京：中国藏学出版社，2019：16.
❷ About Preserving the written cultural heritage of Nepal［EB/OL］.（2021-02-27）［2021-10-10］. https：//www.csmc.uni-hamburg.de/nepal/about.html.
❸ Consultation on the Preservation of Palm-leaf Manuscripts［EB/OL］.（2018-08-07）［2021-03-16］. https：//www.manuscript-cultures.uni-hamburg.de/register_palmleaves2018.html.
❹ 张美芳，李冰，王亚亚，等. 国外古籍贝叶经本体保护与数字化抢救研究进展［J］. 大学图书馆学报，2020，38（5）：91-96.

稳定性，并进行了数字化。❶ 这些国际合作项目的实施体现了文献遗产由世界共享的理念。贝叶手稿是全世界共享的文化遗产，需要世界范围内的合作研究与保护。同时，这些项目研究并没有局限于某一项保护工作或保护模块，以可持续发展的理念在后续工作中带动了其他保护模块的研究，为在世界范围内开展整体性保护工作奠定了良好的开端。

除了国际合作，南亚和东南亚一些国家针对本国贝叶手稿开展了各种抢救保护项目，并以此为基础开展了可持续的保护研究，这种模式也值得我国借鉴。泰国针对不同地区收藏的贝叶手稿开展了"泰北手稿调查与缩微影像化项目"和"泰北手稿保护计划"。这两个项目保护、修复了泰国北部6所寺庙的贝叶手稿，并吸收了社区群众的力量共同参与本体保护工作，开创了社区保护模式，同时依托保护修复工作进行了贝叶手稿刻写研究和缩微保护研究。❷印度开展了国家级贝叶手稿保护计划——"印度国家写本保护专项计划"，该项目对全国范围内的贝叶手稿进行调查整理，开展了保护工作相关的研讨会和培训活动，进行了预防性保护、治理性保护、利用数字技术实现了再生性保护。❸ 由于保护工作的整体性和全面性，以上国家的抢救保护项目不仅进行了本体的修复治理，还带动开展了其他保护模块的工作。然而截至目前，还未形成完整的整体性保护体系。

我国一些地区或机构的贝叶手稿保存现状堪忧，亟须开展抢救性保护项目，并联合各个科研院校的研究力量，整合保护人才队伍，从文献保护工作的全程管理入手带动开展整体性保护工作。

---

❶ 张菲菲. 贝叶经合作保护模式研究：以尼泊尔-德国写本保护项目为例[D]. 北京：中国人民大学，2021：18.

❷ 张美芳. 中国、泰国、尼泊尔贝叶经保护模式的对比研究[J]. 档案学研究，2021 (5)：90-95.

❸ National Mission for Manuscripts [EB/OL]. (2020-10-13) [2021-11-12]. https://www.namami.gov.in/.

第 6 章
移形——贝叶手稿再生性保护研究

贝叶手稿同时具有文物价值与文献价值。为了保障本体保护的效果，维护其文物价值，各个保管机构在主观上都会减少手稿原件的使用，这客观上限制了其文献价值的发挥和文明成果的共享传承。另外，原生性保护只能尽力延长手稿寿命，并不能使其本体永续留存，记录其上的信息最终会随着本体老化破损而湮没。再生性保护研究可以解决"藏"与"用"之间的矛盾并化解信息湮灭的危机。此外，贝叶手稿本体的修复技术还不成熟，修复活动难以开展，采取缩微拍摄和数字化保护等再生性保护手段是目前行之有效的保护措施。

6.1 国内外贝叶手稿再生性保护对比

我国贝叶手稿的再生性保护工作取得了一定的成果，通过缩微、数字化、影印出版等载体转移的方式进行手稿信息的保护。西藏地区在贝叶手稿普查工作过程中完成了缩微工作，仅以罗布林卡、布达拉宫和哲蚌寺所藏的梵文贝叶经就制作了 9 盘缩微胶卷，产出一系列重大阶段性成果。目前，普查贝叶经目录和缩微影印目录已分别出版，影印成果西藏自治区珍藏贝叶经影印大全共 61 册。[1] 为在数字化基础上进行贝叶手稿文本信息的挖掘和研究，我国成立了西藏社会科学院贝

---

[1] 郑堆. 西藏民主改革 60 年 [M]. 北京：中国藏学出版社，2019：156.

叶经研究所，并产生了一系列科研成果。曾经转移到中国民族图书馆的贝叶手稿在归还西藏之前完成了缩微工作，其中一套黑白照片档案由北京大学外国语学院南亚学系保管和研究。2004年，依托由季羡林先生开创的梵语巴利语专业，北京大学成立了"梵文贝叶经与佛教文献研究所"，致力于这批梵文贝叶手稿的整理和研究工作。❶ 云南西双版纳州公共保管机构保存的贝叶手稿也完成了数字化并出版了《中国贝叶经全集》，共100册，供贝叶经爱好者和研究人员开发利用。目前来看，流转到我国其他寺庙保存的贝叶手稿则较少有数字化成果产出。

国外贝叶手稿再生性保护工作在过去几十年时间里持续进行缩微复制和数字化存储工作，形成了具有参考意义的保护模式。泰国清迈大学、孔敬大学等高校参与了贝叶手稿再生性保护工作，联合泰国国家图书馆和其他研究机构，将泰国北部、东北部、西部的贝叶手稿进行缩微拍摄和数字化存储，先后通过5项科研项目开发了在线数据库并向公众提供开发利用的权限。❷ 印度文化部于2003年2月成立了国家手稿使命（NMM）项目，致力于保存分布在印度各地的贝叶手稿，为履行其座右铭："为未来保存过去"。该项目开发了名为Kriti Sampada的印度手稿数据库，制定了元数据标准著录保存贝叶手稿的缩微图片，并使用开源软件DSpace建立可供公众查阅的在线数据库。❸ 老挝国家图书馆通过缩微和数字化技术保存贝叶手稿，并建立了开放的在线数据库为世界各地提供24小时的查阅服务。❹ 印度尼西亚国家图书馆通过数字化技术存储贝叶手稿，建立了Lontar Sunda数据库，用户通过图书馆的联机公共检索目录（OPAC）可以获得手稿的元数据信息。❺

国内较早开展的贝叶手稿再生性保护研究工作是西藏地区贝叶手稿的缩微保护，之后，西双版纳州档案馆利用数字化技术开展了馆藏贝叶手稿的保护工作。北京坦博艺苑与兰州大学敦煌学研究所合作建立了"贝叶经研究中心"，计划开展馆藏手稿的数字化保护工作。❻ 上述机构所开展的整理、编目、缩微或数字化等再

---

❶ 郑堆. 西藏民主改革60年 [M]. 北京：中国藏学出版社，2019：160.
❷ 张美芳. 中国、泰国、尼泊尔贝叶经保护模式的对比研究 [J]. 档案学研究，2021（5）：90-95.
❸ SINGH B, AHUJA N J. Mining the treasure of palm leaf manuscripts through information retrieval techniques [J]. Digital Library Perspectives. 2019, 35 (3/4)：146-156.
❹ CHAMNONGSRI N. Metadata standards for palm leaf manuscripts in Asia [C]// Metadata and Semantic Research. MTSR 2018, Communications in Computer and Information Science, 2019, 846：242-254.
❺ SURYANI M, PAULUS E, HADI S, et al. The handwritten sundanese palm leaf manuscript dataset from 15th century [C/OL]. Proceedings of the International Conference on Document Analysis and Recognition, ICDAR, 2017 http：//gfcfb391f4815d8064db7sc6vbxpbk05p569v9.fzzh.libproxy.ruc.edu.cn/10.1109/ICDAR.
❻ 法伊莎. 坦博艺苑与兰州大学敦煌学研究所联合共建贝叶经研究中心在北京成立揭牌 [EB/OL]. （2019-11-14）[2022-08-15]. https：//news.lzu.edu.cn/c/201911/61981.html?from=groupmessage.

生性保护项目仅仅是整体性保护工作的一部分，还缺乏整体性的顶层设计，且在后续开发利用和传播方面尚未有可持续的工作规划。对上述不同国家或地区的贝叶手稿再生性保护情况进行统计，如表6-1所示。

表6-1 国内外贝叶手稿再生性保护和成果利用情况

国家	机构	再生性保护方式	成果和利用
泰国❶	大学和国家图书馆	缩微、数字化	通过5个研究项目开发了在线数据库并向公众开放
印度❷	印度文化部	缩微、数字化	使用开源软件DSpace作为在线数据库，放置在网站上供公众查阅
老挝❸	国家图书馆	缩微、数字化	开放的在线数据库供世界各地查阅
印度尼西亚❹	国家图书馆	数字化	建立Lontar Sunda数据库，通过联机公共检索目录（OPAC）获得元数据信息
中国	西双版纳州档案馆❺	数字化	影印出版 建立数据库，仅供馆内查阅，没有联网
中国	西藏社会科学院贝叶经研究所❻	缩微	影印出版 为科研机构提供利用，无法联网查阅
中国	中国藏学研究中心❼	缩微	为科研机构提供利用，无法联网查阅
中国	贝叶经研究中心——北京坦博艺苑与兰州大学敦煌学研究所合作建立❽	数字化	为科研机构提供利用，无法联网查阅

可见，缩微和数字化在贝叶经再生性保护工作中受到了国内外保护机构的认可，并已经取得了一定的成果，为贝叶手稿信息的长久留存提供了可行性方案。在缩微或数字化成果共享利用方面，国内外存在不同。国外更倾向于为公众提供开放的、可在线检索和浏览的数据库，国内更倾向于将缩微和数字化成果影印出

---

❶ 张美芳. 中国、泰国、尼泊尔贝叶经保护模式的对比研究 [J]. 档案学研究，2021（5）：90-95.
❷ SINGH B, AHUJA N J. Mining the treasure of palm leaf manuscripts through information retrieval techniques [J]. Digital Library Perspectives, 2019, 35 (3/4): 146-156.
❸ CHAMNONGSRI N. Metadata standards for palm leaf manuscripts in Asia [C]// Metadata and Semantic Research. MTSR 2018, Communications in Computer and Information Science, 2019, 846: 242-254.
❹ SURYANI M, PAULUS E, HADI S, et al. The handwritten sundanese palm leaf manuscript dataset from 15th century [C/OL]. Proceedings of the International Conference on Document Analysis and Recognition, ICDAR 2017, http://gfcfb391f4815d8064db7sc6vbxpbk05p569v9.fzzh.libproxy.ruc.edu.cn/10.1109/ICDAR.
❺ 该条信息由著者在调研中获取。
❻ 郑堆. 西藏民主改革60年 [M]. 北京：中国藏学出版社，2019：160.
❼ 杨茂森. 西藏文化艺术珍籍贝叶经 [J]. 西藏艺术研究，1999（4）：85-87.
❽ 法伊莎. 坦博艺苑与兰州大学敦煌学研究所联合共建贝叶经研究中心在北京成立揭牌 [EB/OL]. (2019-11-14) [2022-08-15]. https://news.lzu.edu.cn/c/201911/61981.html?from=groupmessage.

版，以使公众获得文献信息。对于电子数据，则只能通过机构内部数据库查询或仅供科研机构使用，公众难以获取。

6.2 贝叶手稿再生性保护措施

纵观国内外贝叶手稿的再生性保护措施，无论是缩微、数字化，还是影印出版，都是信息迁移的一种方式，是为了留存贝叶手稿的记录信息，最终目的不是保存后束之高阁，而是通过资源整合、政策支撑、辅助技术服务于文献利用和文化遗产事业的发展。在保护目的指引下，我国贝叶手稿再生性保护工作可以从以下几个方面发力。

6.2.1 持续推进民间收藏和公共保管机构贝叶手稿的信息迁移工作

根据贝叶手稿在我国的分布和保护情况，一些规模较大的公共保管机构都对馆藏贝叶进行了再生性保护。由于还有大量贝叶手稿由一些民间收藏组织或个人、寺庙等进行保管，因此应通过以下技术和措施尽快开展这一类手稿的信息迁移工作。

6.2.1.1 缩微技术的运用及可参考实践案例

缩微影像技术是档案、图书等文献再生性保护的传统手段，通过将文献信息以影像的形式拍摄在感光材料上，再经过加工制成缩微品以便长期保存和使用。随着信息技术的发展，人类社会进入数字化时代，对数据检索提取、共享利用的要求越来越高，缩微信息提取速度慢、对设备和空间的依赖程度大、共享利用困难等劣势逐渐体现出来。我国从20世纪90年代在各部门工作中大规模引入了信息技术，各项工作对计算机的依赖逐渐增强，不同类型信息的保存越来越多地利用磁盘、光盘等介质。数字技术的巨大冲击使得缩微技术发展速度减缓，应用范围缩小。然而，在国内外贝叶手稿的再生性保护研究中发现，通过缩微技术进行载体信息迁移和载体转换仍然是不同国家和机构的主流业务和必要选择，这和缩微技术的独特优势有关。

首先，缩微具有体积小、存储密度大、保存时间长、成本低廉的特点。最早产生的胶片已经保存了上百年之久，聚酯片基材质的载体胶片预期寿命达到500年以上，和纸质媒体一样属于可视媒体。❶ 其次，国内外已经形成了一系列的标准和规范，不仅保证缩微文献的质量，也保障了国际交流的便利。而数字化信息载体的保存期限较短，易受环境影响，信息安全程度低。因此，传统缩微技术在文献再生性保护研究中仍然具有不可替代的优势，并在国内外文献长期保存中普遍应用。

德国汉堡大学的贝叶手稿再生性保护工作一直走在世界前列。以对印度、我国西藏地区的人文研究和教学为主的德国汉堡大学亚非学院承担了关于尼泊尔贝叶手稿研究的两个国际合作项目："尼泊尔－德国写本编目项目"（NGMCP）和"尼泊尔－德国写本保护计划项目"（Nepal－German Manuscript Preservation Project，NGMPP）。❷ 尼泊尔国家档案馆保存了大量坦陀罗和阿育吠陀时期的珍贵贝叶，包括宗教文献、中尼两国往来文书档案以及民间收藏的文学作品。❸ 早在1970年，该院系和尼泊尔国家档案馆联合开展了"尼泊尔－德国写本保护计划项目"，汉堡大学为尼泊尔加德满都提供设备和科研力量，联合印度当地的工作人员对国家档案馆、民间收藏贝叶进行收集工作。项目组利用缩微设备对统计搜集到的贝叶手稿进行再生性保护，原件仍保留在原收藏机构或个人手中。截至2001年，共收藏了800万~1000万叶的贝叶，其中梵文和藏文的贝叶手稿3600多部，所有的缩微件由尼泊尔国家档案馆和德国柏林国家图书馆共同保存，实现了异地备份。从2002年开始，该学院启动了"尼泊尔－德国写本编目项目"，对已有缩微文献进行编目以便开展利用。❹ 这两个项目长达30年，为各国贝叶手稿再生性保护工作积累了丰富的经验。

我国有大量贝叶手稿没有进入公共保管机构集中保管，由私人收藏者和寺庙收藏。我国西藏地区在2006年开展的"西藏梵文贝叶经保护和研究工程"对当地居民、偏远寺庙保存的贝叶进行了缩微拍摄，并按照收藏者的意愿选择继续收藏或集中保管手稿原件。❺ 在西藏地区工作的基础上，可以将这种再生性保护模式扩展到全国，由国家相关管理部门统一制定政策，分步分区进行手稿原件的普查和

---

❶ 栾宁丽. 数字缩微技术在档案文献资料管理中的应用［J］. 档案与建设，2019（5）：47，55－57.
❷ 索珍. 德国主要涉藏研究机构和研究人员现状分析［J］. 民族问题研究（人大复印），2008：66－76.
❸ 徐亮. 尼泊尔国家档案馆的国际合作研究［J］. 中国档案，2018（8）：72－73.
❹ 索珍. 德国主要涉藏研究机构和研究人员现状分析［J］. 民族问题研究（人大复印），2008：89.
❺ 郑堆. 西藏民主改革60年［M］. 北京：中国藏学出版社，2019：16.

缩微工作。

6.2.1.2 数字化技术的运用及可参考实践案例

数字化是在保护贝叶手稿的前提下开展信息利用和研究的有效手段，使用扫描仪或数码相机捕获物理对象的图像，并将其转换为数字形式，可以电子存储并通过计算机访问，是再生性保护的重要内容，尤其是面向数字人文的研究需求，能够实现"藏"与"用"并重。

泰国将贝叶手稿视为记录本民族历史、知识和智慧的珍贵文献遗产。为了保护和传播文献遗产信息，泰国一些公共机构和私人机构，建立了包括国家层面、地方层面和教育机构在内的保护组织，其中国家级的保护机构共2个，地方级的保护机构共5个，教育机构共9个。具体如表6-2所示。

表6-2 泰国贝叶手稿保护机构名单[1]

序号	机构名称	级别
1	泰国国家图书馆	国家级
2	诗琳通公主人类学中心"泰国西部当地手稿的调查、研究及数字化"项目	
3	Roi Et 府—Wat Tha Muang	地方级
4	玛哈萨拉坎府—Wat Mahachai 博物馆	
5	Wat Khian Bang Kaeo 博物馆	
6	法塔隆省文化中心—萨特里法塔隆学校	
7	南邦府—Wat Lai Hin	
8	清迈大学社会研究所	教育机构
9	清迈大学图书馆	
10	清迈拉贾哈特大学语言、艺术和文化研究所棕榈叶手稿中心	
11	布拉法大学文化和艺术研究所	
12	纳空拉查西玛拉贾巴特大学大学文化艺术办公室	
13	他信大学泰国南部研究所	
14	松克拉·拉贾巴特大学艺术与文化办公室	
15	马沙拉罕大学泰国东北部棕榈叶手稿保存项目	
16	乌汶大学当地信息和档案、办公和学术服务中心	

这些机构和组织将包括数字化技术在内的信息技术视为保护贝叶手稿并获取

---

[1] LERTRATANAKEHAKARN P. Digital preservation of palm-leaf manuscripts in Thailand [M/OL]. Cham: Springer International Publishing, 2014 [2022-03-28]. http://gfcfba1356eab492549ecsqku9wkn6wkcq6cpq.fzzh.libproxy.ruc.edu.cn/login.aspx?direct=true&db=edssjb&AN=edssjb.978.3.319.12823.8.2&lang=zh-cn&site=eds-live.

知识的有效途径。截至2014年，已有6个机构完成了贝叶手稿的数字化，可以同时提供原件和电子文件以供研究利用，分别是泰国国家图书馆、诗琳通公主人类学中心的"泰国西部当地手稿的调查、研究及数字化"项目，清迈大学社会研究所，清迈大学图书馆，清迈拉贾哈特大学语言、艺术和文化研究所棕榈叶手稿中心，马沙拉罕大学泰国东北部棕榈叶手稿保存项目。这些机构的数字化工作进展情况如下。❶

（1）泰国国家图书馆

泰国国家图书馆对30册贝叶手稿完成了数字化工作，不但可以提供原件、缩微胶卷以及存储在只读光盘（CD-ROM）上的以TIFF格式保存的电子文件，还能利用检索工具和索引提供查询利用服务，并计划在未来开发在线数据库以进一步提升再生性保护和利用工作水平。

（2）诗琳通公主人类学中心

该中心制定了"泰国西部当地手稿的调查、研究及数字化"项目，将共计19册贝叶手稿通过数码相机拍摄后进行数字化，产生了374个以TIFF格式存储的电子文件，保存在数据库中提供利用服务。

（3）清迈大学社会研究所

该所完成了共计17257册贝叶原件和220个微缩胶卷的数字化工作，以TIFF格式存储在CD-ROM上并计划开发数据库以提供存储空间和数字化档案的服务。

（4）清迈大学图书馆

该图书馆开展了泰国北部传统手稿数字化项目，将489部缩微影像和贝叶本体扫描后的文档以JPEG格式保存在CD-ROM和高密度数字视频光盘（DVD）中，并计划开发CMUL数字遗产馆藏数据库，创建元数据目录以保存和提供数字化文档的具体信息。

（5）清迈拉贾哈特大学语言、艺术和文化研究所棕榈叶手稿中心

该中心完成了共计3284片贝叶手稿的数字化工作，并向公众提供保存在CD-ROM上的JPEG格式的副本。在数字化过程中，针对200年以上历史的贝叶手稿，不但同时以JPEG格式保存在CD-ROM或DVD中，还将这些光盘发放给寺庙储存和传播，以实现文化传播和传承的目的。

---

❶ LERTRATANAKEHAKARN P. Digital preservation of palm-leaf manuscripts in Thailand [M/OL]. Cham: Springer International Publishing, 2014 [2022-03-28]. http://gfcfba1356eab492549ecsqku9wkn6wkcq6cpq.fzzh.libproxy.ruc.edu.cn/login.aspx?direct=true&db=edssjb&AN=edssjb.978.3.319.12823.8.2&lang=zh-cn&site=eds-live.

(6) 马沙拉罕大学

马沙拉罕大学开展了泰国东北部棕榈叶手稿的保存项目，通过普查、整理、分类、保存等一系列工作，可以提供给泰国东北部 19 个府的居民作为学习资源。截至 2022 年底，已对 40 册贝叶手稿完成了数字化并建立数据库来保存 JPEG 格式的电子文件，包括 1882 片长叶和 930 片短叶。在再生性保护和传承保护方面，不仅完成了贝叶手稿的音译以方便后续利用，还培训和传授贝叶手稿的传统记录刻写技术；在开发利用研究方面，主要开展了现代信息技术的应用以及跨学科交叉研究。该项目为国内外研究人员和对该研究领域感兴趣的人员提供服务。

以上机构对贝叶手稿数字化工作的具体信息如表 6 – 3 所示。

表 6 – 3　泰国贝叶手稿数字化工作信息❶

机构名称	数字化设备	格式		存储空间	获取途径（包括已经完成和建设中的获取途径）
		文档存储格式	文档获取格式		
泰国国家图书馆	缩微胶片、扫描仪	TIFF	JPEG	CD – ROM	CD – ROM
诗琳通公主人类学中心	数码相机	TIFF	JPEG	CD – ROM	数据库
清迈大学社会研究所	缩微胶片、扫描仪	TIFF	JPEG	CD – ROM	CD – ROM 数据库
清迈大学图书馆	缩微胶片、扫描仪、数码相机	TIFF	JPEG	CD – ROM DVD	CD – ROM DVD 数据库
清迈拉贾哈特大学语言、艺术和文化研究所棕榈叶手稿中心	数码相机	TIFF	JPEG	CD – ROM DVD	CD – ROM DVD
马沙拉罕大学	数码相机、扫描仪	TIFF	JPEG	CD – ROM	数据库

6.2.1.3　数模转换技术的运用

总结德国和泰国的贝叶手稿再生性保护工作，将工作目的分为两个层面：第一是对手稿进行信息迁移和载体转换后的保护，目的为"藏"；第二是利用信息迁移后的电子文件开展利用工作，目的为"用"。针对"藏"的目的，缩微是国际上

---

❶ LERTRATANAKEHAKARN P. Digital preservation of palm – leaf manuscripts in Thailand [M/OL]. Cham: Springer International Publishing, 2014 [2022 – 03 – 28]. http: //gfcfba1356eab492549ecsqku9wkn6wkcq6 cpq. fzzh. libproxy. ruc. edu. cn/login. aspx? direct = true&db = edssjb&AN = edssjb. 978. 3. 319. 12823. 8. 2&lang = zh – cn&site = eds – live.

公认的技术手段，针对"用"的目的，数字化是更有效的方法。因此，我国贝叶手稿再生性保护可以引入数模转换技术，实现模拟影像和数字影像间的相互转换，实现"藏""用"并重。这种数字缩微技术弥补了文献再生性保护后在传播应用方面的不足，实现缩微文献的快捷传输及应用，也可以通过"数转模"，即数字资源转换为缩微文献，实现数字资源的长久保存。

目前，国内贝叶手稿的公共保管机构一般选择缩微或数字化中的一种技术，在后续保护工作中，需要按年度有序开展数模转换工作，保证两种方式同时发挥作用。在民间收藏和私人保管的贝叶手稿可以根据收藏者本人的意愿和客观条件，选择合适的技术方案，先集中力量完成一种形式的再生性保护，以保障文献信息不会随着本体的老化而消亡。

6.2.2 藏用并重——构建贝叶手稿信息化平台

目前，我国贝叶手稿的遗产价值已经引起了国家文化领域和学术研究领域的重视，但是共享率低，利用程度不高。一方面是由于思想观念、行政体制、地方利益的影响，使得信息难以共享；另一方面是缺乏能够实现共享利用的开放性平台。这些都影响了珍贵文献遗产的信息挖掘和合理利用，不利于社会整体认知度和公众保护意识的提升。在贝叶手稿各项保护工作研究成果的基础上，组建能够实现信息共享利用和文化遗产传承保护的数据库平台，是实现藏用并重的有效路径。

贝叶手稿的共享利用平台由三个子数据库构成。第一个子数据库是由非物质文化遗产保护工作产生的相关信息组成的非物质文化遗产保护数据库，包括贝叶手稿制作装帧步骤和工序、设备工具、各级传承人信息等传承性保护研究中获取的数据资源，由传承活态库、濒危信息库、遗失信息库构成。第二个子数据库是贝叶本体信息数据库，由两部分数据组成，一部分数据信息是在贝叶本体保护工作中采集形成，包括每片贝叶的基本物理信息、病害信息、保存现状以及在以上信息整合研究基础上形成的分级保护体系。另一部分数据信息是利用3D扫描技术，通过3D建模完成贝叶手稿的三维虚拟呈现。借助虚拟仿真设备作为辅助，可以通过网络远程获取贝叶手稿的VR影像，感受独特的梵夹装形制所蕴含的艺术与美学价值。第三个子数据库是包含双语元数据的文档信息数据库。首先完成贝叶手稿的二维数字化，形成图片信息，并和本体信息库、三维信息库实现信息关联。其次利用图像分割技术和字符识别技术将图像信息转化为计算机可以识别处理的文字信息，提取双语元数据，为文本的数据挖掘和分析利用奠定基础。最后，考虑到贝叶手稿语言的多元化，数据库应提供多种语言的翻译文本，并支持用户使用多语言全文检索。这三个数据库构成了平台的资源层，由作为数据层的计算平台进行数据存储和计算运营，提供整个平台的存储空间和技术支持。

在完善数据库的基础上可以构建平台的业务层。数据库为业务层提供存储资源，进行业务支持。业务层由贝叶手稿保护平台、手稿信息分析平台构成。在保护平台开展非物质文化遗产保护、本体的预防性和治理性保护工作。在信息分析平台，利用数据挖掘、信息分析技术进行知识提取，实现人文研究。

信息化共享平台的最上层——展示平台是信息的发布层，为业务层的工作成果提供展示途径，同时为使用者提供不同权限的友好访问界面。发布层所展示的贝叶手稿非物质文化遗产保护成果、本体保护成果和数字化应用成果都可以作为贝叶传播性保护工作中的信息来源。

信息化平台的四个层次通过共建共享标准体系和安全运维保障体系实现正常运营。共享标准和安全保障的制定应在参考不同国家贝叶手稿数据库平台运营情况的基础上，遵循中国国家、行业和地方的信息共享标准和信息安全相关法律法规，设计数据交换标准体系和安全保障体系，保证平台长期稳定可靠地运行。图6-1显示了信息化共享平台的构成和各层之间的逻辑关系。

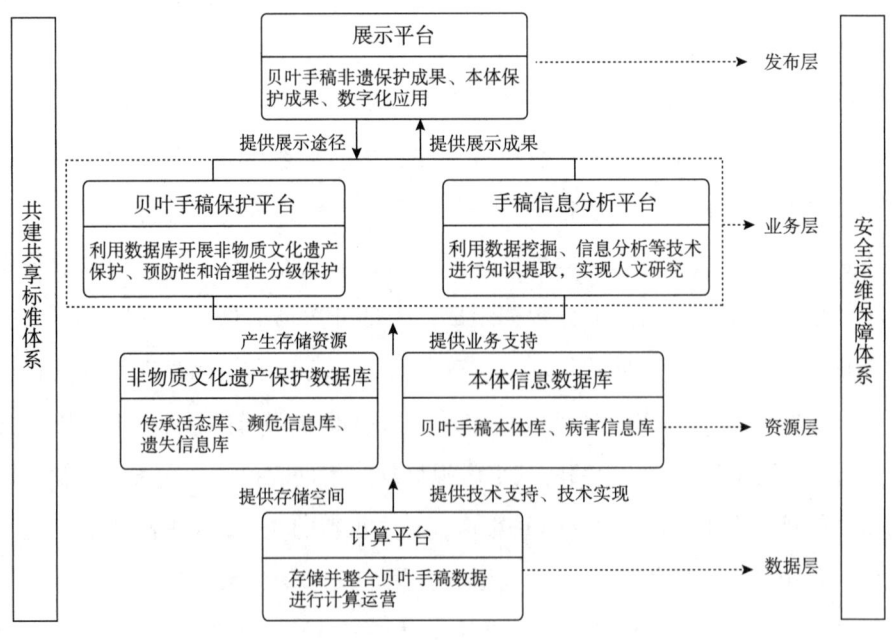

图6-1　贝叶手稿信息化共享平台

我国贝叶手稿分布遍及不同的省份和地区，保管机构类型多样，包括博物馆、档案馆、文物部门、科研院所、寺庙等，还有大量民间收藏、个人保管，这意味着应由国家层面出台相应政策，确定手稿保护工作的行政主管部门，负责信息平台的规划建设和监督运营，并联合科研机构牵头制定一系列标准，保障数字化和信息共享的质量。在顶层设计的基础上，在地方层面的保管机构设置服务器，通过互联网连为一体，共同维护信息平台的运行，并在分级开放的前提下，根据所获取的权限范围安装并运行数据库，利用授权制度、数字加密技术保障信息资源在上传汇总和提供利用过程中的安全性。

第 7 章
移位——贝叶手稿传播性保护研究

英语中的"传播"（communication）源于拉丁语"cominunis"，原义为"分享"和"共有"。国内学者将"传播"的定义内涵归纳为以下三点：一是具有社会性，即人类能够通过传播沟通彼此的思想、调节各自的行为；二是不同信息之间的交流、沟通与共享的过程；三是一个持续不断的、复杂的、具有合作建构意义的交流过程。❶ 简单来说，传播指的是"人类运用符号进行信息传递或接受的社会互动过程，这一过程并不仅是纯粹的原有思想的获知，而是在交流和共享信息的过程中，可能会形成、创造出新的思想"。❷ 传播学先驱拉斯韦尔在《社会传播的结构与功能》中归纳总结了传播的三种社会功能，其中第三个功能提到传播可以传递社会遗产，使社会文化代代相传。❸ 可以说，文化是传播的语境与内容，而传播是文化生存和发展的内在要求。

2022 年 2 月，中共中央宣传部、文化和旅游部、国家文物局印发了《关于学习贯彻习近平总书记重要讲话精神 全面加强历史文化遗产保护的通知》（以下简称《通知》），❹ 要求不断提高遗产价值挖掘阐释和传播推广水平，在国家层面将传播纳入文化遗产的保护工作体系中。《通知》要求将资源禀赋有效转化为传播动能，多措并举阐释宣传新时代历史文化遗产保护的新进展新成就。只有在文化传播中

---

❶ 白晶，姜丽斐，付颖. 跨文化视野下中西经典文学翻译研究［M］. 长春：吉林大学出版社，2018：154.
❷ 于云龙. 遗产与传播：传播学理念下的建筑遗产保护［D］. 重庆：重庆大学，2015：6.
❸ 拉斯韦尔. 社会传播的结构与功能［M］. 何道宽，译. 北京：中国传媒大学出版社，2013：37.
❹ 兰琳宗. 心存敬畏 守护历史文脉［EB/OL］.（2022-02-23）［2022-04-15］. http：//www. qstheory. cn/qshyjx/2022-02/23/c_1128408864. htm.

系统展示历史遗存中蕴含的哲学思想、人文精神、价值理念，才能汇聚全社会的力量，增强文化遗产的保护意识，营造良好的社会氛围。也只有传播好文化遗产的相关研究成果，才能准确揭示蕴含其中的民族精神和文化传统，提供多样化的文化供给，进一步丰富人民精神世界、增强民族精神力量。❶ 这些要求为贝叶手稿的传播研究指明了新的方向。

贝叶手稿本体以及其制作技艺和传承人是贝叶文化的核心载体。随着社会发展，人们的生活方式、价值观念也在不断改变，手稿原本的社会功能逐渐消失，但是贝叶文化的精神内涵不应消失，要将它新的文化功能与社会语境相适应，在活态传播中实现整体性保护。

7.1 贝叶手稿传播性保护的提出背景

文献传播是指承载知识的文献通过各种不同路径，传播到不同目的地的过程。❷ 文献具有传播性，是能够影响社会思维模式和文化传统的信息存储者，借助它不但可以了解过去，也可以有目的地塑造当代社会的世界观。随着媒介技术和工具的发展，文献领域不断探索有效的传播方式来发挥信息价值，在开发利用和传播文献信息资源的前提下服务国民经济、科学研究、文化建设。❸

传播是文化遗产从古至今得以存续的基础。文化传播学者将历时性传播界定为传承，将共时性传播视为文化的扩布。文化遗产保护领域所谓的传播则更多地是指穿越空间的文化扩布，既是保护的目的，又是保护的手段。《保护非物质文化遗产公约》通过对"保护"概念的阐释，将遗产的宣传、弘扬纳入概念的外延部分。❹ 《文化遗产阐释与展示宪章》（*Ename Charter for the Interpretation of Cultural Heritage Sites*，又称为"艾兰姆宣言"）第一次正式在遗产保护理论中引入"传播"

---

❶ 人民网. 全面加强历史文化遗产保护 [EB/OL]. (2022-02-21) [2022-08-01]. https://baijiahao.baidu.com/s?id=1725323240113127675&wfr=spider&for=pc.
❷ 王余光. 中国阅读通史：魏晋南北朝卷 [M]. 合肥：安徽教育出版社，2017：96.
❸ 吴宝康. 档案学概论 [M]. 北京：中国人民大学出版社，1988：233.
❹ 保护非物质文化遗产公约 [EB/OL]. (2003-10-17) [2022-7-28]. http://www.moe.gov.cn/srcsite/A23/jkwzz_other/200310/t20031017_81309.html.

的概念。❶ 此后关于遗产传播保护的理念不断凸显，《威尼斯宪章》也提到了传播对遗产保护的重要意义。❷ 可见，国际保护组织对于文化遗产的传播性保护已达成共识：遗产保护包括传播行为，这一行为包括阐释、展示、教育等要素，这一系列行为要素通过强化公众对文化遗产价值的认知而触发长久的关注和保护行动，从而形成传播对保护的反哺机制。我国2011年颁布实施的《中华人民共和国非物质文化遗产法》将传播和传承并列提出，从法律层面规定了传播措施和传承保护处于同等重要的地位，均属于非物质文化遗产保护工作的一部分。❸ 可见，除了认定、记录、建档等保护措施，我国已将传承性保护和传播性保护纳入非物质文化遗产保护的法律体系。除此之外，截至2016年5月，我国各省、自治区、直辖市共出台了18个省级非遗保护的法规条例，也将"传播"明确纳入遗产保护的系统工作中。表7-1统计了部分不同级别文化遗产保护工作相关公约或条例，这些公约或条例均在不同章节对文化遗产的传播性保护工作作出规定和诠释。

表7-1 不同级别公约或条款中关于"传播"工作的阐释

文件级别	文件名称	内容
国际层面	保护非物质文化遗产公约❹	第2条 3."保护"指采取措施，确保非物质文化遗产的生命力，包括这种遗产各个方面的确认、立档、研究、保存、保护、宣传、弘扬、承传（主要通过正规和非正规教育）和振兴
	文化遗产阐释与展示宪章❺	序言 公众传播的重要性在于它是更大规模的保护程序的必要组成部分
国家层面	中华人民共和国非物质文化遗产法❻	第1章 总则 第3条 国家对非物质文化遗产采取认定、记录、建档等措施予以保存，对体现中华民族优秀传统文化，具有历史、文学、艺术、科学价值的非物质文化遗产采取传承、传播等措施予以保护

---

❶❺ 杨红. 非物质文化遗产展示与传播前沿 [M]. 北京：清华大学出版社，2017：307.
❷ 于云龙. 遗产与传播：传播学理念下的建筑遗产保护 [D]. 重庆：重庆大学，2015：3.
❸❻ 中华人民共和国非物质文化遗产法 [EB/OL]. (2000-04-18) [2011-05-10]. http://www.npc.gov.cn/zgrdw/huiyi/lfzt/fwzwhycbhf/2011-05/10/content_1666069.htm
❹ 保护非物质文化遗产公约 [EB/OL]. (2003-10-17) [2022-7-28]. http://www.moe.gov.cn/srcsite/A23/jkwzz_other/200310/t20031017_81309.html.

续表

文件级别	文件名称	内容
国内省级层面	浙江省非物质文化遗产保护条例❶	第1章　总则 第5条　宣传、新闻出版、广播电视等部门以及相关媒体应当宣传非物质文化遗产保护工作，普及非物质文化遗产保护知识，培养全社会非物质文化遗产保护意识。 第2章　保护职责与保护经费 第8条　县级以上人民政府文化行政部门应当履行非物质文化遗产保护的下列职责：（四）组织开展非物质文化遗产展示、交流活动
	云南省非物质文化遗产保护条例❷	第1章　总则 第5条　县级以上人民政府文化行政主管部门负责本行政区域内非物质文化遗产的保护工作。其职责是：（五）组织开展非物质文化遗产保护的宣传活动…… 第2章　保护名录 第11条　非物质文化遗产项目的保护责任单位应当履行以下职责：（四）开展该项目的研究、展示和宣传活动； 第3章　传承与传播 第24条　县级以上人民政府应当结合民族节庆、民间习俗等，组织开展非物质文化遗产项目的展示、宣传和推介活动。 第25条　各级文化馆（文化站）、图书馆、博物馆、科技馆等公共文化机构应当开展非物质文化遗产的宣传、展示、传播等工作，普及非物质文化遗产保护知识。 报刊、广播、电视和互联网等公共媒体应当宣传和普及非物质文化遗产保护知识

在交叉学科领域，国内外学界对于遗产传播（heritage communication）的关注使得这一研究对象已经成为一个交叉研究的新兴热点。2009年，国家文物局主办的首届"文化遗产与传播"论坛在北京召开，由文化遗产保护领域与传播学界的专家共同研究文化遗产传播问题，这意味着过去关于单纯延长文化遗产寿命的保护模式逐渐发展为遗产所代表的文化和人类社会之间的信息传递的保护模式，在这种情况下，传播性保护的理念更加突出。❸贝叶手稿是我国珍贵的文献遗产，其制作装帧技艺是我国非物质文化遗产的一部分，在贝叶手稿传播性保护中将文化遗产参与者、保护技术和文化接收者结合起来，通过媒介传播的分析思路，将贝

---

❶ 浙江省非物质文化遗产保护条例［EB/OL］.（2007－06－01）［2020－07－28］. https：//www.zj.gov.cn/art/2007/6/1/art_1229005922_38339.html.
❷ 云南省非物质文化遗产保护条例［EB/OL］.（2013－04－09）［2020－07－28］. http：//www.ynich.cn/view－11312－965.html.
❸ 于云龙. 遗产与传播：传播学理念下的建筑遗产保护［D］. 重庆：重庆大学，2015：7.

叶文化遗产与保护观念植入社会公众心中，最终实现文化遗产的价值共享与世代传承。

在国家文化政策方面，我国一直倡导要积极拓展文化对外交流平台，推进中华文化"走出去"，多渠道提升中华文化国际传播能力，向全世界讲好中国故事、传播中国声音，塑中国形象，全面生动展现中华文明的灿烂成就和对人类文明的重大贡献，扩大中华文化国际影响力，增进文明交流互鉴，营造良好国际合作氛围，弘扬跨越时空、超越国度、富有永恒魅力、具有当代价值的文化精神。这些政策背景要求我们在进行贝叶手稿保护过程中，做好传播性保护工作，将手稿所承载的文化结晶向国际贝叶文化圈传播出去，不但连接西南丝绸之路的文化脉络，还能够向全世界展示我国不同民族的文化多样性。

比较而言，传承性保护是从时间层面对文化的一种纵向传递，传播性保护是从空间层面对文化的一种横向传递，两者的结合可以使文化遗产实现跨时空的保护。贝叶文化属于我国灿烂民族文化的一部分，本身具有独特的魅力，通过有效传播，可以让社会各个层面的公众了解，提高全民保护意识。

7.2 传播对保护工作的反哺机制

贝叶手稿的研究成果通过不同传播渠道被受众接收后，将对其整体性保护工作产生长远且有益的影响。从传播学研究视角，这种效果将从三个层面发生作用。[1]

首先，在认知层面，贝叶手稿传播内容被受众接收后，棕榈叶载体的形状、尺寸、颜色、保存现状、内容信息等通过语言、图像或视频符号首先作用于受众的知觉系统和记忆系统，在增加知识量的基础上改变受众的知识结构，在认知层面产生浅层传播效果，为受众心理和行动的改变奠定基础。贝叶手稿所呈现的文化遗产生命力是否顽强，在很大程度上取决于懂得其价值的民众之多寡。认知层面的传播能够有效增加认识和了解贝叶手稿的人数，提高贝叶手稿的关注度。该层面传播效果的衡量指标即受众对传播内容的"知晓度"，可以参考点击率、关注

---

[1] 张国良. 传播学原理[M]. 上海：复旦大学出版社，1995：210.

度、阅读或收听率等具体数值。

其次，在认知和了解贝叶的基础上，传播效果将进一步作用在受众的心理和态度层面，无论是对载体的珍稀程度、制作装帧形制之美感、传承人的坚守和匠心，还是对贝叶手稿信息资源开发的期待，都将在受众感知的基础上产生特殊情感，激发全社会的文化自信，并进一步影响受众思维，引起保护贝叶手稿的文化自觉。对传播内容观点的认同度、满意度、信任度等可以作为该层次传播效果的评价指标。

最后，态度和情感可以通过人的言行表达，此时传播的高级效果就作用于受众的语言系统和行为系统，即在对贝叶手稿产生情感的基础上产生保护的实际行为。至此，传播对保护的反哺机制得以完成，传播性保护的效果将体现在不同受众群体的言行中。贝叶手稿的传播对保护工作的反哺机制如图 7-1 所示。

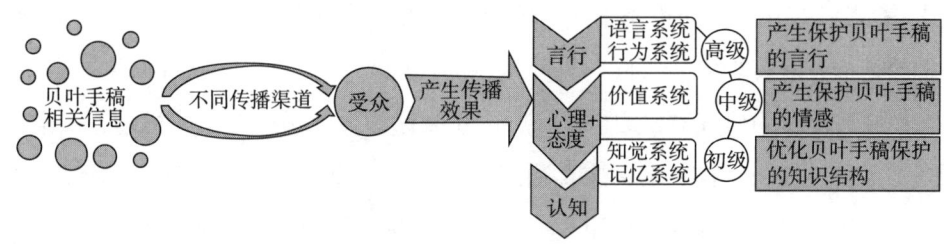

图 7-1 传播行为对保护工作的反哺机制

贝叶手稿传播性保护的目的，不是同情和救助非遗传承人，更不是通过传播在保护工作中获取捐赠和利益，而是为贝叶手稿所承载的文化遗产营造良好的传承和发展环境，让全社会对不同民族文化结晶产生认同和接纳。

7.3 贝叶手稿传播性保护模式研究

7.3.1 "5W"传播模式的引入

传播模式是一种将传播理论简化并引入现实应用的形式，有助于明确直接地表述理论。传播学的相关模式研究是用来表明传播结构或传播过程的主要组成部分，例如符号、信息两者的运动规则，以及这些部分之间的相互关系。

拉斯韦尔提出的"5W"模式至今是经典、实用的传播模式,"5W"分别指:who, to whom, say what, in what way, with what results,即传播者向受众传播了什么信息/符号,用了什么传播方式,传播效果如何,❶清晰地表明了传播过程和传播研究的主要内容。对贝叶手稿进行传播性保护,需要明确这五个关键要素的内容,以及它们之间的相互关系,才能产生良好的传播效果,达到文化遗产保护的目的。

7.3.2 基于"5W"传播模式的传播策略

7.3.2.1 依托政府促进传播主体的通力合作

传播主体是指利用某种传播技术和工具传播信息并主动作用于他人的组织或个人。❷贝叶文化遗产的传播主体包括个人、团体或组织。❸个人指贝叶手稿制作装帧技艺的各级传承人或工匠、贝叶手稿的民间收藏者。团体或组织包括主流媒体、以贝叶手稿为研究对象的科研院所、收藏保管贝叶手稿的文博机构、档案馆、图书馆等公共文化机构、负责文化遗产保护工作的政府职能部门和国际组织。随着世界各国对文化遗产保护的重视,政府部门在政策制定和实质性保护工作中可以调动社会各方面力量促进保护工作的开展,在贝叶手稿的传播中也应依托政府力量,做好政策导向,提升传播效果。作为传播活动的发起者,传播主体还要对传播信息进行甄别、筛选、审查、过滤,承担传播内容"把关人"的角色,保证信息的权威性和准确性,政府部门具有信息传播的公信力,能够通过各种途径为传播内容把关。因此,单靠个人或某个组织的力量还不足以完成贝叶手稿的传播性保护,需要依托政府力量,组建包括非遗传承人、技艺人、保护技术专家、保管单位、媒介等在内的传播团队。

国外在文化遗产传播保护方面已经进行了探索,并根据本国特点确定了传播主体的主导者。

埃及文化部主导国家文化遗产的传播保护工作,并专门成立了艺术和文化遗产研究部。1981年通过艺术学院的教育系统建立了埃及民俗学高等研究所,由民俗学

---

❶ 展江,何道宽. 社会传播的结构与功能 [M]. 北京:中国传媒大学出版社,2013:35.
❷ 路春艳,张洪忠. 大众传播学教程 [M]. 北京:北京师范大学出版社,2007:16.
❸ 柴颂华,吕尚彬. 基于"5W"模式下的非物质文化遗产传播研究 [J]. 学术论坛,2016,39(7):149–153.

和人文学科领域的专家学者组成。国家博物馆通过举办国际会议和民间艺术节、设立文化遗产奖项等活动积极参与了文化遗产传播工作。❶

法国文化部将部门职责确定为"通过向大多数法国公众提供接触法国文化遗产核心的机会来确保公众对法国文化遗产持续不断的兴趣，并促进艺术创作、文化传承和传播"，因此，为做好文化传播工作，以文化部为传播主体的主导者，联合博物馆、遗产保护机构、私人持有者，将每年9月的第三个周末定为"文化遗产日"。2004年，法国文化部又和法国联合国教科文组织全国委员会确定了"法国非物质文化遗产日"，每年确定一个宣传主题，在节日庆典活动中向全世界传播法国非物质文化遗产档案。法国还拥有数量庞大的专门从事文化遗产保护的民间组织和文化协会，这些协会组织具有强大的宣传力量。私人业主的文化遗产一旦被政府列为保护对象，则会有专家参与保护工作，并由政府拨付专门的保护宣传经费，因此私人业主对文化遗产的传播工作具有很高的热情，并在法国非物质文化遗产日当天配合民众的参观游览活动。❷

日本文化厅制定了一系列政策法律保证文化遗产的传播保护。从2015年开始，日本文化厅实施了文化遗产魅力发送推进事业，将零散的遗产由点及面，通过整体宣传包装形成文化遗产群，强化整体宣传效应，促进地域品牌化和民众对当地文化的归属认知；博物馆同样承担了传播文化遗产并进行社会教育的任务，通过展陈来传播文化遗产的历史传统与文化内涵；高校负责对博物馆从业者——学艺员进行培养输出。❸ 截至2020年5月，日本文化厅官网公布，设置学艺员课程的四年制高校共有294所，❹ 占日本所有高校数量的37%。❺ 在中小学阶段，教育部门不断增加传统艺术课程的比重，并不定期邀请歌舞伎等日本国粹传承人群到学校讲学，开展民俗技艺，例如日本武道、茶道、花道、舞蹈等传统文化的学习和体验活动。❻

和以上国家以政府主导进行文化遗产传播的模式不同，美国和德国均不设立

---

❶ MORSI A. Research and preservation projects on intangible heritage [J]. Museum International, 2005, 57：6.
❷ 吴家鹏. 法国历史文化遗产保护意识宣传教育的启示：法国文化遗产日 [C]//中国民族文博（第三辑），2010：443-447.
❸ 日本博物馆法明确规定博物馆的正式职员——学艺员需要有国家认定的资格，获得这一资格需要通过资格考试或在本科教育阶段满足规定的学分要求，这一规定极大地提高了博物馆工作人员的整体素质。
❹ 何彬, 马文. 日本高校非物质文化遗产教育的学科构建及其反思 [J]. 民俗研究, 2021 (5)：31-38.
❺ 截至2022年，日本有高校795所，其中，国立大学86所、公立大学94所、私立大学615所。
❻ 郑土有. 非物质文化遗产保护中的"儿童意识"：从日本民俗活动中得到的启示 [J]. 江西社会科学, 2008 (9)：24-29.

国家层面的行政管理部门，而是将文化遗产传播工作交给民间或地方政府处理。美国通过独立机构和非政府组织主导文化遗产传播活动，私立博物馆和公立博物馆通过民间组织、企业、学校、家庭的捐款开展文化传播活动。同样的，德国依靠社会力量进行文化传播工作。表7-2统计了一些国家文化遗产传播的主体构成。

表7-2 不同国家文化遗产传播主体构成❶

国家	传播主体的主导者	传播主题成员
埃及	文化部	艺术和文化遗产研究部 民俗学高等研究所 埃及民间传统协会
法国	文化部	博物馆 遗产保护机构和协会 私人持有者
日本	文化厅	博物馆 高校 中小学
美国	社会力量	国家艺术基金会 国家人文基金会 博物馆与图书馆服务署 联邦艺术与人文委员会 总统艺术与人文基金会 博物馆
德国	社会力量	德国联合国教科文组织全国委员会 民间组织

根据对不同国家传播主体的分析，发现传播的主导者受到国家文化体制、政府运行模式等国情的影响。政府主导进行文化遗产传播有利于集中国家各方面资源和力量，明确目标，统筹规划，分级实施，在传播中还可以调动社会力量积极参与，提升传播效果。社会力量主导则需要有开放、自由、独立、有序的市场环境和完善的政策体系、健全的法规制度，才能形成良好的传播环境。根据我国的实际情况，应建立以政府为主导，联合其他传播主体通力合作的传播模式。文化和旅游部作为国务院组成部门、正部级政府机构，具有指导、管理文化交

---

❶ 刘婧. 国外非物质文化遗产档案信息传播的模式及启示 [J]. 山西档案，2021（2）：35-45.

流、宣传、推广的工作职责,并同时负责非物质文化遗产保护、宣传和传播工作。❶可见,文化遗产的传播保护工作属于文化和旅游部的工作职责,作为国家权力机构,通过有效行使自己的组织权力,不但可以在不同地域、不同领域的文化传播工作中起到统筹规划、协调平衡的作用,而且可以针对多方诉求,从整体性和全局性的角度整合利用有效资源,保证现有条件下取得更好的传播效果,同时,作为政府机构,由其进行传播信息的甄别筛选,更具权威性和公信力。因此,文化和旅游部应作为贝叶手稿传播性保护的核心主体,指导各级文化主管部门,并联合文博机构、图书馆、档案馆、教育科研机构、民间组织和传承人群的力量,共同作为传播主体,通过制定持续性、全局性、指导性的保护政策,自上而下推动贝叶手稿保护的传播工作。

7.3.2.2 扩大传播范围,细分受众层次

传播受众作为传播过程的信息接收方,不但是媒介信息的消费者,也是传播效果的反馈者,在一定条件下也可以转换为传播主体。因此,在传播贝叶手稿信息要素时应扩大受众范围,鉴于传播受众不同的知识结构、生活环境、阅读习惯,其对信息的需求和接收具有多元性,还应将受众划分为不同的群体进行分众传播,进一步增强传播效果。❷

首先,在传播空间层面扩大受众范围。贝叶手稿属于我国少数民族文化成果的一部分,在民族聚集地具有较高的认知度,被当地居民视为民族认同感和归属感的载体。贝叶文化所在地的居民是贝叶手稿遗产和非物质文化遗产技艺传播的主要受众,但随着我国文化遗产传播工作的加强,还应对贝叶文化区域之外的受众人群进行传播:一类是进入文化区域的外来流动人员,另一类是未进入文化区域内的受众。对于前者,无论是前往旅游还是开展新的工作生活,都会在进入贝叶文化区域的同时主动接收相关地域文化的传播,并结合当地的人文风情、民族特色获得良好的传播效果;对于后者,由于处于贝叶文化区域以外,相关信息传播有限,对贝叶手稿的了解程度较低,需要设置特定的传播渠道,将贝叶手稿在新时代的文化形象主动传播过去,使受众在感受人类文化瑰宝魅力的同时增强保护意识。

---

❶ 易硕. 非物质文化遗产司 [EB/OL]. (2021 - 06 - 08) [2022 - 05 - 15]. https://www.mct.gov.cn/gywhb/jgsz/bjg_jgsz/201809/t20180911_834746.htm.
❷ 张顺艳. 互联网分众传播发展浅析 [J]. 东南传播, 2009 (10): 66 - 68.

其次，根据受众特征扩大传播范围。社会公众具有不同的年龄跨度和职业分布，其文化程度也不均衡，为保护和传承我国文化遗产，除了传承人群、科研工作者和兴趣爱好者，还应将文化传播扩展到更广泛的社会公众中，在贝叶手稿传播实践中将专家和普通民众，特别是青少年，整合为参与贝叶文化传播性保护的一个行动主体。日本文化遗产保护非常重视对儿童和青少年的传播，通过在国立剧院开展歌舞伎等传统艺术鉴赏节目、在教学活动中引入非物质文化遗产技艺的展示和互动，扩大传播受众的年龄层面，唤起青少年维护民族文化根脉的自觉意识。近年来，为了保护各民族文化遗产，我国加大了中小学传统文化教育的力度，还建立了大量的非物质文化遗产博物馆，例如建立了中国非物质文化遗产馆、中国曲艺非遗博物馆等，不但为青少年成为文化遗产受众提供了良好的教育场馆，还使普通民众有机会接触和了解我国各民族的文化遗产，使我国优秀的传统文化为全民共享。

最后，根据受众特征，进行分众传播。通过对传播受众进行调研，按照受众特征进行分类，根据不同类型特征以特定方式传递差异化信息。对贝叶文化资源的传播不仅要扩大范围，还要根据受众的年龄、知识结构、需求提供差异化信息。对低龄化人群的传播以趣味性信息为主，对知识结构单一的受众以介绍性信息为主，对以贝叶手稿为研究对象的受众以专业化信息为主。这种对受众进行分层并提供针对性传播内容的模式能有效地提高传播的针对性和有效性，通过对特定人群指向性信息的传播能够集中已有资源作用于目标群体，有的放矢，减少资源浪费。

7.3.2.3 内容为王

传播内容是指传播过程中传播主体向受众传递的信息，是传播效果的关键所在。对贝叶手稿遗产传播内容的把握应从以下几点入手。

第一，保持原始属性。贝叶手稿内容信息是不同民族文化的结晶，其制作装帧技艺是珍贵的非物质文化遗产，这些都是不同民族在长期历史发展进程中沉淀下来的人类文明，蕴含着独特的历史、文化、审美等多重价值，因此对贝叶文化相关信息的传播，应以真实客观的立场，融合历史语境，还原其原生态，向受众传播信息内容的同时还要传播其原始属性，体现文化遗产的独特魅力。

第二，利用贝叶手稿共享利用平台，创新传播内容。

贝叶手稿的整体性保护模块之间具有逻辑关联性，在保护过程中互相配合补充。在再生性保护模块中建立的共享利用平台共有三个数据库，存储了贝叶手稿保护相关的信息，业务层开展的保护工作和人文研究，以及展示平台所展示的各项保护成果，都能够为传播工作持续提供丰富有效的信息。

第三，创建有针对性的非遗传播内容。

不同受众对传播内容的广度、深度要求有所差异，在全面了解受众特点的基础上，根据受众的年龄、文化程度、兴趣喜好等特点，创建有针对性的传播内容，提供更加贴合受众需求的传播信息。

首先，对文献修复保护的目的是挖掘文化发展史中的珍贵文化遗产，汲古润今。通过对贝叶载体进行知识挖掘，可以获得并传播贝叶手稿装帧样式的艺术特征和美学思想。艺术具有族群认同、身份诉求的表达作用，通过在不同群体之间的交流和冲突，体现人类不同文化群体之间的微妙关系。对信息记录内容进行研究可以获得大量珍贵的知识结晶，根据手稿中种类丰富的文字信息，可以进行古代语言学的相关文化传播。其次，在进行文字翻译和释读的前提下，可以传播手稿中不同国家和地区的天文地理、阴阳历算、哲学、法律等知识。最后，丰富的佛教经文、佛教活动、佛教哲学等宗教知识可以在佛教研究界传播，这些内容的传播成为贝叶文化群体获得持续认同感的文化基因，同时增强了人类社会对文化多样性和人类创造力的尊重。在贝叶手稿制作方面，针对传承人和技艺传承方法进行知识挖掘，将传播艺术和技术相结合开发典型案例，不但是专业人士的兴趣所在，而且可以通过阐述方式的转变能够引发普通民众的热情。例如《我在故宫修文物》等文物修复类电视节目的兴起，就印证了公众对于维系文化遗产生命力的技艺和匠心的推崇。贝叶手稿可供挖掘传播的主要内容如表7-3所示。

表7-3 贝叶手稿传播内容

信息挖掘对象	知识挖掘	文化传播
载体	装帧形式	装帧艺术； 美学思想
记录内容	梵文、巴利文、老傣文等语言文字； 文献信息	不同国家和地区的古代语言学； 东南亚、南亚地区和我国的天文地理、阴阳历算、哲学法律等知识体系； 佛教经文、佛教活动、佛教哲学
制作技艺	传承人； 保护修复专业人员	贝叶手稿制作步骤的基本认知和感官体验； 贝叶手稿整理保护工作情况； 贝叶保护修复纪录片和综艺节目； 制作修复保护的培训、讲座、赛事

7.3.2.4 传播方式的科技化和生态化

传播方式是指运用一定的技术，选择合适的信息渠道将信息传达给外界的方式。在贝叶文化遗产传播中，非物质文化遗产技艺传播的传统方式是通过"口传心授"，由传承人群以代际传播的形式，一代一代向下传递。这种文化流转其实属于纯粹的人际传播，在保护工作中被界定为传承，虽然传播范围窄、力度小，但是传播效果好，能够有效避免技艺失传和遗产消失。

人类学所定义的"传播"，还包括借助技术和媒介实现的跨民族、跨地区的大众传播。传统时代的大众传播借助于编研书籍、报刊等纸媒和图文展览的方式，随着新媒体的发展和互联网技术的普及，贝叶手稿的传播应采取传统媒介和新媒体相结合的方式。

传统媒介对贝叶手稿信息传播的要求较高，信息经过筛选加工后有严格的把关过程，这使得传统传播更具权威性，信息可信度和受众依赖性更高。因此对文化遗产的传播不能离开传统的传播方式。但是随着受众信息接收习惯和方式的改变，和大众对传播效果提升的要求，传统的传播方式已无法满足社会需求。档案馆、博物馆利用3D技术、虚拟现实技术、移动互联技术，通过简单的穿戴设备或人机对话，就能便捷获取传播信息，在互动中收获知识和分享乐趣，这些沉浸式体验是吸引更多受众、增强传播效果的有效渠道。国内一些博物馆内设置的手作体验空间使技艺传承者和参与者成为学习共同体，在共同享有文化遗产的前提下演化为同一文化的维护者。一些线下活动能够在社会上引起更多的关注和共鸣，产生与非物质文化遗产的情感互动。例如北京市西城区非物质文化遗产保护中心于2014年启动每届5个"濒危非遗项目"的传承志愿者招募活动。来自不同领域的志愿者参与非物质文化遗产传承活动的各个环节，成为非物质文化遗产传播的有效力量。在全社会范围内开展竞赛也是宣传的有效途径。北京市从2015年开始，启动了非物质文化遗产时尚创意设计创新作品竞赛，每年有近千人报名。❶ 为加强在青少年层面的传播效果，还可以开展各项夏令营活动，创造传统文化体验之旅。

新媒体将电子媒介过渡到真正的数字媒介，增强了贝叶文化的传播效果，是文化传播的主要途径和未来发展的大趋势，不但能够丰富传播内容、加快传播速度，还能在时空领域极大地拓宽传播渠道，实现传播者与受众之间的良好互动。

---

❶ 董文. 2017北京非物质文化遗产时尚创意设计大赛开启［EB/OL］.（2017－07－06）［2022－08－15］. https：//yule.sohu.com/20170706/n500089248.shtml.

新媒体是指在信息传播领域出现的以数字技术为基础，通过计算机网络、无线通信网、卫星等渠道，以计算机、手机、数字电视为终端，向受众进行传播的形态。❶新媒体主要包括网络媒体、手机媒体、网络电视，传播途径如表7-4所示。

表7-4 新媒体传播贝叶手稿的主要途径

新媒体传播的类型	传播途径	示例
网络媒体	搜索引擎、新闻网站、遗产保护网站、博客、论坛、电子图书/期刊/报纸、开放数据库、在线视频媒体	贝叶经研究数据库、腾讯视频、中国手艺人网、豆瓣的兴趣小组、知乎的知识社区
手机媒体	微信公众号或朋友圈、抖音/快手等社交媒体、手机图书/期刊/报纸、直播、新闻App	"档案那些事儿"公众号、中国古籍保护协会公众号、网络直播
网络电视	文化综艺类节目、教育类节目、纪录片	百视通、爱奇艺、哔哩哔哩

利用计算机通过各种搜索引擎、文化遗产类网站、博客、电子图书/期刊/报纸、开放数据库、在线视频媒体等方式可以进行贝叶手稿文化资源的传播。中国手艺网和腾讯视频联手打造了《国潮手艺人》节目，是全网首档聚焦非物质文化遗产传承人传承创新的短视频节目，于2019年12月18日在腾讯视频上线，以两位明星艺人探寻中国传统文化手艺人的形式探索传统文化。传播受众定位于年轻且接受过良好教育的用户，官方统计，在腾讯视频总播放量达4998万人次，观众年龄集中在18~29岁人群，男女性别比例各半，本科学历群体占比达41.06%，❷可见以这种方式对年轻一代进行传统文化的传播可以取得良好的传播效果。手机、平板等移动终端利用微信公众号或朋友圈、抖音/快手等社交媒体、直播等途径已成为普通民众最易接受的传播途径。2017年，《光明日报》在互联网上推出了30场"致非遗 敬匠心"大型直播，总观看人数达到了3000万人次，❸为更多年轻人提供了认识非物质文化遗产的渠道，打开了了解传统文化的窗口。在档案和古籍保护研究领域，有不同机构或团体设立的用于传播相关信息的公众号，例如中国人民大学信息资源管理学院主办的"档案那些事儿"，在全国档案局馆和高校有大量受众；中国古籍保护协会公众号在古籍保护信息传播方面也开展了大量工作。随

---

❶ 匡文波. "新媒体"概念辨析 [J]. 国际新闻界，2008（6）：66-69.
❷ 手艺君. 中国手艺网《国潮手艺人》收官志！[EB/OL]. （2020-02-24）[2022-04-28]. http://www.wodsy.com/news/60edbcc67bc941dea70de3973a4e3c46.html.
❸ 李晋荣. 让传统文化在"互联网+"时代活起来 [EB/OL]. （2019-03-20）[2022-04-28]. https://epaper.gmw.cn/gmrb/html/2019-03/20/nw.D110000gmrb_20190320_1-13.htm.

着数字技术在电视传媒领域的发展,可接入互联网的智能电视和各种"电视盒子"成为以家庭为单位进行传播的重要渠道。这些平台开发了大量文化遗产传播的教育综艺类节目和纪录片。新媒体传播渠道整合录音、录像、文字、图片等各种资源共同构成立体丰富的文化传播内容,充分利用新媒体技术为其赋能,不但使媒介影响力得到增强,还具备将贝叶手稿保护相关信息无限放大的功能,有助于打造新的整体社会记忆。

除了新媒体传播渠道,生态博物馆概念的引入也为贝叶文化的传播性保护提供了新的途径。这一概念起源于1971年法国"新博物馆运动"所倡导的博物馆新形态。❶ 不同于传统博物馆以特定建筑固化文化遗产的展示传播空间,生态博物馆强调在原生地传播和保护文化遗产,以某个具有互助关系和文化维系力的聚居区域展示原住民的生活聚落环境、生产痕迹、日常生活形态,以此实现对某种人类文明和文化遗产的传播,更容易产生文化与生态环境之间强烈的互相尊重、认同等情感关联,是实现活态保护的重要方式。西双版纳州民族风情园就是在非物质文化遗产活态保护的基础上进行贝叶传播保护的典型案例。该民族风情园内聚集着西双版纳州的傣族、哈尼族、拉祜族等不同少数民族的村寨,为游客展示少数民族的风俗历史、民俗活动、文化遗产等,通过在小范围内仿制原生态进行保护,不但为西双版纳州当地居民保留了传统民俗文化的展示空间,也为国内外不同民族的游客提供了沉浸式的文化体验。

针对贝叶手稿的传播保护,该民族风情园内有两个不同的非物质文化遗产保护和传播渠道。一是在风景优美的傣族村寨聚合成的傣族风景区,设置了贝叶手稿制作技艺的国家级非遗传承人波空论先生的传习所。旅游开发公司每年给予传习所固定的资金支持,传习所将制作的贝叶手稿出售给游客,经济收入归波空论先生所有。来往游客不但可以在传习所与波空论先生交流贝叶手稿制作技艺的相关问题,还可以近距离欣赏制作装帧的全过程。波空论先生刻写的贝叶手稿清晰工整、笔法苍劲,一度享誉缅甸、泰国、老挝、越南等国家,一些佛教徒专门购买他制作的贝叶手稿。图7-2展示了波空论先生刻写的贝叶手稿。游客们通过购买传习所的贝叶手稿,将贝叶文化传播给未进入文化区域内的受众。不仅如此,随着贝叶手稿的影响力渐渐增大,传播渠道和传播空间不断扩展。中央电视台、北京电视台、云南电视台等多家电视台曾来到传习所进行采访,展示贝叶手稿的

---

❶ 杨红. 非物质文化遗产展示与传播前沿[M]. 北京:清华大学出版社,2017:83.

制作。波空论先生还曾在瑞士日内瓦万国宫参加由国务院新闻办公室、云南省人民政府、中国驻日内瓦代表团共同主办的"感知中国·美丽云南"系列活动——"云南记忆"非物质文化遗产展。❶ 通过媒体传播的方式，传习所不断扩大空间层面的受众范围。

图 7-2　波空论先生刻写装帧的贝叶手稿

注：上方是完成刻写的贝叶手稿，下方是装帧后的贝叶手稿，侧面刷金漆和红漆装饰，棉绳捆绑。图片由著者在调研过程中拍摄。

在民族风情园内的另一个传播渠道是由坐落在傣族园内的曼春满佛寺开展的贝叶手稿传承活动。曼春满佛寺始建于公元583年，距今已有1400多年的历史，传说是佛教传入西双版纳州后修建的第一座佛寺。寺内一直保留着僧人制作诵读贝叶经的活动。曼春满佛寺在东南亚和南亚地区享有盛名，每逢重大佛事活动，斯里兰卡、泰国、缅甸、老挝及当地的僧侣和信众云集于此，举行朝拜和诵经活动。寺内东北角的藏经阁保存了大量记录佛教经文和历史文化的贝叶手稿。❷ 目前，当地一些坚持制作贝叶手稿的民间工匠都是从该佛寺还俗的僧人。佛寺制作贝叶手稿的传统及其宗教地位，为贝叶手稿的传播性保护起到了很好的作用。著者在云南调研过程中拜访了寺庙中制作贝叶手稿的都比，获赠了都比刻写的一片贝叶，并学习用锅底灰混合植物油为字迹上色，之后用锯末清理干净，如图7-3所示。贝叶脉络清晰，用老傣文和汉字刻写"吉祥如意"，字迹工整有力，叶片左右两端用花纹作为装饰。

---

❶ 张京成. 2018中国创意产业发展报告［M］. 北京：中国经济出版社，2018：306.
❷ 张佐，张俊. 理想而神奇的乐土：西双版纳［M］. 北京：中国旅游出版社，2012：88.

图 7-3 曼春满佛寺僧人赠送的贝叶

7.3.2.5 以反馈提升效果

传播效果是指传播行为对受众心理、态度和行为等方面引起的变化，从广义上理解是指传播在社会上产生的影响结果的总和。[1] 贝叶文化传播根据受众的不同具有不同的传播目的和效果，如表 7-5 所示。传播目的共分为三个层次：文化普及、文化教育、文化研究。这三个层次的受众受教育程度不同、对贝叶研究的专业度要求不同。其中对社会公众的传播目的是普及贝叶文化；对不同学习层次的受教育人群，传播目的是提升其对贝叶手稿的研究兴趣，培养研究团队；对以贝叶手稿为研究对象的专家学者来说，其传播目的则是集中科研人员的集体智慧，挖掘贝叶文化遗产，进行文化成果输出。

表 7-5 贝叶手稿传播目的和效果

传播目的	传播受众	传播效果
文化普及	社会公众、居民	使更多的居民群众了解非物质文化遗产和贝叶文化，实现文化普及
文化教育	不同学习层次的受教育人群	为贝叶文化的传播和研究提供更多的支持者，培养研究团队
文化研究	以贝叶手稿为研究对象的专家学者	集中各个领域的专家、学者，集中科研人员的集体智慧，挖掘贝叶文化遗产资源

随着技术的进步，不同层次的传播效果可以通过各种渠道获得反馈，并在未来传播中根据反馈结果进行调整。不同的传播渠道有不同的反馈依据，如表 7-6 所示。在贝叶手稿制作技艺传承人的传授过程中，因为大多是"口传心授"，所以传播效果可以通过面对面的沟通交流获得反馈。对于博物馆、档案馆开展的以贝叶手稿为主题的各项展览活动，属于沉浸式传播，受众可以亲自在现场接受各种类型的传播内容，不但可以统计分析入馆群众的数量、年龄等信息，还可以利用

---

[1] 郭庆光. 传播学教程 [M]. 北京：中国人民大学出版社，2014：115-172.

参观后的问卷调查进行效果反馈。对于传统纸媒的传播渠道，发行量和受众的阅读量是有效的反馈信息。利用新媒体进行传播，则可以根据其自身特点来决定监测标准，多方位监测各项指标，例如电视节目收视率、互联网浏览量、受众的网络留言等，都可以获得传播效果的反馈。

表7-6　不同传播渠道的效果反馈依据

传播渠道	传播效果的反馈依据
"口传心授"式的线下传播	面对面的交流和沟通
档案馆、博物馆各项展览、活动的沉浸式传播	入馆群众信息、线下或互联网的问卷调查
传统纸媒传播	发行的数量与受众的阅读量
新媒体传播	电视节目收视率、互联网浏览量、受众的网络留言

贝叶手稿遗产的传播会在传播者和受众之间取得情感认同，不但会形成传播效果的规模效应，也会影响其他群体或个人的接受程度。因此，在传播过程中要通过多种渠道获得反馈信息，吸取不同的建议和经验，有效地扩大贝叶文化传播的影响力。

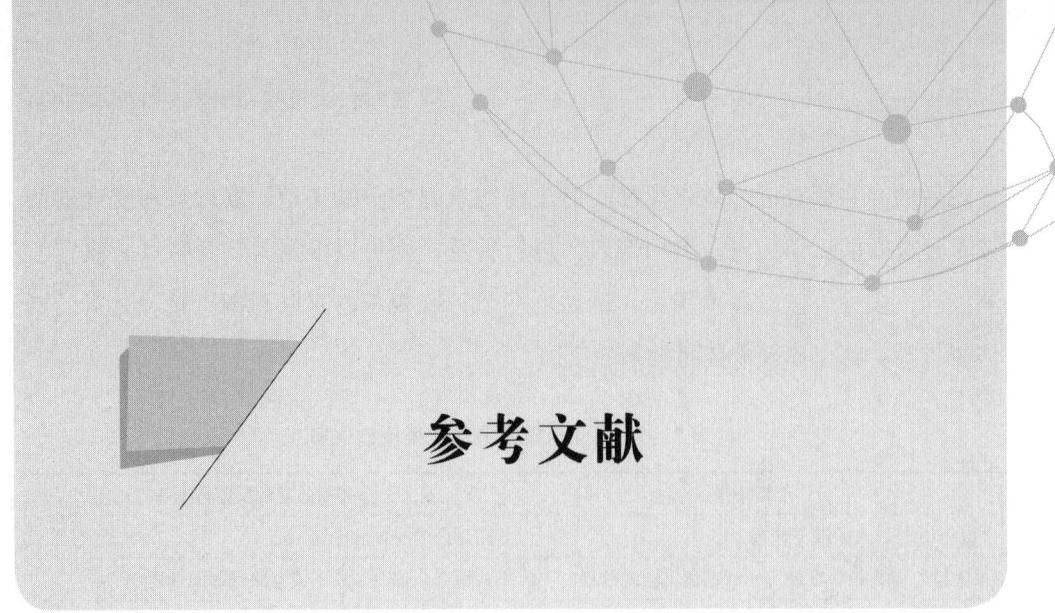

参考文献

图书

[1] 白晶,姜丽斐,付颖.跨文化视野下中西经典文学翻译研究[M].长春:吉林大学出版社,2018:154.

[2] 北京图书馆图书保护研究组.图书档案保护技术资料汇编[M].北京:书目文献出版社,1987:103.

[3] 巢峰.小辞海[M].上海:上海辞书出版社,2014:973.

[4] 陈康,李敏.中药材种植技术[M].北京:中国医药科技出版社,2006:61,64,67.

[5] 陈平.东土佛光[M].杭州:浙江古籍出版社,2008:82.

[6] 陈三阳,裴盛基,王慷林.云南植物志:第14卷[M].北京:科学出版社,2003:1-99.

[7] 陈兆祦,黄坤坊.简明档案学词典[M].北京:中国档案出版社,1993:203.

[8] 陈子丹.外国档案事业史[M].昆明:云南大学出版社,1999:41-42,59,222.

[9] 戴家妙.寐叟题跋研究[M].北京:中国美术学院出版社,2015:25.

[10]《档案学通讯》杂志社.档案学经典著作(第6卷)[M].沈阳:辽宁大学出版社,2017:164-165.

[11] 丁七玲.新文明的使者:白十源传[M].南京:江苏人民出版社,2017:74.

[12] 丁援,马志亮,许颖.文化线路在中国[M].上海:东方出版中心,2020:83.

[13] 段成式.酉阳杂俎[M].北京:中华书局,1981:177.

[14] 冯天瑜.中华文化辞典[M].武汉:武汉大学出版社,2001.

[15] 光泉.吴越佛教(第11卷)[M].北京:宗教文化出版社,2016:187.

[16] 广东省农业科学院果树研究所.菠萝及其栽培[M].北京:轻工业出版社,1987:73.

[17] 郭庆光.传播学教程[M].北京:中国人民大学出版社,2014:115-172.

[18] 国家民委研究室．中国民族年鉴（2011）［M］．北京：中国统计出版社，2011：301．

[19] 何本方．中国古代生活辞典［M］．沈阳：沈阳出版社，2003：855．

[20] 何建新．新型纤维材料学［M］．上海：东华大学出版社，2014：74．

[21] 何进祥．西双版纳特色植物资源［M］．昆明：云南大学出版社，2018：18．

[22] 何新华．清代朝贡文书研究［M］．厦门：中山大学出版社，2016：31．

[23] 华林．傣族历史档案研究［M］．北京：民族出版社，2000：102．

[24] 蒋宝德，李鑫生．中国地域文化（下）［M］．济南：山东美术出版社，1997：2532．

[25] 康乃，吴云．民俗［M］．北京：中国旅游出版社，2015：42．

[26] 孔德尚．古典家具［M］．北京：现代出版社，2015：242．

[27] 拉德克利夫·布朗．社会人类学方法［M］．夏建中，译．北京：华夏出版社，2002：37．

[28] 李德洙．中国民族百科全书（15）［M］．北京：世界图书出版公司，2016：309．

[29] 李鸿健，刘凤志，胡让，等．档案保护技术［M］．北京：档案出版社，1984：8，16，47．

[30] 李庆康，冯春雷，曾中平．二十一世纪科学万有文库（第14辑）［M］．北京：中国国际广播出版社，1997：78．

[31] 李学文．中国袖珍百科全书 生命科学卷［M］．北京：长城出版社，2001：6711．

[32] 梁俊艳．清末民初亚东关税务司研究［M］．北京：中国藏学出版社，2017：15．

[33] 梁实梅．制浆技术问答［M］．北京：中国轻工业出版社，1994：21．

[34] 林聚任．社会科学研究方法［M］．济南：山东人民出版社，2017：64．

[35] 林明，周旖，张靖．文献保护与修复［M］．厦门：中山大学出版社，2012：32-33．

[36] 路春艳，张洪忠．大众传播学教程［M］．北京：北京师范大学出版社，2007：16．

[37] 潘吉星．中国造纸史［M］．上海：上海人民出版社，2009：12．

[38] 彭克宏．社会科学大词典［M］．北京：中国国际广播出版社，1989：369．

[39] 彭敏．古籍概述［M］．合肥：安徽师范大学出版社，2018：1．

[40] 齐宝和．民族文化宫［M］．沈阳：辽宁民族出版社，2006：74．

[41] 秦维宪．先声：国内外名家谈改革（上）［M］．北京：生活·读书·新知三联书店，2014：325．

[42] 四川大学古籍整理研究所．全宋文［M］．成都：巴蜀书社，1988：707．

[43] 谭莉莉．镌刻在时空中的印迹：云南边境少数民族历史文化遗存［M］．昆明：云南大学出版社，2018：126．

[44] 谭莉莉．镌刻在时空中的印迹：云南边境少数民族历史文化遗存［M］．昆明：云南大学出版社，2018：128．

[45] 汪宁生，王亚文，冷雪梅，等．口述民族史（第1辑）［M］．昆明：云南人民出版社，2014：273．

[46] 王成志．北美藏中国抗日战争历史档案文献提要［M］．上海：复旦大学出版社，2017：280．

[47] 王文章．非物质文化遗产概论［M］．北京：学苑出版社，2013：53，326．

[48] 王余光．中国阅读通史：魏晋南北朝卷［M］．合肥：安徽教育出版社，2017：96．

[49] 魏宝祥，李佛琳，陈功．植物工程原理及其应用［M］．昆明：云南大学出版社，2017：38．

[50]《文化萨迦》编委会．西藏文化旅游丛书 文化萨迦［M］．上海：上海人民出版社，2016：61，62．

[51] 闻君，倪亮．中国地理问懂你［M］．北京：中国地图出版社，2012：152．

[52] 吴宝康，冯子直．档案学词典［M］．上海：上海辞书出版社，1994．

[53] 吴宝康．档案学概论［M］．北京：中国人民大学出版社，1988：233．

[54] 徐丽华．藏文古籍概览［M］．北京：民族出版社，2013：31．

[55] 玄奘．大唐西域记［M］．呼和浩特：远方出版社，2005：34，203．

[56] 杨红．非物质文化遗产展示与传播前沿［M］．北京：清华大学出版社，2017：83，307．

[57] 杨润平．中华造纸2000年［M］．北京：人民教育出版社，1997：78．

[58] 云南民族学院．马曜先生从事创作学术活动五十周年纪念文集［M］．昆明：云南教育出版社，1996：427．

[59] 云南省地方志编纂委员会．云南省志（卷5 植物志）［M］．昆明：云南人民出版社，1993：241．

[60] 展江，何道宽．社会传播的结构与功能［M］．北京：中国传媒大学出版社，2013：35．

[61] 展江，何道宽．社会传播的结构与功能［M］．北京：中国传媒大学出版社，2013：37．

[62] 张尔君．涪城印象（非物质文化遗产卷）［M］．上海：文汇出版社，2017：208．

[63] 张国良．传播学原理［M］．上海：复旦大学出版社，1995：210．

[64] 张京成．2018中国创意产业发展报告［M］．北京：中国经济出版社，2018：306．

[65] 张美芳，张松道．文献遗产保护技术管理理论与实践［M］．吉林：吉林文史出版社，2009：81，82．

[66] 张乃仁．设计辞典［M］．北京：北京理工大学出版社，2002：414．

[67] 张诗亚．中国民族教育发展报告（第2辑）［M］．北京：人民教育出版社，2014：98－99．

[68] 张文勋．滇文化与民族审美［M］．昆明：云南大学出版社，1992：198．

[69] 张佐，张俊．理想而神奇的乐土西双版纳［M］．北京：中国旅游出版社，2012：88．

［70］赵海丽，蔡先金．中国文献载体演变史［M］．济南：齐鲁书社，2017：210．

［71］赵令志．中国民族历史文献学［M］．北京：中央民族大学出版社，2006：14．

［72］郑堆．西藏民主改革60年［M］．北京：中国藏学出版社，2019：16，151－160．

［73］郑珺．京华通览：长安街［M］．北京：北京出版社，2018：186．

［74］中国大百科全书总编辑委员会．中国大百科全书：图书馆学·情报学·档案学［M］．北京：中国大百科全书出版，2002：531．

［75］中国民族图书馆．中国少数民族文字古籍版本研究［M］．北京：民族出版社，2018：66－67．

［76］钟廷雄，莫福山．国家级少数民族非物质文化遗产集解［M］．北京：中央民族大学出版社，2014：370．

［77］周耀林，张晓娟，肖秋会．档案学研究进展［M］．武汉：武汉大学出版社，2018：173．

［78］字词语辞书编研组．新编现代汉语词典［M］．长沙：湖南教育出版社，2016：1318．

［79］AGRAWAL O P. Conservation of manuscripts and paintings of South－East Asia［M］. London：Butterworth－Heinemann，1984：24，25，41，50.

［80］CROWLEY A S. Repair and conservation of palm－leaf manuscripts［M］. Copenhagen：Restaurator Press，1969：105－114.

［81］GUNAWARDANA S. Palm leaf manuscripts of Sri Lanka［M］. London：Harvard Library Bibliographic Dataset，1997：345－347.

［82］GUY J. Palm leaf and paper：illustrated manuscripts of India and South East Asia［M］. Melbourne：National Gallery of Victoria，1982：32.

期刊

［1］蔡梦玲．基于贝叶经信息资源的特色数据库建设［J］．图书馆杂志，2021，40（2）：111－116．

［2］蔡梦玲．英国主要馆藏数据库中贝叶经的著录项目研究［J］．山东图书馆学刊，2020（6）：75－83．

［3］蔡筱青．法国国家图书馆的古籍收藏与文献保护［J］．图书馆建设，2010（11）：42－45，49．

［4］蔡选青．蛰存斋笔记（七）［J］．五云日升楼，1940（2）：12．

［5］柴颂华，吕尚彬．基于"5W"模式下的非物质文化遗产传播研究［J］．学术论坛，2016，39（7）：149－153．

［6］陈淑敏，张静，何梅，等．一起食堂就餐误食桐油引起食源性疾病暴发事件调查［J］．国际流行病学传染病学杂志，2020，47（3）：268－270．

［7］董丹华．基于DNA模型的中国档案保护技术文化基因提取与分析［J］．档案学通讯，2021

(6)：85-93.

[8] 冯乐耘．关于西藏档案保护情况的考察报告［J］．档案学通讯，1983（1）：41-45.

[9] 关传友．中国油桐种植史探略［J］．古今农业，1999（4）：21-28.

[10] 锅艳玲．基于本体的贝叶经元数据元素集设计研究［J］．档案与建设，2021（5）：4-8，33.

[11] 何彬，马文．日本高校非物质文化遗产教育的学科构建及其反思［J］．民俗研究，2021（5）：31-38.

[12] 何致武，姚文婷，黄天丽．浅谈泰国档案事业发展概况（二）［J］．兰台世界，2013，14：47-48.

[13] 黄静．印度：修复《罗摩衍那》棕榈叶手稿［J］．中国档案，2018（10）：71.

[14] 黄梅．云南傣族贝叶档案的抢救与保护研究［J］．云南档案，2010（4）：51-53.

[15] 黄琴．贝叶经制作技艺建档现状与对策［J］．兰台世界，2017，21：51-54.

[16] 黄世喆，颜晗．中西方不同语境下手稿与档案的区别与联系［J］．档案管理，2021（4）：38-41，46.

[17] 黄晓霞，张美芳．古籍贝叶经手工修复的风险评估和应对策略［J］．大学图书馆学报，2020，38（4）：106-111，126.

[18] 焦云宏，王明姣．贝叶经典籍在傣族社会生活中的作用与价值［J］．云南开放大学学报，2016，18（4）：62-66.

[19] 解梦伟，侯小锋．西双版纳勐罕镇傣族贝叶经制作工艺调查研究［J］．名作欣赏，2019（12）：77-78.

[20] 匡文波．"新媒体"概念辨析［J］．国际新闻界，2008（6）：66-69.

[21] 雷昌玲，黄贵秋．染料字迹扩散的成因及修复办法［J］．兰台世界，2019（2）：60-62.

[22] 李坚．光对纸的老化作用的初步研究［J］．中国造纸，1987（5）：48-53.

[23] 李学竹．中国梵文贝叶经概况［J］．中国藏学，2010：53-62.

[24] 廉喜，汪孔德．九华山佛教档案保管概述［J］．云南档案，2011（8）：57-58.

[25] 林秀琴．整体性保护：价值、理念、实践及挑战：关于文化遗产保护创新的若干思考［J］．福建论坛（人文社会科学版），2020，343：36-47.

[26] 刘道恒，朱先军，伍红，等．棕榈叶纤维特性和制浆造纸性能的试验研究［J］．造纸科学与技术，2007（3）：5-7.

[27] 刘婧．国外非物质文化遗产档案信息传播的模式及启示［J］．山西档案，2021（2）：35-45.

[28] 刘晓春．非物质文化遗产传承人的若干理论与实践问题［J］．思想战线，2012，38（6）：53-60.

[29] 刘玄启．桐油用途变化与近代国际桐油市场的勃兴［J］．广西师范大学学报（哲学社会科学版），2009（1）：114-118.

[30] 刘峥．傣族贝叶经的制作工艺及其传承与保护［J］．现代交际，2013（8）：72.

[31] 栾宁丽．数字缩微技术在档案文献资料管理中的应用［J］．档案与建设，2019（5）：47，55-57.

[32] 罗平．资源描述与检索（RDA）与傣文贝叶经编目研究［J］．佳木斯职业学院学报，2016（8）：486，488.

[33] 罗文扬，胡建湘，韩骅．贝叶棕生物学特性及繁殖栽培技术［J］．安徽农学通报，2006（8）：60-61.

[34] 吕晓芳，张美芳．贝叶经保护与修复研究综述［J］．中国国家博物馆馆刊，2020（8）：147-160.

[35] 马翀．历史档案分级保护体系构建初探［J］．档案学研究，2007（3）：61-63.

[36] 马燕如，卫国．西藏贝叶经中"白色粉状物"的初步分析研究［J］．文物保护与考古科学，2010，22（4）：86-89.

[37] 马知遥，刘智英，刘垚瑶．中国非物质文化遗产保护理念的几个关键性问题［J］．民俗研究，2019（6）：39-46，157-158.

[38] 皮埃尔-西尔万·菲利奥扎，薛陆洋．印度的写本遗产［J］．复旦学报（社会科学版），2015，57（5）：39-45.

[39] 申国晋，甘燕君，李志勇，等．西双版纳贝叶棕的种植和保护现状［J］．绿色科技，2020（9）：58-59.

[40] 宋欣，鲁国轩．贝叶档案数字化建设中的元数据研究［J］．浙江档案，2021（3）：27-30.

[41] 索珍．德国主要涉藏研究机构和研究人员现状分析［J］．民族问题研究（人大复印），2008：66-76.

[42] 唐龙．真空技术在有机质文物保护领域的应用［J］．文博，2014（4）：72-73，78.

[43] 王成晖，刘业，向潇潇．浅谈东南亚佛教园林中的"五树六花"［J］．广东园林，2014，36（4）：41-46.

[44] 王柳，吴雨遥．云南西双版纳民间贝叶档案文献遗产征集研究［J］．兰台世界，2017，23：16-18.

[45] 西藏社会科学院贝叶经研究所简介［J］．西藏研究，2015（1）：2，121.

[46] 巷秀措．贝叶经的来源及其对藏族文化的影响［J］．产业与科技论坛，2014，13（7）：167-168.

[47] 肖永福．他山之石，可以攻玉：泰王国档案馆的档案保护工作［J］．档案学研究，1996

（4）：57，65．

[48] 徐亮．尼泊尔国家档案馆的国际合作研究[J]．中国档案，2018（8）：72-73．

[49] 雅帕凯思帕里亚．档案材料的保护与修复[J]．《档案学通讯》增刊，1981，2：24．

[50] 杨茂森．西藏文化艺术珍籍贝叶经[J]．西藏艺术研究，1994：85-87．

[51] 叶卓龙，崔岚，刘心来．色差法区分印油印泥种类的研究[J]．广东化工，2017，17：45-46，60．

[52] 殷建民，刀福祥，岩温胆，等．传统傣文与"贝叶经"的计算机排版[J]．中国传媒科技，2003（3）：51-52．

[53] 张成渝，谢凝高．"真实性和完整性"原则与世界遗产保护[J]．北京大学学报，2003（2）：62-63．

[54] 张美芳，李冰，王亚亚，等．国外古籍贝叶经本体保护与数字化抢救研究进展[J]．大学图书馆学报，2020，38（5）：91-96．

[55] 张美芳．分级保护与管理：国家重点档案保管环境最优化的实现方式[J]．档案学通讯，2010（3）：76-79．

[56] 张美芳．中国、泰国、尼泊尔贝叶经保护模式的对比研究[J]．档案学研究，2021（5）：90-95．

[57] 张顺艳．互联网分众传播发展浅析[J]．东南传播，2009（10）：66-68．

[58] 张宛艳．我国西藏贝叶经研究领域的回顾与展望：基于CNK（I1983—2018）数据[J]．西藏民族大学学报（哲学社会科学版），2020，41（3）：148-152．

[59] 张文．贝叶经：傣族文化的宝藏[J]．科学大观园，2006，22：42-45．

[60] 张翔，卢志兴，王庆．区域景观中生境特异性对昆虫多样性的影响：以西双版纳为例[J]．中国生态农业学报（中英文），2021，29：771-780．

[61] 张新星．文化瑰宝贝叶经落户潍坊[J]．走向世界，2021，14：42-47．

[62] 张艳欣，房士浩．贝叶经数据库建设探析[J]．图书馆学研究，2021（12）：38-43．

[63] 郑土有．非物质文化遗产保护中的"儿童意识"：从日本民俗活动中得到的启示[J]．江西社会科学，2008（9）：24-29．

[64] 钟卿，余鹏飞，李海燕，等．傣文贝叶经的图像增强与二值化方法研究[J]．云南大学学报（自然科学版），2017，39（5）：747-752．

[65] 周娅．《中国贝叶经全集》九大问题述略[J]．思想战线，2007（6）：67-73．

[66] 周懿．从梵夹装装帧形制演变看唐蕃古道的文化融合[J]．西藏民族大学学报（哲学社会科学版），2016，37：13-19，153．

[67] 周余姣，田晨，武文杰，等．古籍传承性保护的理论探索[J]．图书馆杂志，2020，39（12）：14-19，42．

[68] ALMOGI O, KINDZORRA E, HAHN O, et al. Inks, pigments, paper: in quest of unveiling the history of the production of a Tibetan Buddhist manuscript collection from the Tibetan – Nepalese borderlands [J]. Journal of the International Association of Buddhist Studies, 2015, 37 (36): 93 – 118.

[69] ANUPAM S. Palm Leaf manuscripts of the world: material, technology andconservation [J]. Studies in Conservation, 2002, 47 (1): 15 – 24.

[70] ANUPAM S. Palm Leaf manuscripts of the world: material, technology andconservation [J]. Studies in Conservation, 2002, 47 (supl): 15 – 24.

[71] BHATTACHARYA B. Further note on palm leaf manuscripts [J]. Indian Archives, 1947, 1 (4): 325.

[72] BHATTACHARYA B. Palm leaf manuscripts and their preservation [J]. The Indian Archives, 1 (3): 233 – 234.

[73] BHUPENDRA S, NEELU J A. Mining the treasure of palm leaf manuscripts through information retrieval techniques [J]. Digital Library Perspectives, 2019, 35 (3/4): 146 – 156.

[74] CHALLA N P, MEHTA R V K. Evaluation of automatic metadata schema for Indian palm leaf manuscripts [J]. International Journal of Innovative Technology and Exploring Engineering, 2019, 8 (5): 77 – 84.

[75] DEEPAKSHI S, MANAGER S, GABRIELA K, et al. Structural characterisation of 18th century Indian palm leaf manuscripts of India [J]. International Journal of Conservation Science, 2018 (9): 257 – 264.

[76] DEVI L D. Experiment on the application of artemisia oil as insecticide and insect repellent in the Museum [J]. Conservation of Cultural Property in India, 1989: 108 – 111.

[77] DHAWAN S. Essential oil for prevention of mould growth on palm leaf manuscripts [J]. Conservation Science Division, 1995: 272 – 282.

[78] DUTTA P K. Use of neem oil in conservation of cultural property in India [J]. New Delhi, 1985, 87: 98 – 100.

[79] FOOTE K E. To remember and forget: archives, memory, and culture [J]. The American Archivist, 1990, 53 (3): 378 – 392.

[80] FRIEDRICH M. Qin Bamboo manuscripts in the possession of the Yuelu Academy [J]. Manuscript Cultures, 2008 (1): 29.

[81] GELLNER D N. A concordance of H. P. Śāstri's catalogue of the durbar library and the microfilms of the Nepal – German manuscript preservation project Reinhold Grünendahl [J]. Journal of the Royal Asiatic Society. 1991, 1 (3): 444 – 445.

[82] JARUSAWAT P, COX A, BATES J. Community participation in the management of palm leaf manuscripts as Lanna cultural material in Thailand [J]. Journal of Documentation, 2018, 74 (5): 951-965.

[83] JOSHI B R. Preservation of palm leaf manuscripts [J]. Conservation of Cultural Property in India, 1989, 122: 62-64.

[84] KESIMAN M W A, VALY D, BURIE J, et al. Southeast Asian palm leaf manuscript images: a review of handwritten text line segmentation methods and new challenges [J]. Journal of Electronic Imaging, 2017, 26: 1-15.

[85] KIM J. Painted palm-leaf manuscripts and the art of the book in Medieval South Asia [J]. Archives of Asian Art, 2015, 65: 57-86.

[86] LAWSON P. Palm leaf books and their conservation [J]. Library Conservation News, 1987, 16: 4-7.

[87] MALLIKARJUNA K, CHANDRAMOULI B. Enumeration of various Ayurvedic formulations listed in an ancient palm-leaf manuscript of Rayalaseema region in Andhra Pradesh state, India [J]. Journal of Ethnopharmacology, 2020 (251).

[88] MARRISON G E. East Javanese palm-leaf manuscripts: materials and palaeography of palm-leaf manuscripts from East Java, Madura, Bali, and Lombok [J]. Indonesia & the Malay World, 2002, 30 (86): 83-91.

[89] MORSI A. Research and preservation projects on intangible heritage [J]. Museum International, 2005, 57: 6.

[90] NAIR M V. A new method for relaxing brittle palm leaves [J]. Conservation of Cultural Property in India, 1985, 87: 1-4.

[91] NORDSTRAND O K. Some notes on procedures used in the royal Library [J]. Studies in Conservation, 1958, 3 (3): 135-140.

[92] OVE K N. Some notes on procedures used in the royal library, Copenhagen, for the Preservation of Palm-Leaf Manuscripts [J]. Studies in Conservation, 1958 (3): 135-140.

[93] PERUMAL, P. Conservation of palm leaf manuscripts [J]. Application of Science and Technology for Conservation of Heritage, 1997: 62-71.

[94] PIYAPAT J. Sustainable preservation of lanna palm leaf manuscripts based on community participation [J]. IAFOR Journal of Literature & Librarianship, 2020 (9): 22-38.

[95] RAO V P, PADMA B N, GANORKA M C A Study on Indian palm leaf manuscripts [J]. Conservation of Cultural Property in India, 1992: 20-24.

[96] RAYMOND C. The Seven Weeks: A 19th-century burmese palm-leaf manuscript [J]. Journal

of Burma Studies 2012, 14 (1): 255 – 267.

[97] SAH A. Palm Leaf manuscripts of the world: material, technology and conservation [J]. Studies in Conservation, 47 (sup1): 15 – 24,

[98] SAH A. Talpatraconservation [J]. INTACH – ICCI Newsletter, Lucknow, 2002: 3 – 4.

[99] SALVEMINI F, BARZAGLI E, GRAZZI F, et al. An insitunon – invasive study of two Tibetan manuscripts from the Asian Collection of the Museum of Natural History in Florence [J]. Archaeological and Anthropological Sciences, 2018 (10): 1881 – 1901.

[100] SAXENA L P. An effective binarization method for readability improvement of stain: affected (degraded) palm leaf and other types of manuscripts [J]. Current Science, 2014, 107 (3): 489 – 496.

[101] SHARMA D, SINGH M, KRIST G, et al. Pigment analysis of palm leaf manuscripts of India [J]. Current Science, 2020, 118 (2): 285 – 295.

[102] SHARMA D, SINGH M, KRIST G, et al. Structural characterisation of 18th century Indian Palm leaf manuscripts of India [J]. International Journal of Conservation Science, 2019 (2): 257 – 264.

[103] SINGH B, AHUJA N J. Mining the treasure of palm leaf manuscripts through information retrieval techniques [J]. Digital Library Perspectives, 2019, 35 (3/4): 146 – 156.

[104] SURYAWANSHI D G, INHA P M, AGRAWAL O P. Basic studies on the properties of palm leaf [J]. Restaurator, 1994, 15: 65 – 78.

[105] TAKAGI N, CHUDO Y, MAEDA R. Report on the project of digitization and conservation of rolled palm leaf manuscripts and related activities in Nepal [J]. International Preservation News, 2006, 38: 8 – 14.

[106] TALWAR V V. A note on rehabilitation of a palm leaf manuscript [J]. Conservation of Cultural Property in India, 1979: 48 – 50.

学位论文

[1] 黄梅. 云南傣族贝叶档案保护研究 [D]. 昆明：云南大学，2010：26, 27.

[2] 彭革. 贝叶经图像分割技术研究 [D]. 昆明：云南大学，2017：9.

[3] 于云龙. 遗产与传播：传播学理念下的建筑遗产保护 [D]. 重庆：重庆大学，2015：3, 6, 7.

[4] 张菲菲. 贝叶经合作保护模式研究：以尼泊尔 – 德国写本保护项目为例 [D]. 北京：中国人民大学，2021：18.

[5] 赵玥. 中国古代书籍形态中梵夹装的探究 [D]. 济南：山东艺术学院，2015：31.

[6] 周懿. "梵夹装"装帧形制考 [D]. 北京：中国社会科学院研究生院，2015：12.

报纸

[1] 马兴鹏，单增维色．林芝地区开展"贝叶经"普查保护工作［N］．西藏日报，2007－01－25（006）．

[2] 周芳．百卷本佛教典籍《中国贝叶经全集》问世［N］．中国民族报，2010－07－06（005）．

电子资源（不包括电子专著、电子连续出版物、电子学位论文、电子专利）

[1] 保护非物质文化遗产公约［EB/OL］．（2003－10－17）［2022－07－28］．http：//www.moe.gov.cn/srcsite/A23/jkwzz_other/200310/t20031017_81309.html．

[2] 辰序．文化部：对国家级"非遗"传承人每年补贴1万元［EB/OL］．（2011－02－28）［2022－09－20］．https：//www.ihchina.cn/Article/Index/detail？id＝16710．

[3] 陈誉，林申清，李明杰．"管理学·图书馆学·文献学与文献保护·文献学·文献"条目［EB/OL］．（2022－01－20）［2022－9－4］．https：//www.zgbk.com/ecph/words？SiteID＝1&ID＝92099&Type＝bkzyb&SubID＝46028．

[4] 法伊莎．坦博艺苑与兰州大学敦煌学研究所联合共建贝叶经研究中心在北京成立揭牌［EB/OL］．（2019－11－14）［2022－08－15］．https：//news.lzu.edu.cn/c/201911/61981.html？from＝groupmessage．

[5] 兰琳宗．心存敬畏 守护历史文脉［EB/OL］．（2022－02－23）［2022－04－15］．http：//www.qstheory.cn/qshyjx/2022－02/23/c_1128408864.htm．

[6] 李晋荣．让传统文化在"互联网＋"时代活起来［EB/OL］．（2019－03－20）［2022－04－28］．https：//epaper.gmw.cn/gmrb/html/2019－03/20/nw.D110000gmrb_20190320_1－13.htm．

[7] 李庆禹．项兆伦在全国非物质文化遗产保护工作座谈会上的讲话［EB/OL］（2017－06－02）［2022－05－20］．https：//www.mct.gov.cn/whzx/tpxw/201706/t20170602_829707.htm．

[8] 刘杨．文化部副部长：正确认识非遗，是正确有效地保护、传承和发展非遗的前提［EB/OL］．（2016－10－31）［2022－05－10］．http：//www.gov.cn/xinwen/2016－10/31/content_5126500.htm．

[9] 邱丽芳．习近平在中央政治局第二十三次集体学习时强调建设中国特色中国风格中国气派的考古学更好认识源远流长博大精深的中华文明［EB/OL］．（2022－04－10）［2022－08－15］．http：//www.xinhuanet.com/politics/leaders/2020－09/29/c_1126557506.htm．

[10] 全国人民代表大会．中华人民共和国档案法［EB/OL］．（2021－11－18）［2021－11－22］．http：//www.npc.gov.cn/npc/c30834/202006/14a5f4f6452a420a97ccf2d3217f6292.shtml．

[11] 全面加强历史文化遗产保护［EB/OL］．（2022－02－21）［2022－08－01］．https：//baijiahao.baidu.com/s？id＝1725323240113127675&wfr＝spider&for＝pc．

[12] 手艺君. 中国手艺网《国潮手艺人》收官志![EB/OL]. (2020-02-24) [2022-04-28]. http://www.wodsy.com/news/60edbcc67bc941dea70de3973a4e3c46.html.

[13] 孙行之. 珂罗版印刷:复制古画几可乱真 使用者越来越少[EB/OL]. (2022-01-29) [2015-03-19]. http://collection.sina.com.cn/cqyw/20150319/0704182646.shtml.

[14] 王晓易. 6万叶"佛教元典"为何能保千年不朽?走近神秘的西藏贝叶经[EB/OL]. (2012-11-30) [2022-08-15]. https://www.163.com/news/article/8HJ1O6L800014JB5.html.

[15] 文化和旅游部办公厅. 文化和旅游部办公厅关于公布国家级非物质文化遗产代表性项目保护单位名单的通知[EB/OL]. (2019-11-12) [2022-09-20]. http://www.gov.cn/xinwen/2019-12/01/content_5457358.htm.

[16] 杨雁. 西双版纳州贝叶经传承人培训班暨刻写大赛举办[EB/OL]. (2019-12-23) [2022-05-20]. www.ynich.cn/view.php?id=321&cat_id=11411.

[17] 易硕. 非物质文化遗产司[EB/OL]. (2021-06-08) [2022-05-15]. https://www.mct.gov.cn/gywhb/jgsz/bjg_jgsz/201809/t20180911_834746.htm.

[18] 云南省非物质文化遗产保护条例[EB/OL]. (2013-04-09) [2020-07-28]. http://www.ynich.cn/view-11312-965.html.

[19] 云南省文化和旅游厅. 云南省文化和旅游厅关于公布第六批省级非物质文化遗产代表性项目代表性传承人的通知[EB/OL]. (2019-12-23) [2022-05-20]. http://dct.yn.gov.cn/html/201912/23125039471.shtml.

[20] 云南省文化和旅游厅. 云南省文化和旅游厅关于公示第六批国家级非物质文化遗产代表性传承人推荐名单的公告[EB/OL]. (2022-09-16) [2022-09-20]. http://dct.yn.gov.cn/html/2209/16_25325.shtml.

[21] 浙江省人民代表大会常务委员会. 浙江省非物质文化遗产保护条例[EB/OL]. (2007-06-01) [2020-07-28]. https://www.zj.gov.cn/art/2007/6/1/art_1229005922_38339.html.

[22] 中国非物质文化遗产保护中心. 中国非物质文化遗产传承人研修培训计划[EB/OL]. (2022-09-21) [2022-09-21]. https://www.ihchina.cn/train.html.

[23] 中国民族图书馆.《妙法莲华经(梵文)》贝叶写本[EB/OL]. (2016-05-05) [2022-05-02]. http://www.cpon.cn/cms/a/7079.html.

[24] 中华人民共和国非物质文化遗产法[EB/OL]. (2000-04-18) [2011-05-10]. http://www.npc.gov.cn/zgrdw/huiyi/lfzt/fwzwhycbhf/2011-05/10/content_1666069.htm.

[25] 中华人民共和国档案法实施办法[EB/OL]. (1997-06-07) [2022-06-16]. https://www.saac.gov.cn/daj/xzfg/199906/dbbaa89751f8473ea5e6d4f51576a0ce.shtml.

[26] About preserving the written cultural heritage of Nepal [EB/OL]. (2021-02-27) [2021-10-10]. https://www.csmc.uni-hamburg.de/nepal/about.html.

［27］Consultation on the preservation of palm–leaf manuscripts［EB/OL］.（2018–08–07）［2021–03–16］. https：//www. manuscript–cultures. uni–hamburg. de/register_palmleaves2018. html.

［28］GPSMYCITY. Asa Archives, Kathmandu［EB/OL］.［2022–05–30］. https：//www. gpsmycity. com/attractions/asa–archives–30363. html#：~：text=The%20Asa%20Archives%20are%20located%20in%20Kulumbbhula%2C%20Kathmandu. , manuscripts. %20The%20oldest%20manuscript%20was%20written%20in%201464.

［29］National mission for manuscripts［EB/OL］.（2020–10–13）［2021–11–12］. https：//www. namami. gov. in/.

论文集

［1］国家文物局法制处. 国际古迹保护与修复宪章：国际保护文化遗产法律文件选编［C］. 北京：紫禁城出版社，1993：164–165.

［2］罗炤. 西藏梵文贝叶经的编目情况及二十余年的曲折经过：2008北京藏学研讨会梵文论坛论文集［C］. 北京：中国藏学出版社，2009：235–240.

［3］萨尔吉. 西藏所藏的梵文贝叶经：第三届两岸四地佛教学术研讨会［C］. 北京：光明日报出版社，2009.

［4］王娴. 西双版纳傣文贝叶经的制作及其传承与保护［C］//第二届中国文化遗产保护研究生论坛论文集，2015：378–384.

［5］吴家鹏. 法国历史文化遗产保护意识宣传教育的启示：法国文化遗产日［C］//中国民族文博（第三辑），2010：443–447.

［6］殷建民，刀福祥，张轴材. 西双版纳傣文"贝页经"资源库技术研究［C］//中国中文信息学会. 中文信息处理前沿进展：中国中文信息学会二十五周年学术会议论文集，中国中文信息学会，2006：4.

［7］张泽洪. 贝叶经与西南丝绸之路：三条丝绸之路比较研究学术讨论会论文集［C］. 北京：民族出版社，2001：125–138.

［8］中国佛教协会. 圆融中道 持久和平：2017中加美三国佛教论坛论文集［C］. 北京：宗教文化出版社，2017：148，150.

［9］ALAHAKOON C N K. Revival and re–evaluation of some traditional methods of conservation of palm leaf manuscripts in Sri Lanka［C］. Proceedings of International Conference on Humanities and Social Sciences, 2012（1）：2015.

［10］BURIE J–C, COUSTATY M, HADI S, et al. ICFHR 2016 Competition on the analysis of handwritten text in images of Balinese palm leaf manuscripts［C］. 15th International Conference on Frontiers in Handwriting Recognition, 2016：596–601.

［11］CHAMNONGSRI N. Metadata standards for palm leaf manuscripts in Asia［C］//Metadata and

Semantic Research. MTSR 2018, Communications in Computer and Information Science, 2019: 242-254.

[12] KRISHNA M P, SRIRAM A, PUHAN N B. Clustering based image binarization in palm leaf manuscripts [C]. 2014 IEEE International Advance Computing Conference (IACC), 2014: 1060-1065.

[13] NORDSTRAND O K. Some notes on procedures used in the royal library [C]. Copenhagen, for the Preservation of Palm-Leaf Manuscripts. Studies in Conservation, 1958, 3 (3): 135-140.

[14] SURYANI M, PAULUS E, HADI S, et al. The handwritten Sundanese palm leaf manuscript dataset from 15th century [C]. Proceedings of the International Conference on Document Analysis and Recognition, ICDAR, 1: 796-800.

其他

[1] 覃光广, 冯利, 陈朴. 文化学词典 [Z]. 北京: 中央民族学院出版社, 1988: 498-499, 504-505.

[2] 张志清. 国家图书馆古籍保护的历史、现状和任务 [G]//杨牧之. 古籍整理与出版专家论古籍整理与出版, 南京: 凤凰出版社, 2008: 271.

[3] 中国第一历史档案馆. 明清纸质档案病害分类与图示非书资料: DA/T 61-2017 [S]. 北京: 国家档案局, 2017: 3.

[4] 中华人民共和国国家质量监督检验检疫总局, 中国国家标准化管理委员会. GB/T 27703—2011 信息与文献 图书馆和档案馆的文献保存要求 [S]. 北京: 中国标准出版社, 2011.

[5] 5000 Palm leaf manuscripts in dire need of conservation [N/OL]. Times of India, (2016-05-11) [2021-10-05]. http://gfcfbc3eed2f0dc474e03h5fofnb50cfov69x6.fzzh.libproxy.ruc.edu.cn/global/article/GALE%7cA454736312/ce946e40a20e286605788780ab8700e8? u = cnruc.

[6] ALEXANDER T J, KUMAR S S, MUTHUVEL K. Performance evaluation of pre-processing techniques for historical palm leaf manuscript image restoration [C]. 2020 Fourth International Conference on I-SMAC (IoT in Social, Mobile, Analytics and Cloud) (I-SMAC), 2020: 429-434.

[7] ALEXANDER T J, KUMAR, S S. A novel binarization technique based on whale optimization algorithm for better restoration of palm leaf manuscript [J/OL]. Journal of Ambient Intelligence and Humanized Computing, 2020 [2020-9-22]. http://gfcfb391f4815d8064db7s0qo0qo5cqko96wwq.fzzh.libproxy.ruc.edu.cn/10.1007/s12652-020-02546-2.

[8] FLORIAN M-L E, KRONKRIGHT D P, NORTON R E. The conservation of artifacts made from plant materials [M]. Los Angeles: The Getty Conservation Institute, 1990: 146, 156, 170.

[9] HTWE K T. Preservation and conservation of palm leaf manuscripts collected from Mingin District,

Sagaing region [R]. Symposium Program for Digitization and Conservation of Myanmar Old Manuscripts, Myanmar, University of Yangon, 2016: 109 – 120.

[10] LERTRATANAKEHAKARN P. Digital preservation of palm – leaf manuscripts in Thailand [J/OL]. Cham: Springer International Publishing [2022 – 03 – 28]. http://gfcfba1356eab492549ecsqku9wkn6wkcq6cpq. fzzh. libproxy. ruc. edu. cn/login. aspx? direct = true&db = edssjb&AN = edssjb. 978. 3. 319. 12823. 8. 2&lang = zh – cn&site = eds – live.

[11] PRAVESJIT S, SENG V. Segmentation of background and foreground for ancient Lanna archaic from palm leaf manuscripts using deep learning [C]. 2021 Joint International Conference on Digital Arts, Media and Technology with ECTI Northern Section Conference on Electrical, Electronics, Computer and Telecommunication Engineering, 2021 (3): 220 – 224.

[12] SAHOO J. A selective review of scholarly communications on palm leaf manuscripts [J/OL]. Library Philosophy and Practice, [2022 – 09 – 21]. http://gfcfba1356eab492549ecsbvbff59uxu966npq. fzzh. libproxy. ruc. edu. cn/login. aspx? direct = true&db = edsoai&AN = edsoai. ocn965190942&lang = zh – cn&site = eds – live.

[13] Sri Lanka: Appreciation ceremony for palm leaf manuscript donors and opening ceremony of preservation and conservation [N/OL]. TendersInfo News (2019 – 03 – 13) [2021 – 10 – 05]. http://gfcfba1356eab492549ecs5fofnb50cfov69x6. fzzh. libproxy. ruc. edu. cn/login. aspx? direct = true&db = edsbig&AN = edsbig. A578225014&lang = zh – cn&site = eds – live.

[14] SURYANI M, PAULUS E, HADI S, et al. The handwritten sundanese palm leaf manuscript dataset from 15th century: proceedings of the international conference on document analysis and recognition, ICDAR [C/OL]. [2021 – 10 – 20]. http://gfcfb391f4815d8064db7sc6vbxpbk05p569v9. fzzh. libproxy. ruc. edu. cn/10. 1109/ICDAR. 2017. 135.

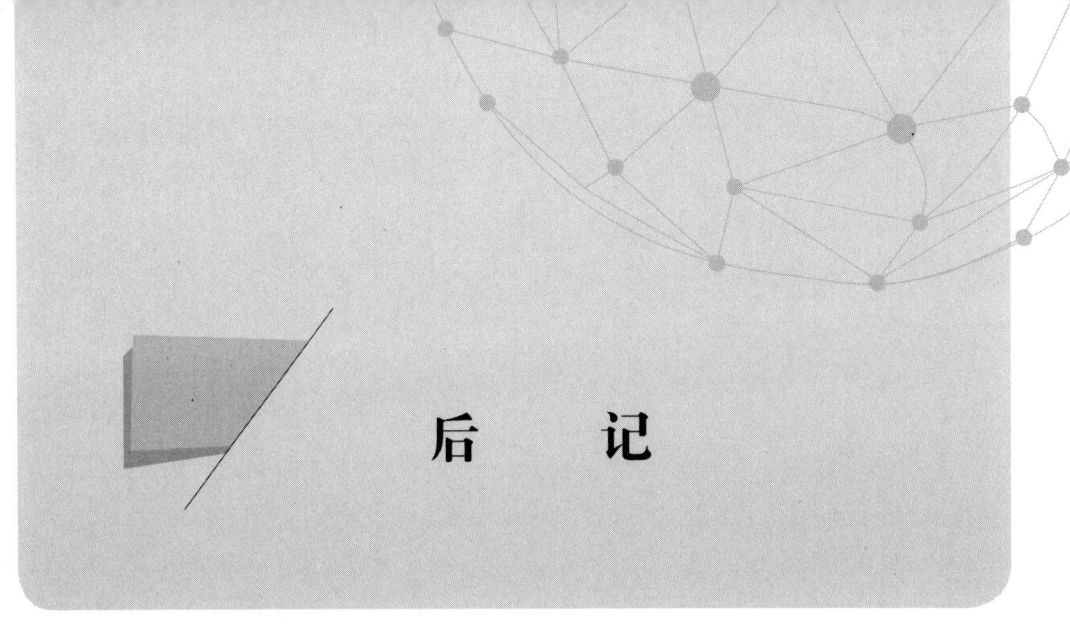

后　记

在世界文化遗产保护大背景下，贝叶手稿的珍贵性、稀缺性与其保管现状、保护水平之间的矛盾使保护工作刻不容缓。无论是制作技艺，还是独特的载体材料、抑或其记录的知识体系、蕴含的文化内涵，都需要按照贝叶手稿从制作到保管保护，再到传播利用的全流程进行整体性保护研究。

本书用抽样调查的方法，选择我国不同地区保管的 37 份贝叶手稿作为研究对象，利用实验研究和社会调查方法，对其制作装帧工艺、本体保存现状、再生性保护情况、传播利用现状进行调查分析，确定了包含非物质文化遗产传承保护、本体保护、再生性保护、传播性保护共四个保护模块的整体性保护体系，研究了保护体系中每个保护模块所包含的具体内容以及相互之间的逻辑关系，利用调研成果在每个保护模块中提出具有针对性的保护策略，四个模块的保护策略互相配合、互为补充，具有清晰的逻辑关系。然而，由于贝叶手稿特殊的宗教地位和文物属性，保管单位对调研工作的深入程度有不同的要求，一些地区或机构还无法参与，因此调研样本在保管地域和样本数量方面都需要进一步扩展，特别是在本体保护研究模块，由于棕榈叶载体的特殊性，对其治理性保护的研究还要深入。

在未来的保护工作中，首先，应加强保护工作的科学性和系统性。借助现代化的科学技术和先进的仪器设备提升保护工作的效果，通过科学分析和科学管理实现贝叶手稿在微观层面的原生性保护和再生性保护，在宏观层面引入非物质文化遗产视角和传播学理论，进行非物质文化遗产传承性保护和传播性保护，建立完整科学的保护体系。其次，未来针对贝叶手稿的保护研究，开展跨机构、跨地区、跨国合作的保护项目是大势所趋，不但要汇集不同国家、地区、保护机构、研究学者等保护力量，还要增强社会公众的参与度，在国内外开展广泛深入的交流合作，实现合作保护。